apprendre

la peinture à l'huile et l'acrylique

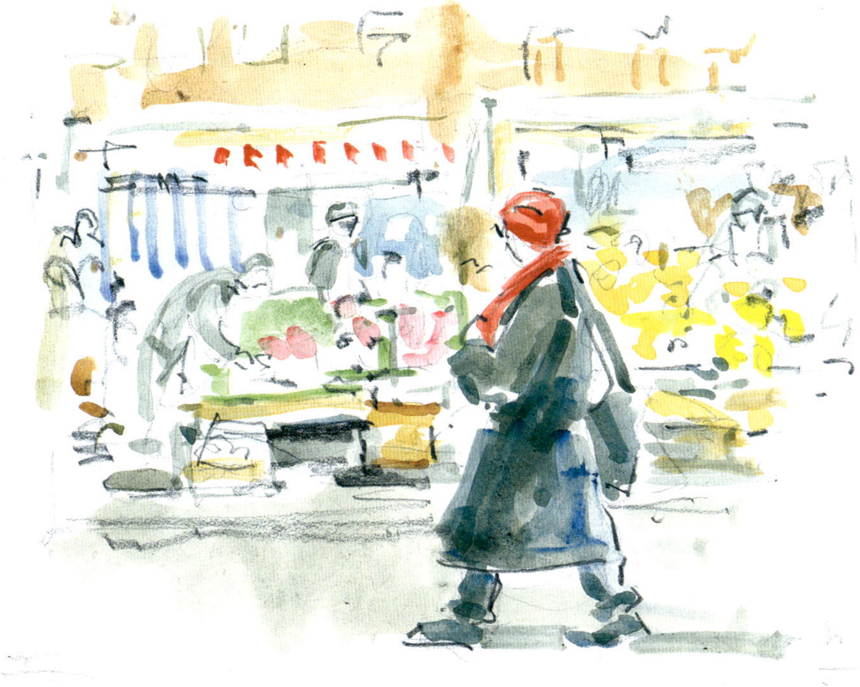

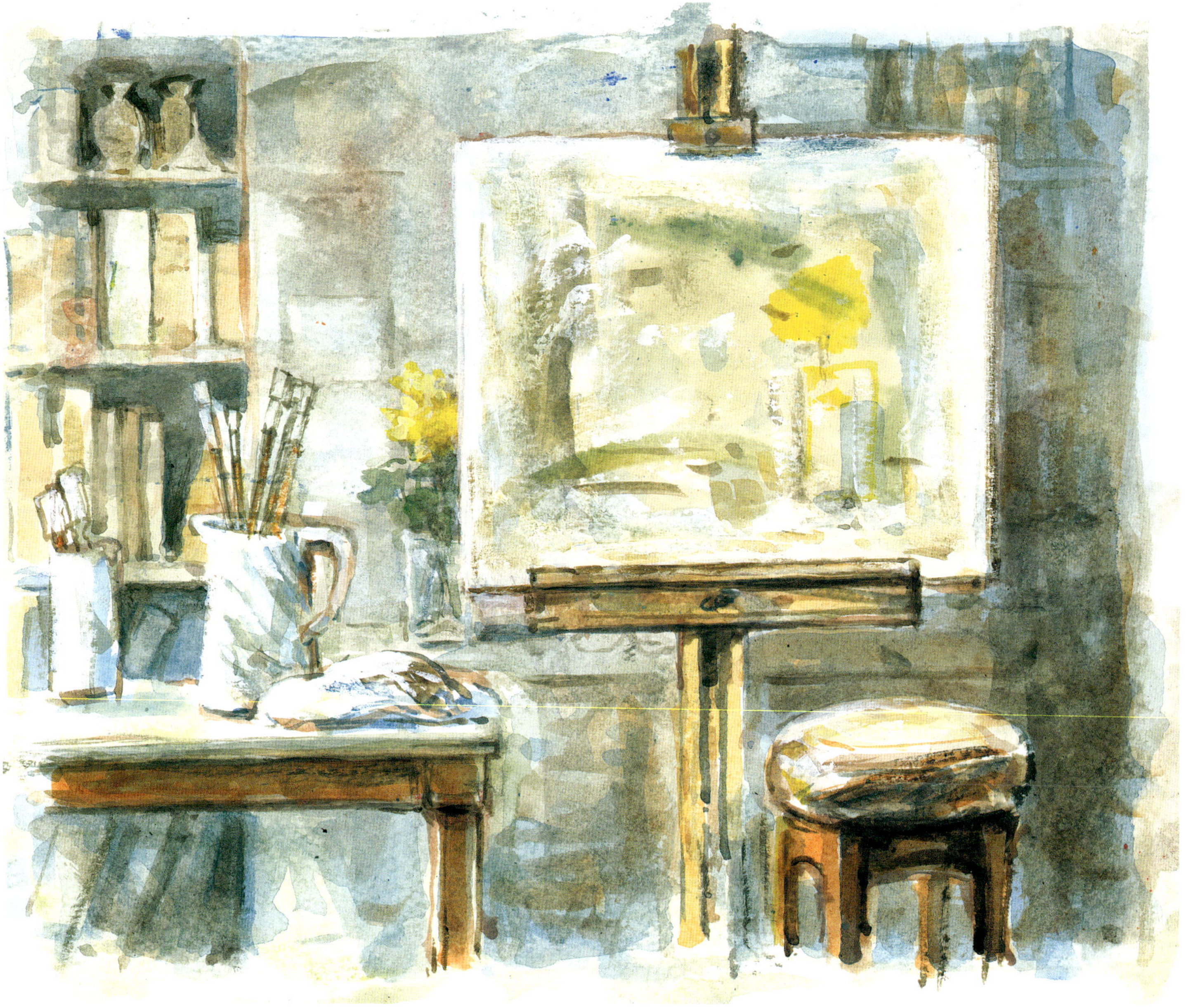

apprendre

la peinture à l'huile et l'acrylique

Nick Tidnam
et Curtis Tappenden

OCTOPUS

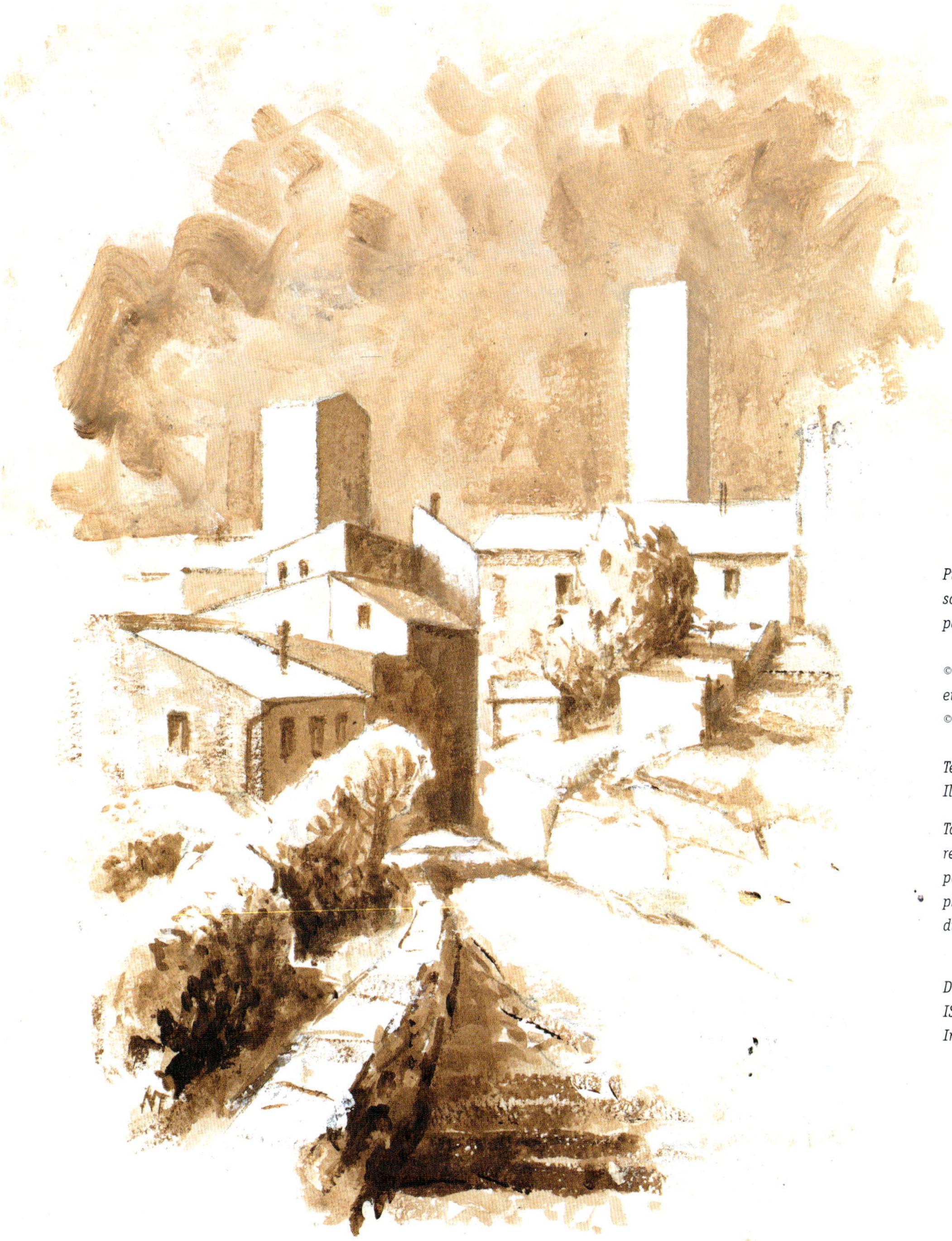

Publié pour la première fois en Angleterre en 2004
sous le titre Foundation Course Oils and acrylics
par Cassell Illustrated, Octopus Publishing Group Ltd.

Dépôt légal 42856 - octobre 2004
ISBN 201260265-7
Imprimé en Chine

Sommaire

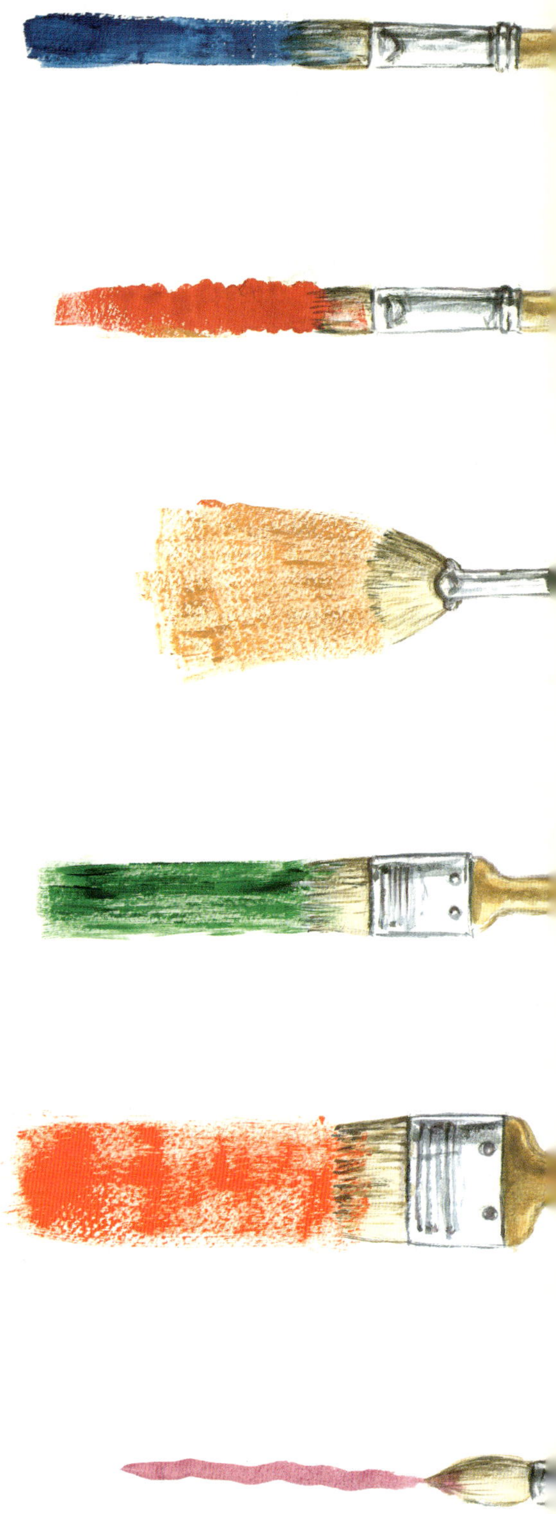

Introduction

La peinture à l'huile est sans doute la forme la plus riche et la plus intense de création picturale, et ses couleurs chatoyantes sont aussi transparentes que denses et saturées. La peinture à l'huile s'est avérée être un moyen d'expression polyvalent, passionnant et valorisant pour les artistes qui s'y sont consacrés. Initialement, l'huile était appliquée selon des règles très strictes, avec de fins glacis, des coups de pinceau réguliers et imperceptibles. Mais depuis le XVe siècle, elle n'a cessé d'évoluer pour donner naissance à des techniques diverses et variées : accumulation d'épaisses couches texturées, flottement de minces voiles de couleur translucide, ou expression libre de coups de pinceau, grâce à un large éventail d'outils spécialisés.

L'acrylique est à la fois très proche et très différente : elle s'adapte aisément aux techniques de l'huile, mais offre également de nouvelles possibilités, ou permet le rendu de certains procédés comme, par exemple, l'aquarelle. C'est probablement le matériau le plus flexible jamais inventé, particulièrement adapté aux débutants !

Que vous souhaitiez éprouver vos talents de peintre ou que vous vouliez développer un langage visuel personnel, ce livre constituera pour vous un guide clair et précis des outils, matériaux et techniques proposés par ces deux types de peinture.

Vous y trouverez des exercices de création de textures et d'autres visant à développer votre faculté à manier la peinture, à juxtaposer les couleurs et à reproduire des formes. Nous examinerons aussi les éléments essentiels qui doivent être compris lors de la création d'un tableau, tels que tons, rythme et composition. Des œuvres de grands maîtres, classiques ou modernes, sont analysées pour illustrer les techniques ou vous inspirer de nouvelles orientations.

Ce livre contient également un chapitre de cours avancés qui détaille étape par étape la création de plusieurs tableaux, de l'esquisse initiale à l'œuvre terminée. Autant d'outils qui vous aideront à cerner les multiples possibilités de ces deux techniques de peinture et à apprécier leurs similitudes et leurs différences. À vous les joies de la création artistique !

Petite histoire de la peinture à l'huile

Une invention européenne

Au XVe siècle, l'émergence de la peinture à l'huile vint combler le besoin pressant d'une peinture plus flexible que la détrempe à l'œuf. Bien des artistes, le flamand Jan Van Eyck (vers 1390-1441) en tête, se débattaient alors pour travailler avec son temps de séchage rapide, ses craquelures fréquentes en surface et l'impossibilité de mélanger les couleurs sur le support. Cela conduisit à des expérimentations avec la gomme arabique, les cires et les huiles de noix. Que Van Eyck ait été ou non l'unique inventeur de la peinture à l'huile est sujet à discussion ; il est fort probable que des résines et des huiles aient déjà été ajoutées aux pigments dès le VIIIe siècle. C'est cependant à lui que l'on doit le développement d'une approche toute nouvelle, dans laquelle une préparation de base terreuse (appelée « ébauche ») était suivie de l'application de couches d'huile richement colorées et transparentes (baptisées « glacis »). C'était là un progrès considérable, ces couches pouvant être modifiées et corrigées sans que leur éclat et luminosité d'origine en soient ternis.

La nouvelle se répand à l'étranger

La nouvelle se répandit rapidement ; Antonello da Messina (1430-1479), un disciple de Van Eyck, introduisit cette pratique inédite à Venise, où Giovanni Bellini (1430-1516) s'en empara et l'exploita avec exubérance. Le florentin Raphaël Santi (1483-1520) l'utilisa pour ses œuvres intimistes aux teintes pâles et pures, dont les tons chair devaient leur transparence blanchâtre à l'emploi d'huile de noix, et non de lin. Titien (1488-1576), le plus célèbre élève de Bellini, développa une expression plus libre de la peinture à l'huile à l'aide de coups de pinceau souples et fluides brossant des personnages classiques aux poses lyriques dans des tons chauds traversés d'étincelles de lumière. Au début du XVIe siècle, on ne jure plus que par la peinture à l'huile.

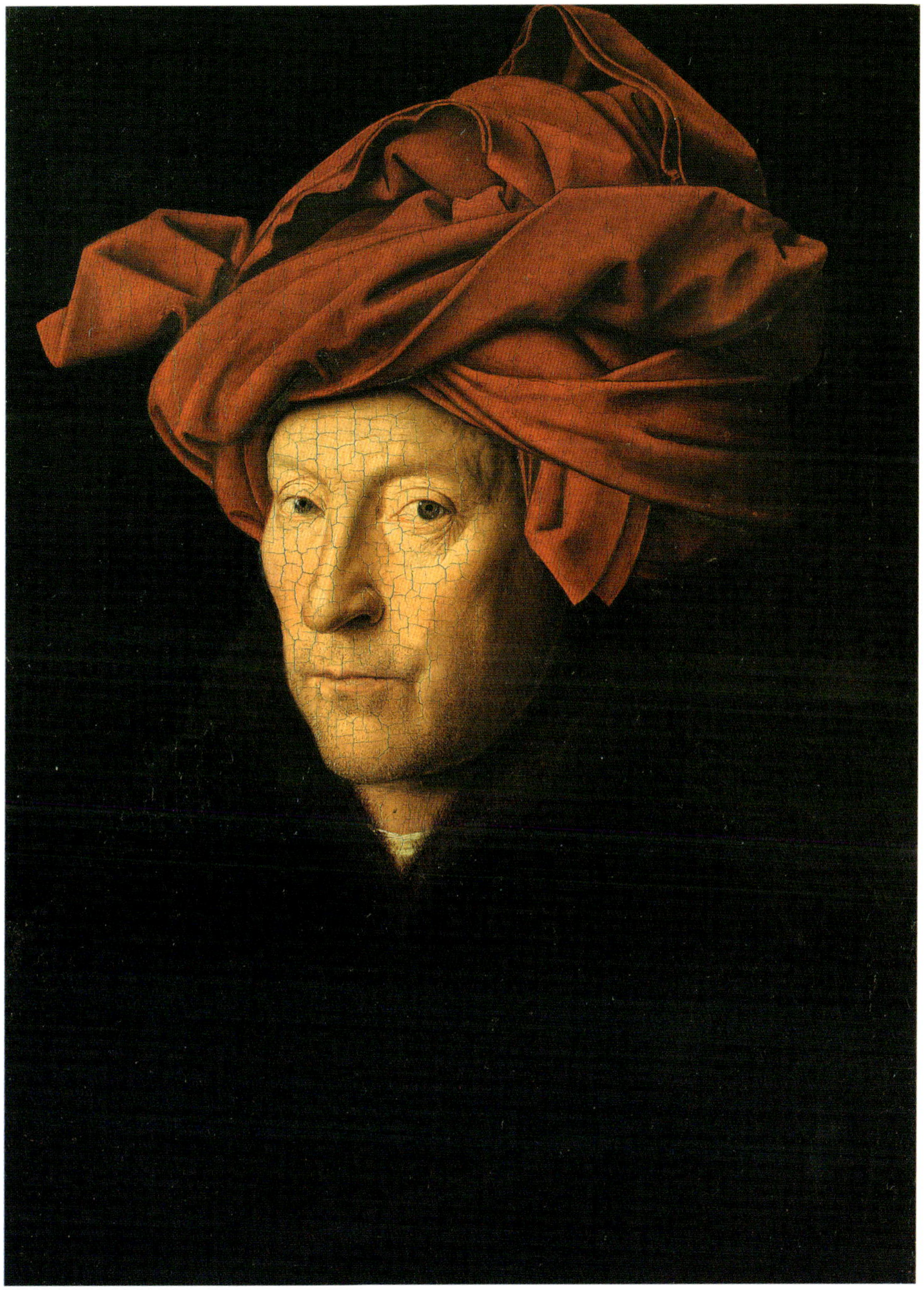

Le peintre flamand Jan Van Eyck, un des pionniers de la peinture à l'huile, a exploré ses qualités translucides dans Un homme au turban. *On ignore s'il s'agit d'un autoportrait ou d'un portrait de son beau-père.*

Évolution contrastée vers le baroque

Un ton moyen appliqué sur toute la surface peinte fournissait aux artistes un moyen d'affirmer leurs tons plus foncés et plus clairs. Les ombres étaient réalisées à l'aide de glacis fins et sombres, et les blancs étaient mélangés plus abondamment dans les couleurs fortes afin de fournir un relief dramatique.

Le Caravage (1571-1610) mit cette méthode à profit pour atteindre un très haut degré de réalisme ; ses personnages, éclairés de manière dramatique selon la technique dite du « clair-obscur », semblent quasiment en trois dimensions. Pierre Paul Rubens (1577-1640) utilisa également le contraste tonal, mais d'une façon plus inventive. Il appliqua de fins lavis gris sur un fond blanc, puis fit ressortir ses compositions par des traits d'un riche jaune doré, avant de finalement assombrir le tableau de glacis plus froids et semi-opaques laissant transparaître le jaune, imprégnant ainsi la scène d'un halo de lumière chaude. Velázquez (1599-1660) subit l'influence de ces deux peintres, recourant à divers types de coups de pinceau pour donner à ses sujets un sentiment de mouvement et d'action dramatique. Rembrandt (1606-1669) employa la même technique, en ajoutant cependant un fond d'argile rouge à ses tableaux, en plus de la base grise. Il appréciait visiblement les qualités physiques de l'huile, sculptant les ultimes détails à coups de pinceau épais et opaques, chargés de blanc au plomb. Cette technique s'avéra particulièrement efficace dans ses autoportraits tardifs.

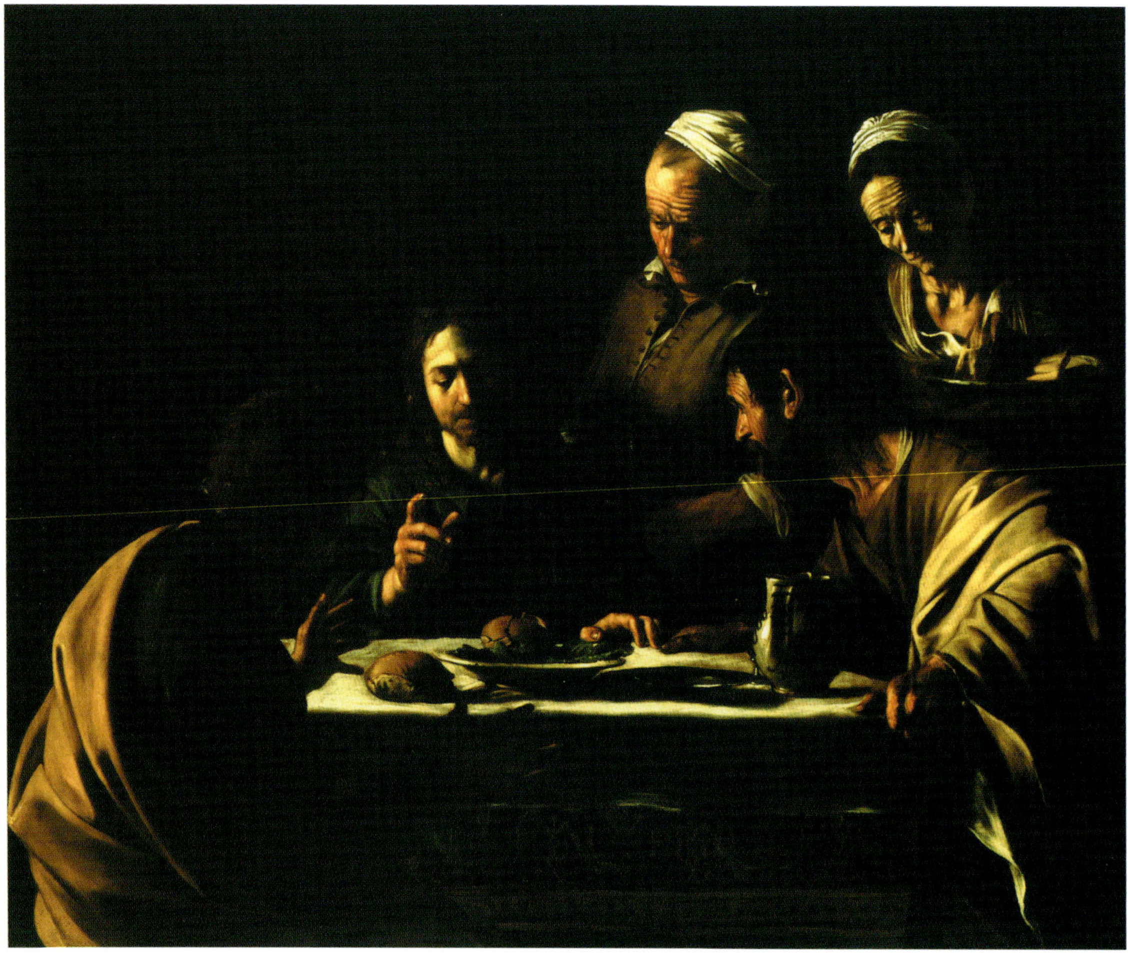

Le réalisme des tableaux du Caravage, puissamment contrastés d'ombres et de lumières, est dû en partie à l'emploi de la peinture à l'huile. Ici, Le Dîner d'Emmaüs, *daté de 1606.*

Expérimentations du XVIIIe siècle

L'emploi de plusieurs couches étant une pratique courante chez les artistes du XVIIIe siècle, certains expérimentèrent l'ajout d'autres matériaux à leur peinture à l'huile. Le célèbre peintre de chevaux britannique George Stubbs (1724-1806) utilisa des huiles siccatives pour accélérer son travail et sir Joshua Reynolds (1723-1792) concocta de nouvelles recettes avec résines et bitume. Cependant, ces tentatives précoces pour modifier les qualités de la peinture à l'huile ne furent pas toujours couronnées de succès : l'état actuel de certaines de ces œuvres utilisant des matériaux non traditionnels montre que leur peinture est malheureusement moins stable.

L'engouement pour les couleurs à l'huile prêtes à l'emploi créa à cette époque une nouvelle industrie au service des artistes, celle des «coloristes» qui préparaient et remplissaient des vessies de peau avec des préparations colorées. Ces coloristes disparurent aussi vite qu'ils étaient apparus, une fois que la fabrication de peinture devint un procédé industriel. À l'époque cependant, leur activité revêtait une grande importance; elle incita notamment les premiers peintres paysagistes tels que John Constable (1776-1837) et William Turner (1775-1851) à travailler directement sur des panneaux en extérieur, terminant un tableau en une séance (*alla prima*) grâce à un maniement rapide et fluide de la peinture.

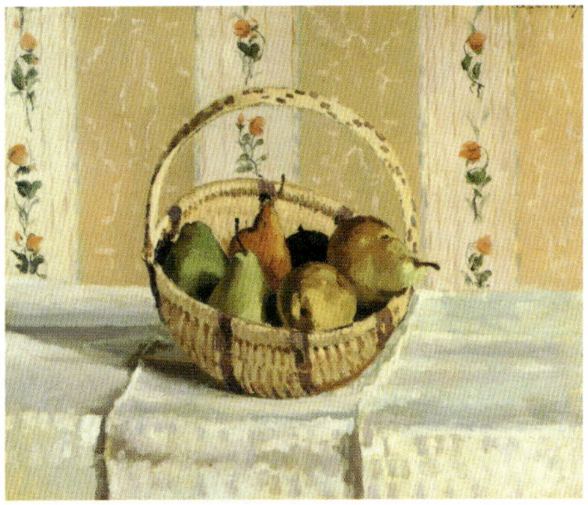

L'impressionniste Camille Pissarro donna une nouvelle impulsion à la peinture à l'huile. Ici, Nature morte : poires dans un panier rond, *datée de 1872.*

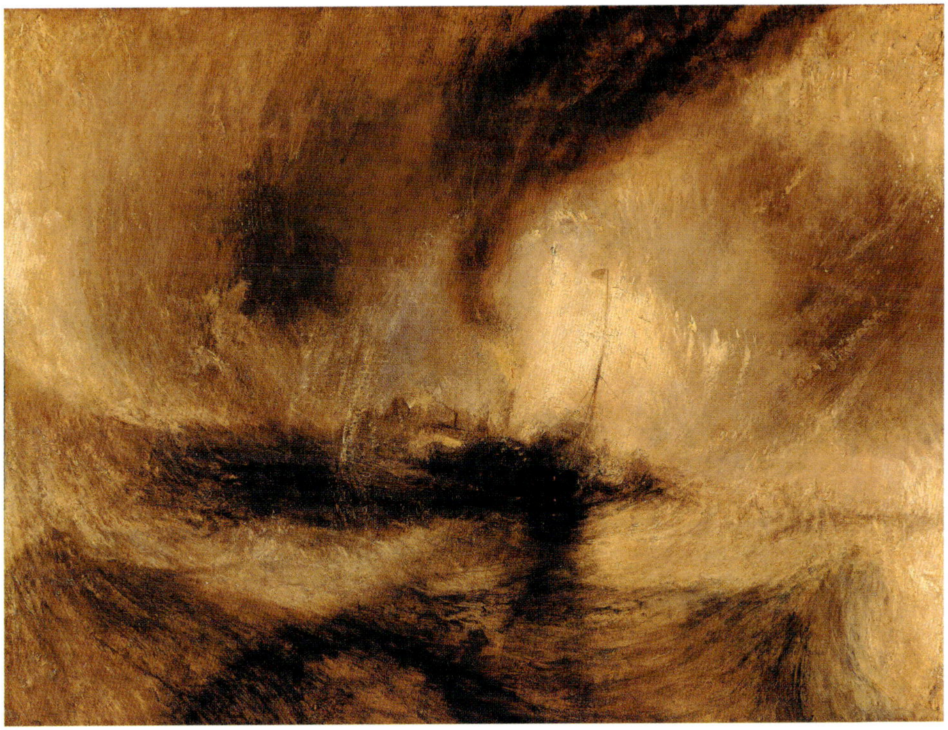

Monstre sacré de la peinture à l'huile du XIXe siècle, William Turner créa des tableaux rythmés au mouvement sensuel qui préfigurent l'abstraction plusieurs décennies avant l'heure. Preuve en est ce tableau de 1842 intitulé Tempête de neige : vapeur sortant d'un port.

Impressions du XIXe siècle

Turner pourrait bien avoir été l'initiateur de la peinture en plein air, entraînant dans la nature d'autres artistes, et notamment les impressionnistes. Ceux-ci délaissant le clair-obscur de leur atelier pour découvrir les subtilités de la couleur brisée et de la lumière réfractée dans le paysage, en toutes saisons et à toute heure du jour. Les théories des couleurs et l'apparition de nouveaux pigments entraînèrent une transformation radicale de la peinture, nombre des méthodes traditionnelles étant abandonnées au profit d'une approche plus libre et plus directe. Les premiers représentants de l'impressionnisme, comme Claude Monet (1840-1926) et Camille Pissarro (1830-1903), produisirent des compositions complexes où les coups de pinceau jouaient un rôle déterminant dans la signification du tableau. Le rejet des glacis au profit d'empâtements richement saturés donnait aux œuvres une vie nouvelle et une vigueur immédiate, et dès lors les techniques se diversifièrent à nouveau, révélant d'autres pionniers : Vincent Van Gogh (1853-1890), Paul Gauguin (1848-1903), Georges Braque (1882-1963), Pablo Picasso (1881-1973) et plus tard les expressionnistes allemands Emil Nolde (1867-1956), Franz Marc (1880-1916) et Max Beckmann (1884-1950).

Le XXe siècle et au-delà

Une renaissance des techniques traditionnelles, sans doute prévisible, surgit de façon inattendue sous le pinceau du surréaliste Salvador Dalí (1904-1989). Influencé par l'absurdité du mouvement dada et par les nouvelles théories de la psychanalyse, il fondit ses formes symboliques les unes dans les autres comme autant d'interprétations d'un monde du rêve et de l'inconscient, étrange et érotique.

Un autre génie de l'époque, Pablo Picasso (1881-1973), redéfinit le langage de la peinture moderne en montrant simultanément plusieurs aspects différents d'un objet. Cette tendance appelée « cubisme » utilisait encore des méthodes de peinture traditionnelles ; sa « période rose » des débuts le démontre clairement. Sa recherche se fit puissante et âpre, mais sa technique de l'huile ne changea guère au cours de sa longue carrière. Au milieu de tant d'écoles et de styles concurrents, les artistes s'affranchirent de toute orthodoxie et de toute règle. Le XXe siècle signa l'émergence d'une foule de mouvements de peinture extrêmement divers. Les expressionnistes abstraits menés par Jackson Pollock (1912-1956) adoptèrent aux États-Unis l'*action painting*, projection de peinture sur une toile posée au sol.

Dans les années 1950 et 1960, l'intérêt pour la *pop culture* annonça l'arrivée de jeunes artistes tels que Jasper Johns (né en 1930), Peter Blake (né en 1932), Roy Lichtenstein (1923-1997) et David Hockney (né en 1937). Ils commencèrent à travailler à l'huile, l'utilisant comme moyen graphique plat, mais se convertirent bientôt à l'acrylique à base de plastique, mieux adaptée. En opposition à cette tendance, la peinture figurative connut un regain de faveur en Europe. Balthus (1908-2001) esquissa ses silhouettes désincarnées en réduisant sa palette à des tons neutres. En revanche, des touches de peinture éclatantes rehaussent les œuvres incrustées d'huile de Leon Kossoff (né en 1926), Frank Auerbach (né en 1931) et Lucian Freud (né en 1922). Membres de l'école de Londres, leur engouement pour la couleur est total, et Howard Hodgkin (né en 1932) traduit ses souvenirs d'enfance en des tourbillons éblouissants d'intense couleur à l'huile.

Malgré les avancées technologiques qui proposent mille produits alternatifs, l'huile demeure un matériau incontournable fort respecté. Aucune autre sorte de peinture ne possède cet aspect si richement saturé ni cette stabilité.

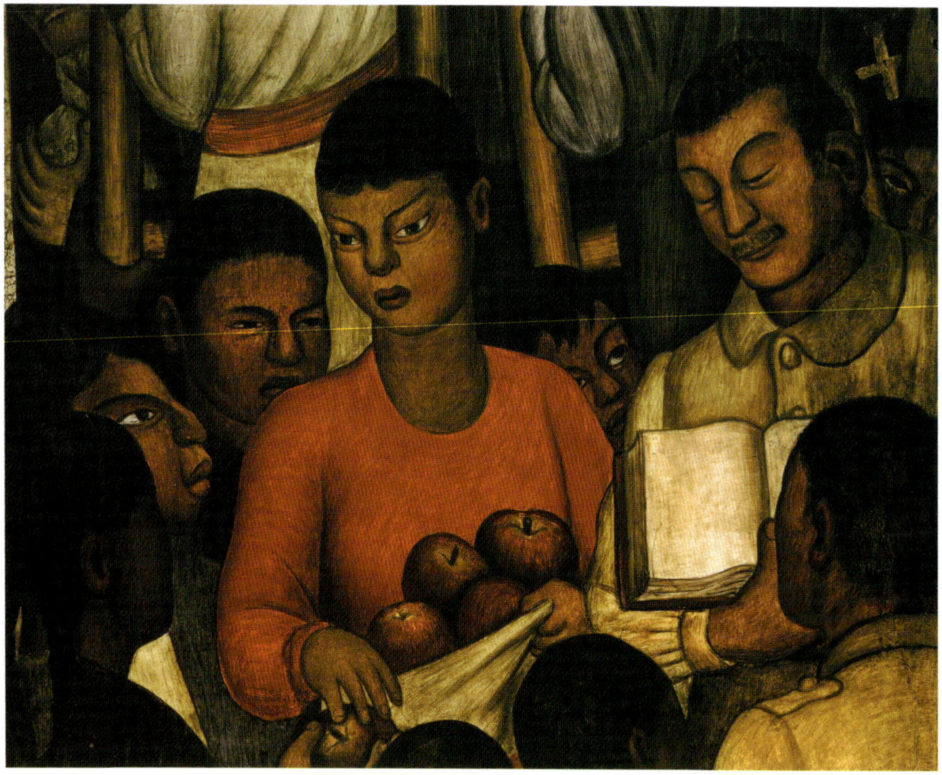

Diego Rivera, chef de file de l'école mexicaine des « muralistes », a mis à profit la peinture à l'acrylique pour créer des œuvres engagées monumentales. Ce tableau, peint en 1932 et intitulé Les Fruits de la Terre *(détail), annonça une ère nouvelle dans la création de vastes compositions dédiées au peuple.*

Petite histoire de la peinture à l'acrylique

La révolution plastique

Les origines des résines acryliques remontent au début du XXe siècle en Allemagne, mais leur développement en tant que liant pour les pigments se termina en Amérique au début des années 1920, quand on découvrit que les résines pouvaient être dissoutes dans des solvants organiques. Les architectes cherchaient depuis longtemps un colorant susceptible de rester stable dans des conditions de chaleur élevée, et les constructeurs d'automobiles avaient besoin d'un revêtement solide et résistant, supportant l'usure. Cependant, c'est dans le domaine de la peinture en bâtiment que la production commerciale débuta dans les années 1940, en réponse au besoin de peintures résistantes aux intempéries. Les pionniers de la révolution plastique venaient juste d'émerger de leur révolution nationale, au Mexique : David Alfaro Siqueiros (1896-1974), Diego Rivera (1886-1957) et José Clemente Orozco (1883-1949) s'attachèrent à créer une peinture nationale s'adressant aux masses à travers des fresques célébrant notamment la révolution mexicaine de 1910.

Un substitut à l'huile

Les premiers artistes qui employèrent l'acrylique le firent en appliquant à ce nouveau matériau les techniques de l'ébauche et du glacis, vieilles de quatre siècles. La force de l'acrylique réside dans son caractère polyvalent et dans sa capacité à se substituer à la détrempe, à la gouache et à l'aquarelle, en plus de l'huile. Une exploration de nouvelles techniques ne tarda pas à débuter. La New-Yorkaise Helen Frankenthaler (née en 1928) utilisa des couleurs acryliques diluées, afin qu'elles imprègnent et teintent la toile non apprêtée en des taches contrôlées, délicates et abstraites. Usant d'une méthode similaire mais avec des résultats très différents, Morris Louis (1912-1962) reprit à son compte les coulures de Pollock et les taches de Frankenthaler, créant un amalgame très personnel. Il versa également sur une toile non apprêtée, des lignes de couleur pure et diluée pour produire des tableaux à rayures translucides. Par opposition à ces manifestes colorés, Mark Rothko (1903-1970) et Robert Motherwell (1915-1991) travaillèrent tous deux à l'aide de couches intenses d'acrylique diluée, répandue sur la toile pour exprimer un sentiment d'immobilité contemplative.

Jusqu'à la fin des années 1950, les peintures à l'acrylique étaient encore à base de solvants, mais le développement d'acryliques à base d'émulsion – comme celles que nous connaissons aujourd'hui – permit une utilisation courante. Elle connut un succès immédiat, devenant le matériau favori des peintres contemporains.

Le pop art

L'esthétique superficielle et «jetable» du consumérisme engendra la philosophie du pop art, dont l'acrylique fut le matériau d'expression rêvé, capable de définir parfaitement contours tranchés et surfaces unies, ainsi qu'une finition lisse évoquant le plastique. Andy Warhol (1928-1987) s'en servit pour glorifier images et icônes populaires, et Roy Lichtenstein (1923-1997) plongea les héros de bandes dessinées dans une autre dimension à l'aide de passages lisses d'acrylique. La peinture à l'acrylique ne fut disponible en Europe que dans les années 1960. Lorsqu'elle y parvint, le jeune Anglais rebelle du *Royal College*, David Hockney (né en 1937), l'exploita avec ingéniosité, cherchant par exemple à traduire l'eau ondulante d'une piscine californienne par des couleurs contrastées, unies et vives, et des touches de peinture texturées. Bridget Riley (née en 1931) utilisa l'acrylique pour produire des illusions d'optique, initiant une tendance nommée «op art». L'acrylique s'avéra idéale pour dessiner des bandes de couleur unie car, grâce à son séchage rapide, elle empêchait les bavures dans des œuvres d'une telle précision.

Le photoréalisme

Dans les années 1970 et 1980, la peinture était pratiquement revenue à son point de départ. Des efforts des maîtres de la Renaissance pour parvenir au réalisme tridimensionnel, en passant par l'irréalisme coloré de l'expressionnisme abstrait, la création d'images se concentrait à nouveau sur la maîtrise technique. Les portraits de Chuck Close (né en 1940) visaient ainsi à atteindre le seuil de réalisme de la photographie. Dans le domaine de l'illustration, particulièrement en Amérique et au Japon, le photoréalisme (ou hyperréalisme), très applaudi, devint le but à atteindre.

Un nouveau réalisme

À la fin du XXe siècle, la peinture figurative était à nouveau remise au goût du jour par des artistes qui cherchaient à évoquer dans leurs œuvres les attitudes, pensées et sentiments que leur inspirait la société postmoderne. Paula Rego (née en 1935) enchâsse drames psychologiques et tensions relationnelles dans le cadre apparemment innocent des thèmes traditionnels du conteur. Son maniement du matériau donne à ses figures audacieuses aux contours nets, un aspect figé et sinistre.

La qualité des peintures acryliques s'est constamment améliorée depuis leur invention. Avec la commercialisation de retardateurs et autres mélangeurs, les temps de séchage se sont allongés, ce qui permet une plus grande flexibilité dans le travail. On peut aussi désormais modifier à sa guise les composants par l'addition d'autres matériaux, ce qui ouvre sans cesse de nouvelles perspectives.

Ceux qui craignaient que l'acrylique ne supplante l'huile peuvent être rassurés : toutes deux cohabitent en bonne intelligence dans l'atelier de l'artiste ! La soif d'expressions nouvelles et la créativité artistique sont loin d'avoir dit leur dernier mot...

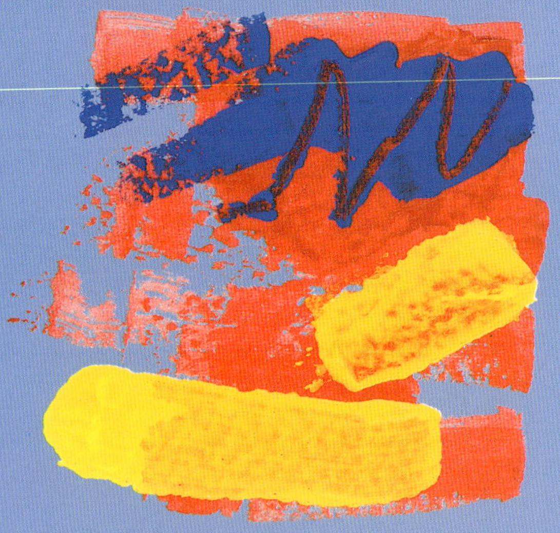

Le matériel

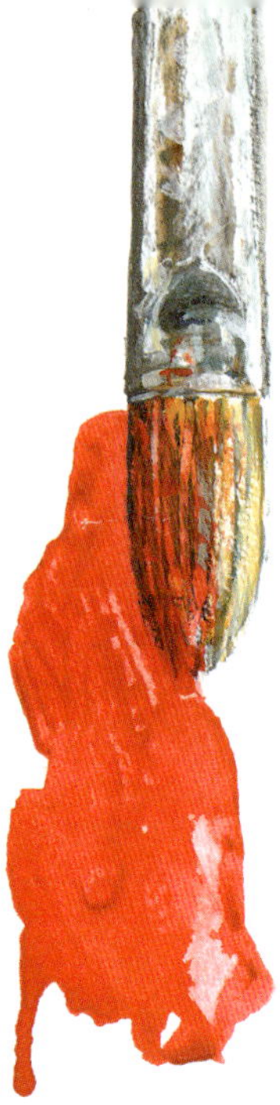

Pinceaux et couteaux

Il existe aujourd'hui une large gamme de pinceaux disponibles dans les magasins de fournitures artistiques. À chaque type de trait correspond un pinceau bien précis ! Il s'agit donc de choisir avec justesse l'outil adapté parmi ce vaste choix de tailles, de matières et de prix, en sachant que votre décision peut être déterminante pour l'œuvre à venir. Il importe par conséquent de réfléchir soigneusement à vos besoins actuels. Un pinceau est un outil très personnel – en essayer plusieurs est le meilleur moyen de se décider. Avec l'expérience, la sélection se fera d'elle-même, et vous jonglerez finalement avec votre collection de pinceaux favoris.

Les pinceaux conçus pour la peinture à l'huile et à l'acrylique ont des manches plus longs que ceux destinés à l'aquarelle, car ils sont généralement utilisés devant un chevalet et tenus à une certaine distance du support. L'éventail étendu de traits produits dans les toiles à l'huile et à l'acrylique exige un mouvement plus ample de l'épaule et du coude, et un manche plus long facilite ce mouvement. Il existe des exceptions ; si vous désirez peindre des miniatures, par exemple, il est préférable d'employer un pinceau à manche court. Les pinceaux à poils souples – martre, ou poils synthétiques – utilisés pour l'aquarelle sont également adaptés à l'huile et à l'acrylique. Il importe cependant de les laver soigneusement à l'eau tiède savonneuse immédiatement après avoir fait usage de l'acrylique pour éviter que les poils ne s'encrassent. Les modèles synthétiques sont ceux qui conviennent le mieux pour l'acrylique, qui a tendance à user les pinceaux plus vite que n'importe quelle autre peinture.

Les pinceaux destinés à l'huile et à l'acrylique peuvent être en soies de porc, en poils de bœuf ou en fibres synthétiques (une imitation des deux premiers matériaux). Les soies de porc sont de loin les plus robustes, et leurs extrémités fendues en deux pointes permettent aux pinceaux de contenir de généreuses quantités de peinture. Les poils de bœuf, d'une texture plus souple, conviennent aux glacis mais non à l'étalage de fonds grossiers. Les pinceaux synthétiques sont la panacée : meilleur marché, plus résistants ils sont aussi plus faciles à entretenir que les deux autres types.

Chaque série de pinceaux comporte environ quatorze tailles (un chiffre qui varie selon le fabricant). Plus le numéro est élevé, plus le pinceau est gros. Un pinceau 00 ne contient que quelques poils, parfait pour des détails minutieux, tandis qu'un 12 est doté d'une grosse touffe de poils, idéale pour couvrir une zone étendue.

CONSEIL

Visez toujours la meilleure qualité possible pour vos pinceaux et outils et limitez-vous à la quantité nécessaire aux travaux en cours. Vous pourrez toujours en acquérir d'autres lorsque vos compétences exigeront un choix plus varié.

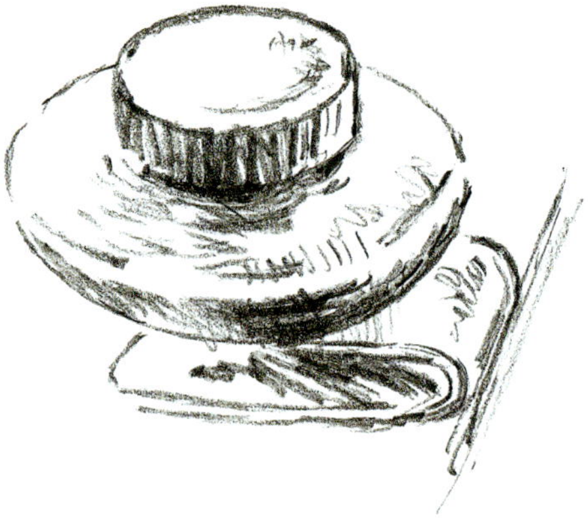

Godet *Ce récipient métallique très utile se fixe aisément au bord de votre palette pour garder toujours à portée de main l'huile ou la térébenthine.*

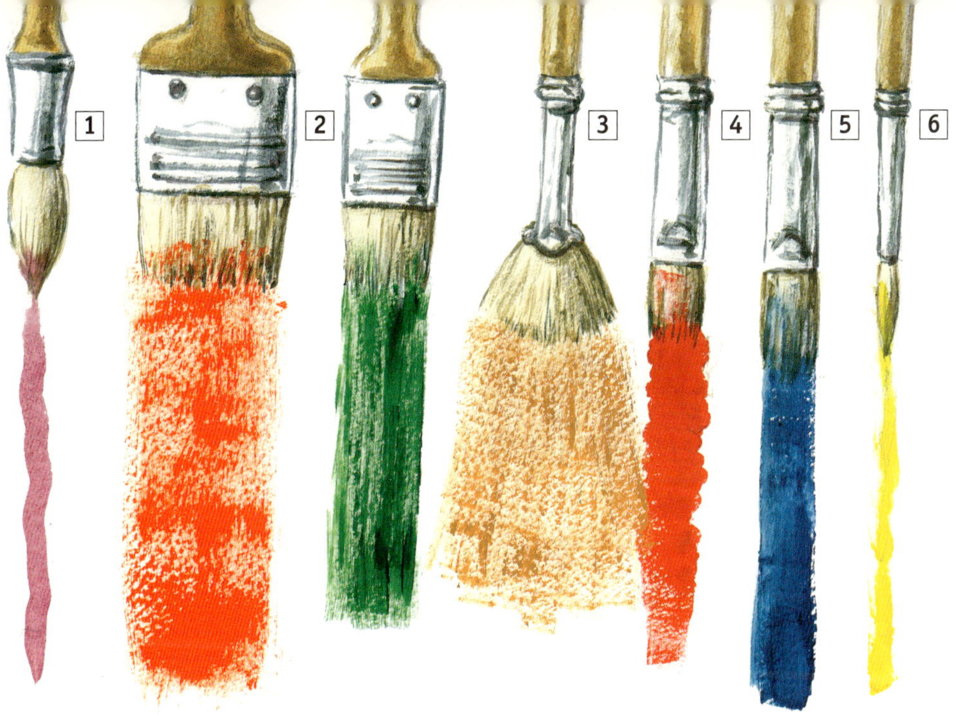

Couteaux

Un couteau à peindre *[7] est une sorte de mini-truelle à manche incurvé et à lame flexible, utilisée pour mélanger et étaler la couleur. Les lames existent dans diverses formes et tailles, selon l'effet recherché. Toutes les surfaces du couteau peuvent être utilisées : l'extrémité permettant de créer de fines marques en pointillé, la partie plate des empâtements larges et épais, et le bord servant au travail des lignes.*

Les couteaux à palette *[8] sont utilisés pour mélanger les couleurs sur la palette ou pour ôter la peinture en excès sur un support. La lame du couteau à palette est plate et flexible, et son extrémité arrondie. Ils peuvent être remplacés, comme pour les pinceaux, par des versions domestiques telles que des grattoirs de décorateur, qui imprimeront des marques larges et épaisses.*

Types de pinceaux

Les pinceaux ronds *[1] ont une excellente capacité de rétention de peinture et une pointe effilée. Ils fonctionnent mieux avec de la peinture très diluée. L'outil idéal pour l'ébauche initiale et le travail des petits détails.*

Les brosses plates *(ou queues de morue) [2] ont une extrémité carrée et de longues soies flexibles qui retiennent de généreuses quantités de peinture. Elles sont surtout adaptées pour remplir de grandes zones et pour mélanger les couleurs.*

Les brosses éventail *[3] donnent du fini à un tableau en atténuant les contours durs et en diluant les tons.*

Les pinceaux à tête plate *[4] sont des pinceaux courts et plats à soies raides, parfaits pour la peinture épaisse et les techniques d'empâtement. Leurs poils courts permettent un contrôle précis dans la peinture de détails.*

Les pinceaux plats à tête ronde *[5] sont un croisement de pinceau plat et de pinceau rond. Leur extrémité légèrement incurvée aide à adoucir les contours.*

Les pinceaux à filet *[6] ont de très longs poils et une pointe effilée. Ils sont utilisés pour les petits détails et l'exécution de lignes longues et fines.*

Autres types

Les pinceaux utilisés en décoration *intérieure peuvent constituer une bonne alternative aux pinceaux de base. Restez toujours à l'affût des pinceaux ou brosses domestiques que vous pourriez détourner à des fins artistiques.*

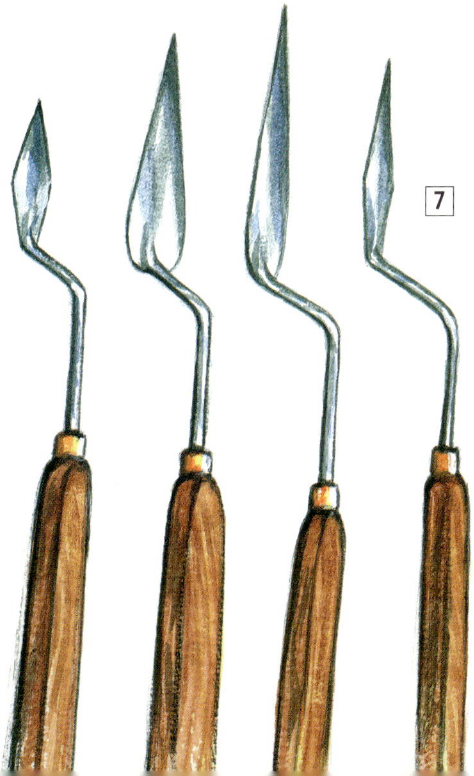

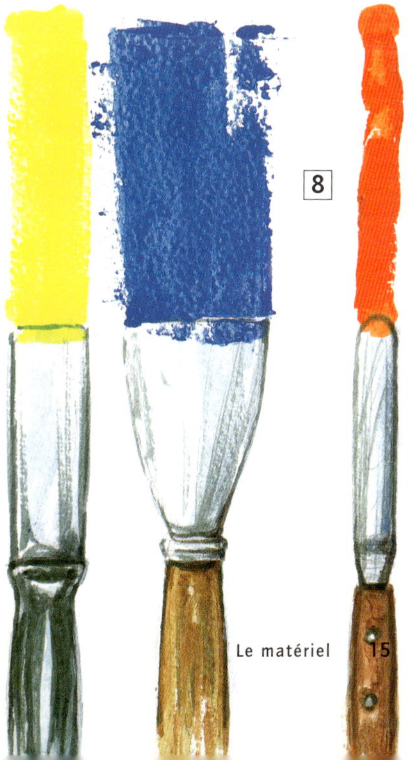

Couleurs à l'huile

L'huile, la plus traditionnelle et la plus stable des peintures, a le don de charmer ceux qui s'y adonnent. Son utilisation exige cependant des précautions spécifiques ; il est donc bon de connaître ses propriétés. En mélangeant des pigments secs écrasés à une huile naturelle comme l'huile de lin, vous pouvez créer vos propres couleurs à l'huile ; certains professionnels les considèrent comme nettement supérieures à celles achetées dans le commerce. Elles ont, dans les deux cas, la même base : des pigments terreux naturels, broyés pour former des ocres rouges, bruns ou jaunes. Les pigments non organiques tels que le bleu de cobalt ou l'oxyde de chrome sont fabriqués chimiquement, tandis que les couleurs organiques telles que la laque de garance sont extraites de végétaux.

CONSEIL

Certaines couleurs ont tendance à faner après une exposition lumineuse prolongée. Prenez soin d'éviter ces couleurs « fugaces » en lisant attentivement les étiquettes des tubes de peinture. Les fabricants utilisent un système de codes, clairement imprimés sur le produit, pour indiquer la sensibilité à la lumière (code I ou **** : excellent).

Couramment vendue en tube, la peinture à l'huile existe en deux qualités : « fine » (ou « étude ») et « extra-fine » (professionnelle). La première comporte généralement un choix plus restreint de couleurs et des pigments de moindre qualité. Meilleur marché, elle peut convenir à un débutant mais ses performances sont aléatoires. Mieux vaut commencer par acheter une sélection limitée de couleurs de qualité professionnelle, puis enrichir progressivement votre collection. Leurs prix sont extrêmement variables, selon le coût et la rareté des pigments qui les composent. Il existe aussi des alternatives modernes aux pigments traditionnels coûteux.

C'est le cas des peintures à l'huile hydrosolubles qui partagent les propriétés et le caractère des couleurs à l'huile, mais permettent aux pinceaux d'échapper au nettoyage à la térébenthine ou au white-spirit.

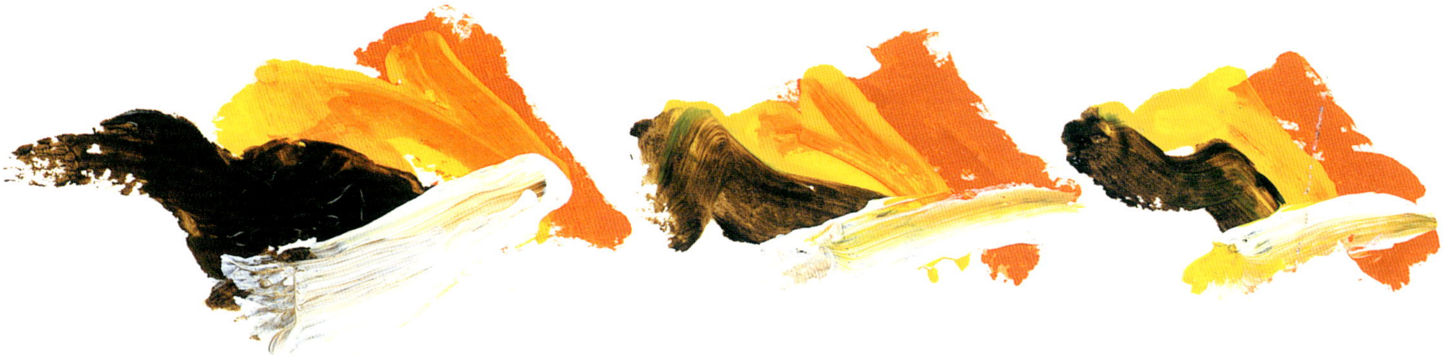

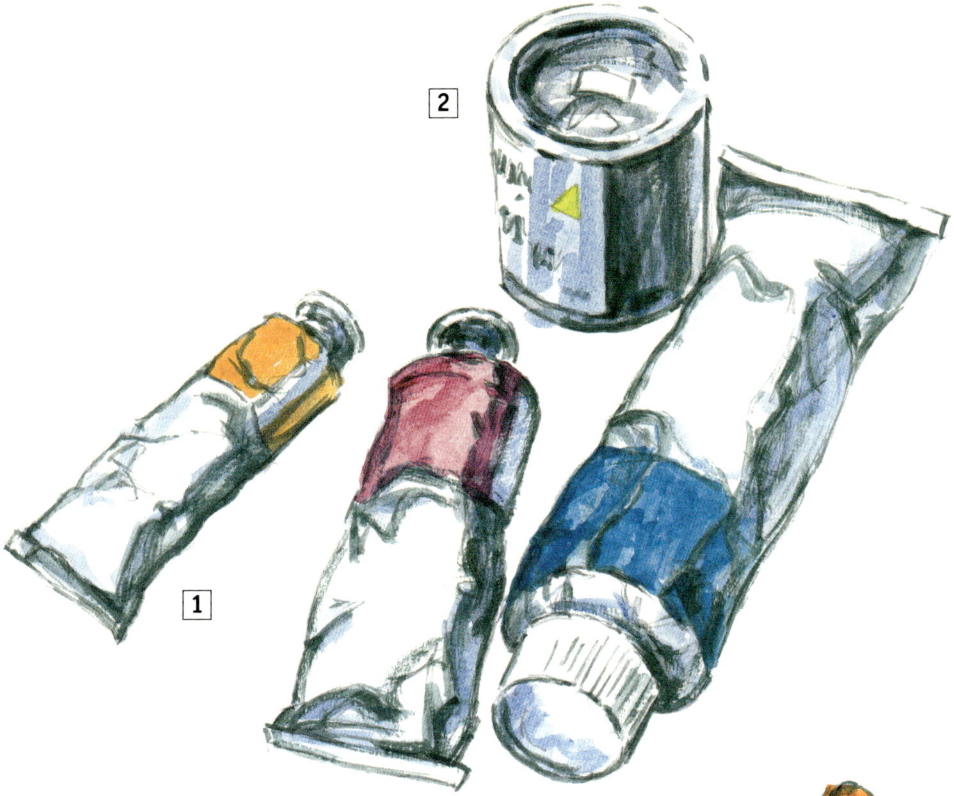

Les pots *[2], moins couramment utilisés, permettent de charger directement le pinceau sans recourir à une palette. Les couleurs à l'huile en pot, souvent plus liquides, ne conviennent pas aux techniques d'empâtement.*

Les bâtons de peinture à l'huile *[3] à l'apparence de pastels gras sont en fait des pigments mélangés à des huiles et cires siccatives. Polyvalents, ils peuvent frotter sur le support, être dilués à la térébenthine, travaillés au couteau ou servir à dessiner des esquisses en couleur.*

Les tubes *[1] en aluminium souple ou en plastique ont une contenance de 20, 60 ou 150 ml; 20 ml étant la taille standard. Comme le blanc est employé dans la plupart des mélanges de couleurs, il est plus économique d'en acheter un tube de 60 ml. Pensez à bien reboucher vos tubes après utilisation et n'extrayez que la quantité nécessaire afin d'éviter que les couleurs ne sèchent. Et pour en préserver provisoirement l'humidité, couvrez votre palette d'un film plastique et rangez-la au réfrigérateur.*

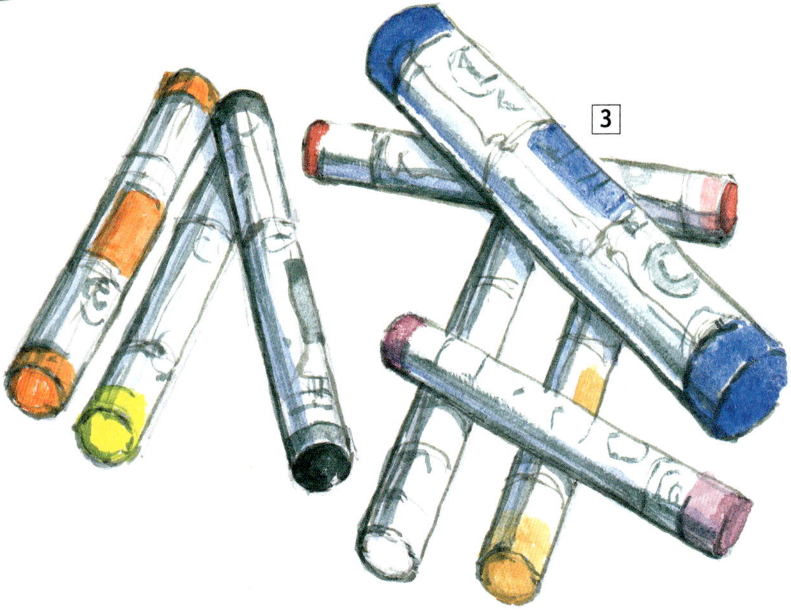

Couleurs acryliques

La peinture acrylique connaît un développement et des progrès de fabrication constants. C'est une peinture synthétique qui possède nombre des qualités de sa partenaire traditionnelle, l'huile. Qu'elle soit à base de latex ou de polymères (plastique), l'acrylique se révèle flexible, lumineuse et à fort pouvoir couvrant. Diluée à l'eau, elle produit des lavis translucides. Son temps de séchage est toujours rapide, ce qui exige de la part de l'artiste une approche énergique et un rythme soutenu.

La peinture acrylique est une émulsion obtenue par dispersion dans l'eau de très fines particules de résine. Il s'agit d'une résine synthétique possédant des propriétés extrêmement élastiques. Les particules de polymère en suspension dans l'eau donnent à la peinture sa fluidité. Quand l'eau s'évapore, elles forment un film flexible, dur et inerte qui adhère à la plupart des surfaces et résiste à l'eau, ce qui permet d'ajouter de nouvelles couches sans altérer les précédentes. L'éventail de couleurs acryliques disponibles, aussi étendu que celui de l'huile, comprend en plus diverses couleurs fluorescentes et métalliques. L'acrylique existe en deux qualités : « fine » (ou « étude ») et « extra-fine » (professionnelle). Les moins coûteuses se présentent sous forme de couleurs à l'acétate de polyvinyle (ou PVA). Le PVA en tant que matériau est surtout connu sous sa forme adhésive, la colle blanche. Lorsqu'il est dilué et ajouté à un pigment en poudre, on obtient un bon substitut d'acrylique.

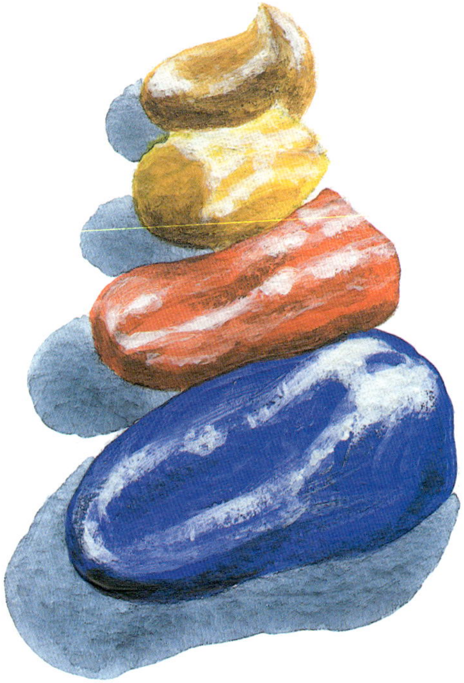

Comme pour les couleurs à l'huile, ***les tubes*** *[1] ont une contenance de 20, 60 ou 150 ml. Là encore, un tube de 20 ml est suffisant pour la plupart des couleurs, sauf pour le blanc, qui nécessite un 60 ml. Si un tube reste débouché, la peinture séchera rapidement et deviendra inutilisable. La peinture en tube est épaisse et crémeuse, et par conséquent la plus proche de l'huile par sa texture.*

Des quantités plus importantes d'acrylique peuvent être achetées en ***pot*** *[2] pour peindre de larges surfaces ou faire des économies. L'acrylique en pot est plus lisse et plus fluide que celle en tube. Elle convient idéalement aux glacis.*

Les flacons en plastique souple *munis d'un bec [3] permettent de verser la peinture directement sur le support ou sur la palette.*

Les couleurs acryliques liquides se présentent aussi sous forme de petits flacons à compte-gouttes. Elles sont très fluides et extrêmement concentrées, ce qui les rend idéales pour étaler des lavis translucides à la manière de l'aquarelle.

CONSEIL

Prenez garde de rincer soigneusement tous les pinceaux à l'eau tiède savonneuse immédiatement après l'utilisation de peinture acrylique. La base plastique de cette dernière collera les poils et durcira en séchant si les pinceaux ne sont pas correctement nettoyés.

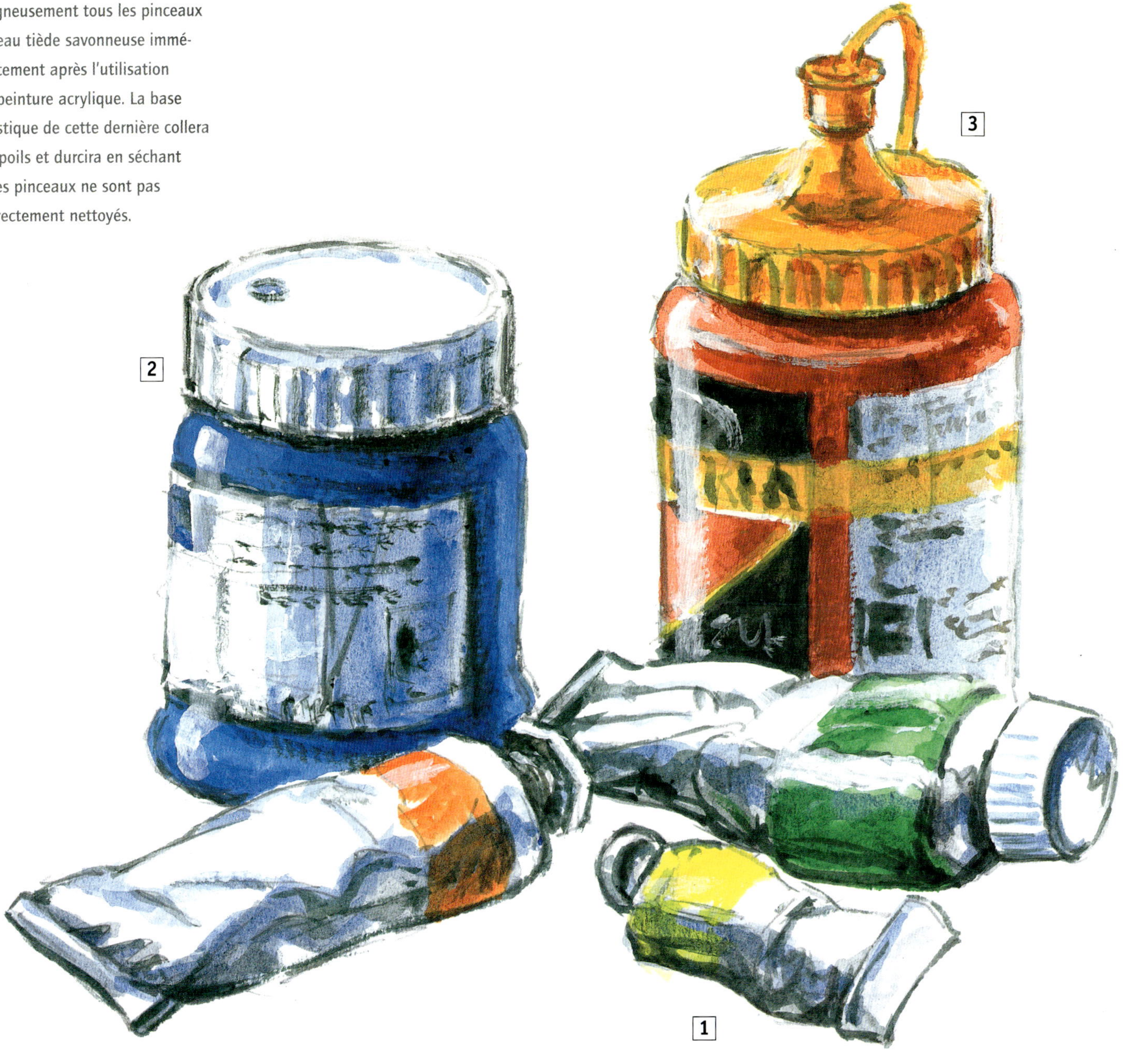

Autres matériaux

Peinture à l'huile et à l'acrylique s'associent avec bien d'autres matériaux de dessin et de peinture, secs ou humides. Il arrive souvent que l'intégration de matériaux donne vie à une œuvre en accentuant un relief ou en apportant des contrastes de texture. Certains artistes en herbe sont embarrassés par l'apparente imprévisibilité des associations de divers matériaux. Qu'ils n'hésitent pas à expérimenter de nouvelles techniques ! Ils seront vite conquis !

CONSEIL

Testez toujours vos combinaisons de matériaux sur un fragment de toile ou de papier pour vous assurer que ceux-ci sont bien compatibles.

Matériaux pour l'huile et l'acrylique

Les crayons [1] *sont l'outil par excellence pour tracer des contours et aborder les dessins préliminaires et les esquisses légères sur toile ou papier. La gamme complète des qualités H (dur) et B (tendre) décline un large éventail de marques tonales qui peuvent même rehausser le tableau le plus coloré à l'acrylique, particulièrement aux endroits où la peinture a été appliquée en minces lavis. Mais le crayon se mélange mal avec les empâtements d'huile ou d'acrylique. Il existe un vaste choix de crayons solubles dans l'eau, excellents pour mélanger les couleurs. Ils peuvent être utilisés secs, en trempant la mine dans l'eau, ou adoucis à l'aide d'un pinceau mouillé.*

Le fusain [2] *peut être étalé et estompé ou appliqué avec une audace expressive. Ces bâtons de bois de saule brûlé au four s'associent aussi bien à l'huile qu'à l'acrylique, lors des premières étapes d'un tableau. Lorsqu'un dessin au fusain est élaboré sur le papier ou la toile, les erreurs peuvent être aisément corrigées : il suffit d'estomper et de redessiner. Il est également disponible sous forme de crayon, ce qui le rend plus contrôlable pour le dessin de lignes nettes. Le fusain, extrêmement polyvalent, permet la création d'un vaste éventail de tons, du noir au gris argenté, ce qui en fait un outil particulièrement expressif.*

Le pastel à l'huile [3] *appliqué sur un tableau à l'acrylique adhère à la surface et dépose une texture cireuse et discontinue. Cette matière étanche à l'acrylique est parfois employée comme un masque. Associé à l'huile, le pastel joue un rôle plus complémentaire, notamment dans l'exécution de petits détails.*

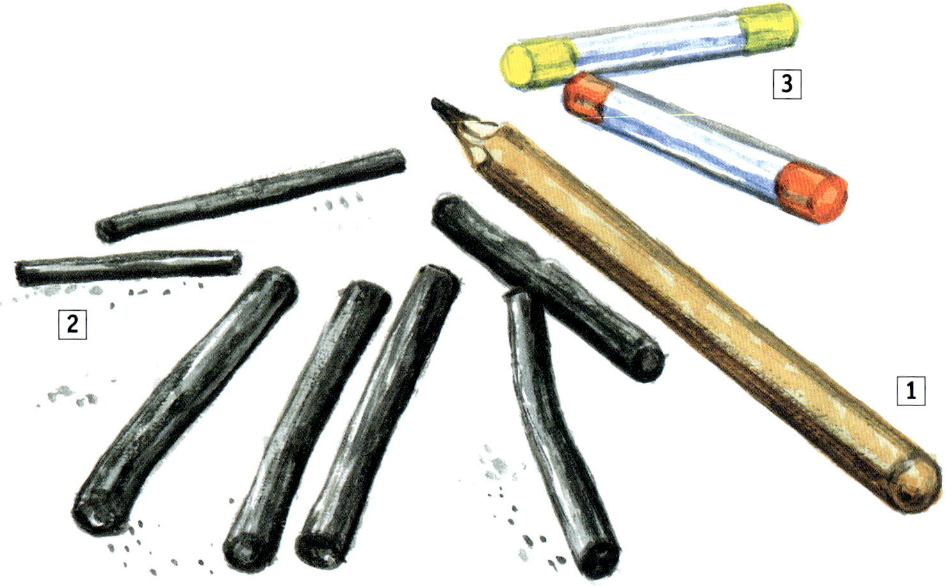

Matériaux pour l'acrylique uniquement

Certains matériaux ne se mélangent pas avec la peinture à l'huile. Il s'agit de tous les matériaux solubles dans l'eau et des matériaux secs contenant peu de liant.

L'encre *[4] existe dans une gamme étendue de couleurs. Utilisez de l'encre résistant à l'eau (comme l'encre de Chine) si vous ne voulez pas que vos traits coulent lorsque vous appliquerez une autre couche humide par-dessus. Les lignes peuvent être dessinées sur des zones peintes à l'aide d'un porte-plume ou d'un pinceau. Les encres résistant à l'eau contiennent un vernis gluant appelé gomme-laque, qui leur donne un aspect brillant et vernissé. Cette gomme-laque a tendance à encrasser plumes et pinceaux, c'est pourquoi ces derniers doivent être lavés immédiatement après emploi dans de l'eau tiède savonneuse. Les encres qui ne résistent pas à l'eau s'étalent parfaitement bien sur les lavis existants et sèchent avec un fini mat. Mais elles n'auront qu'un effet limité sur la croûte imperméable d'une peinture acrylique épaisse.*

Les pastels *[5] sont composés de pigments en poudre liés par une colle ou une résine légère. Il en existe des durs et des tendres, qui s'effritent tous deux sur le support, y laissant une texture à la fois lisse et granuleuse. Cette texture peut ajouter profondeur et intérêt à une surface plate, lustrée par l'acrylique. On peut obtenir une couleur grenue et irrégulière en frottant un pastel sur une toile au tissage grossier ou un papier rugueux. Les pastels durs sont surtout adaptés à la création de lignes et de couleurs unies. Quelle que soit leur texture, les pastels doivent être fixés en vaporisant un fixatif adapté pour éviter qu'ils ne s'estompent.*

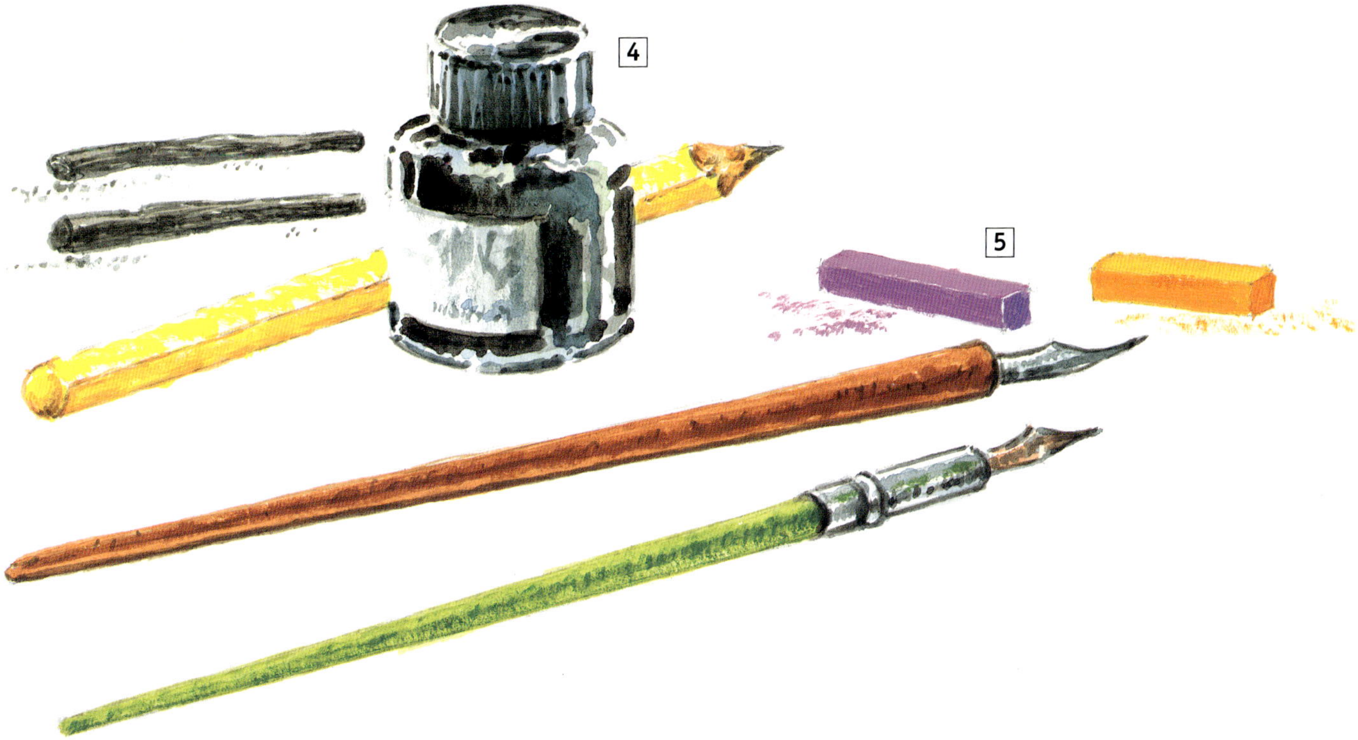

Médiums pour la peinture

La peinture à l'huile comme la peinture à l'acrylique s'emploient le plus souvent telles quelles, mais sont le plus souvent associées à un liant, un diluant ou une combinaison des deux. Le rôle des médiums est de modifier ou d'améliorer les propriétés de la peinture : sa consistance, sa vitesse de séchage, son fini général... Découvrir quel médium convient à son propre style est une question d'expérience.

Peindre « gras sur maigre »

Le procédé du « gras sur maigre » est un principe traditionnel qui évite à la peinture de craqueler ou de s'écailler en séchant. L'idée est d'utiliser de la peinture « maigre » (diluée avec de la térébenthine) lors des premières couches puis d'augmenter peu à peu la proportion d'huile, au fil de l'élaboration du tableau, pour rendre la peinture « grasse ». La proportion normale étant 60 % d'huile pour 40 % de térébenthine.

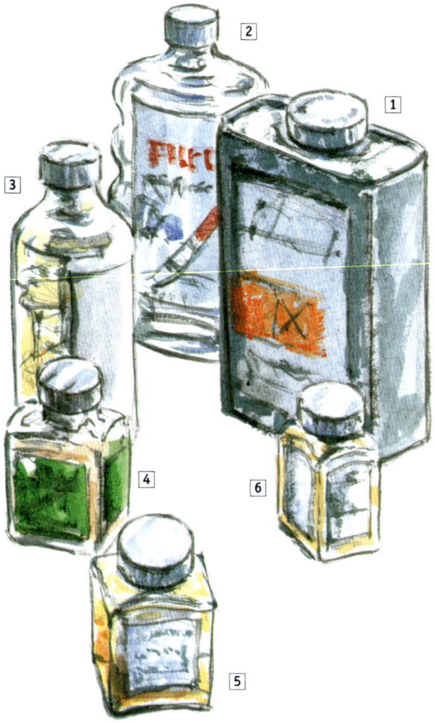

Diluants pour huile

Les diluants sont des liquides utilisés pour fluidifier et modeler plus facilement la peinture à l'huile. Ils peuvent être utilisés seuls ou en association avec une huile telle que l'huile de lin.

L'essence de térébenthine [1] *est le diluant le plus couramment utilisé. Servez-vous toujours d'essence de térébenthine distillée « spéciale peinture ». La térébenthine à usage domestique ne convient pas car elle jaunit et rend la peinture collante (mais elle convient au rinçage des pinceaux et au nettoyage).*

Le white-spirit [2], *à base de pétrole, s'évapore rapidement. Diluant moins puissant que la térébenthine, il a une durée de conservation plus longue et une odeur moins virulente.*

Médiums pour peinture à l'huile

Une grande variété de médiums industriels est disponible, mais vous n'avez besoin pour commencer que d'une bouteille d'essence de térébenthine et une d'huile de lin.

L'huile de lin [3], *extraite des graines écrasées du lin, donne à la peinture à l'huile sa consistance épaisse et contribue à lier les pigments. Bien qu'elle semble sécher rapidement, le séchage complet peut prendre des années, et les couleurs deviennent plus transparentes au fil du processus.*

L'huile de pavot [4] *est utilisée pour ralentir le séchage de certains pigments. C'est une huile pâle et incolore, souvent employée pour lier le blanc et les autres couleurs claires car elle ne jaunit pas. Elle ne doit pas être utilisée pour les ébauches à cause de son séchage lent.*

L'alkyde [5] *est une résine synthétique qui accélère nettement le temps de séchage et augmente la flexibilité de la peinture. Pour cette raison, elle est appréciée pour le travail d'empâtements importants. L'alkyde se dilue également avec de la térébenthine ou du white-spirit.*

Le médium à glacis [6] *ajoute du brillant aux glacis fins. Il utilise une forme particulière d'huile de lin appelée standolie ou huile hollandaise, qui peut mettre cinq jours à sécher, même en couche fine.*

La cire d'abeille *est un additif qui augmente le volume de la peinture en l'épaississant. N'utilisez que de la cire naturelle purifiée. Chauffez-en lentement environ 100 g dans une casserole, à basse température ; une fois liquéfiée, ajoutez-la à 85 ml de térébenthine. Après refroidissement, le mélange doit être stocké dans un pot fermé.*

CONSEIL DE SÉCURITÉ

Gardez votre atelier bien aéré lorsque vous utilisez des produits à base de solvants tels que white-spirit et essence de térébenthine. Évitez également tout contact avec la peau.

Médiums pour peinture acrylique

Les couleurs acryliques se diluent parfaitement dans de l'eau, mais il existe divers médiums susceptibles d'améliorer la fluidité de la peinture, de contrôler son temps de séchage et de modifier sa consistance. Les médiums, qui ont une apparence laiteuse, deviennent transparents une fois secs.

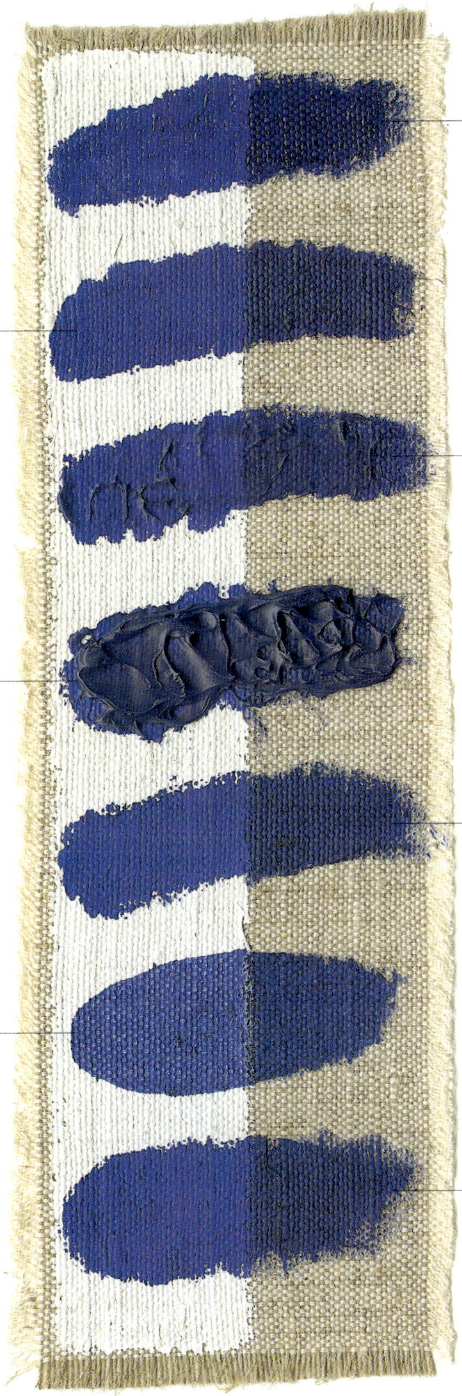

__Le médium brillant__ améliore la fluidité de la peinture ainsi que la profondeur et la vivacité des couleurs. Cette luminosité est en partie due au fait que la peinture devient plus transparente, ce qui permet de superposer de fins glacis. Ce médium donne en séchant un fini doux et soyeux.

__Le médium mat__ se compose d'une émulsion de cire qui assure à la surface sèche un fini mat et sans reflets. N'hésitez pas à mélanger médium mat et médium brillant pour expérimenter divers aspects.

__Le médium gel__, sous forme de pâte, épaissit l'acrylique, ce qui la rend parfaite pour le travail d'empâtement et la peinture au couteau. Il augmente également les qualités adhésives de la peinture, un atout idéal pour les collages.

__La pâte à texture__, encore plus épaisse que le médium gel, crée une peinture qui s'étale au couteau sur le support. Très efficace pour les tableaux en relief, elle peut être modelée, sculptée ou mélangée à des couleurs acryliques ou des matériaux tels que sable ou sciure, pour donner des textures intéressantes. On s'en sert aussi pour des collages ou des incrustations d'objets.

__Le médium retardateur__ augmente de plusieurs heures le temps de séchage de l'acrylique, ce qui permet de mieux contrôler la peinture. Une petite quantité suffit : une part de retardateur pour trois parts de couleur (sauf pour la couleur terre, qui requiert six parts de médium retardateur).

__Le médium liquide__ fluidifie l'acrylique sans en détruire ses riches couleurs. Il améliore nettement la fluidité sur des grandes surfaces et permet donc d'étaler largement des lavis réguliers.

__Le vernis acrylique__ existe sous forme mate ou brillante. Il se nettoie à l'eau tiède savonneuse et s'enlève avec du white-spirit.

Papiers et autres supports

Le support que vous choisissez d'utiliser, comme sa préparation, orientera fortement votre manière de peindre. Reste à choisir parmi le vaste éventail de papiers, panneaux et toiles à votre disposition celui qui répond à vos besoins ! La sélection est plus facile qu'on ne le croit. En savoir un peu plus sur les propriétés de chaque support devrait vous aider à faire le bon choix.

Supports pour huile et acrylique

Que vous envisagiez de peindre à l'huile ou à l'acrylique, il est essentiel de préparer correctement votre support (voir p. 26). Pour les surfaces acryliques, la règle est simple : huile et eau ne se mélangent pas. Si votre support est exempt de graisse, de cire ou d'huile, la base de la peinture acrylique (une émulsion plastique) devrait adhérer à la surface. Après tout, l'acrylique n'a-t-elle pas été inventée dans les années 1950 pour peindre des façades extérieures ?

La base synthétique de l'acrylique lui garantit une durée et une flexibilité inégalées. Le secret réside dans la préparation du support... Une fine couche de colle spéciale, appliquée sur n'importe quelle surface, empêchera le liant de l'huile d'être absorbé par le papier ou la toile. Sans liant, le pigment n'a plus de soutien et risque de craqueler ou de s'écailler. Un support incorrect ou mal préparé peut donc sérieusement réduire la longévité d'une œuvre à l'huile.

Papiers

La plupart des papiers conviennent aux œuvres de taille réduite ou moyenne. Cependant, la feuille doit être assez épaisse pour supporter des couches successives de peinture sans se gondoler. Tendre le papier s'impose donc.

Une fois tendu, ***le papier à dessin*** *est parfaitement adapté à la plupart des usages. Il est relativement lisse, avec un grain fin, et disponible dans des teintes variées. Il est absorbant et déjà apprêté pour éviter que la peinture s'étale ou soit absorbée par la surface.*

Le papier à aquarelle [1] *est un bon choix pour les artistes de tous niveaux. Les papiers pressés à chaud ont une surface très lisse, conçue pour le travail minutieux, et semblent glissants sous le pinceau, tandis que les papiers pressés à froid présentent une surface convenant à tout type de travail. Évitez d'acheter des papiers à aquarelle coûteux, faits à la main, leur qualité supérieure n'apporte pas grand-chose aux techniques de l'acrylique.*

De nombreux ***papiers artisanaux,*** *indiens notamment, contiennent un pourcentage important de coton, voire des matériaux organiques tels que pétales et herbes,*

1

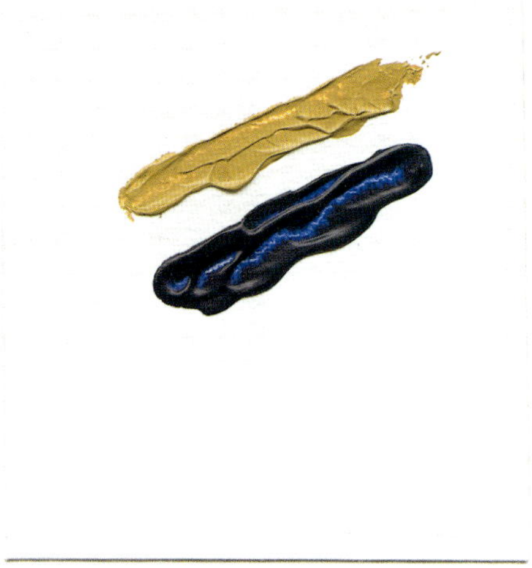

2

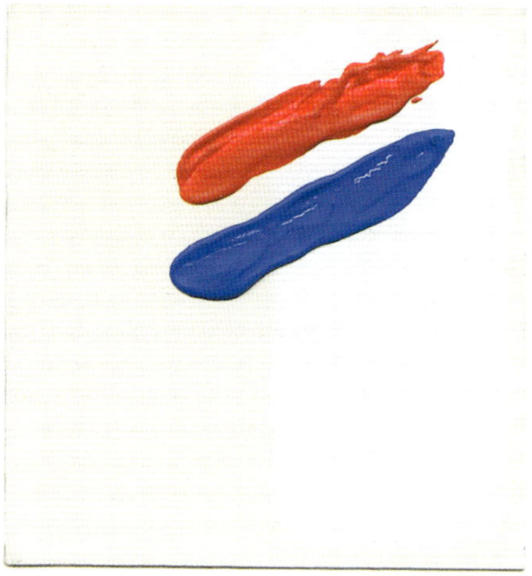

3

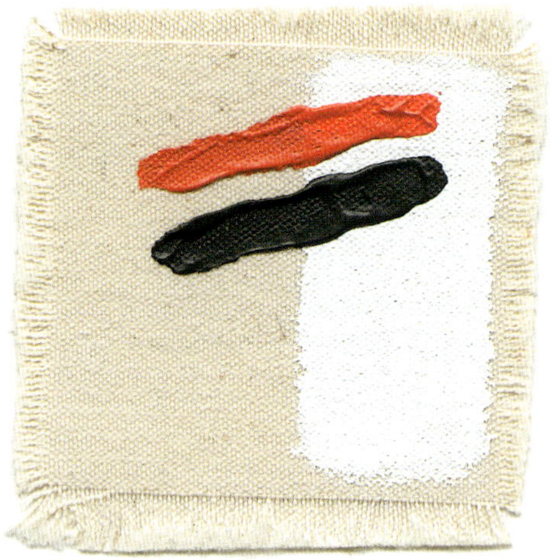

CONSEIL

Prenez le temps de préparer correctement les supports que vous utilisez. Cela augmentera nettement la durée de vie de vos œuvres.

tissés dans leur structure. Leur apprêt est souvent médiocre, c'est pourquoi il est conseillé de les recouvrir préalablement d'une ou deux fines couches de vernis acrylique ou de médium PVA.

Les papiers pour l'acrylique *[2] sont spécialement préparés et présentent un grain fort. Déjà apprêtés, ils sont idéaux pour les esquisses rapides et les petits tableaux en extérieur.*

Toiles

Une fois tendue, la toile présente une surface souple et élastique, qui peut être très agréable à travailler. Il existe des toiles déjà préparées pour l'huile ou l'acrylique, mais vérifiez toujours ce point, car la toile préparée pour l'huile est inutilisable avec l'acrylique. Certaines sont enduites d'un apprêt simple, d'autres ont bénéficié de plusieurs couches. Les premières sont moins coûteuses, moins denses et plus flexibles.

Le coutil *[3] est une alternative à la toile de lin meilleur marché. Il s'adapte à tout type d'emploi mais ne se tend pas aussi bien. Il présente souvent des nœuds dans le tissage, et peut s'affaisser avec le temps. Disponible dans diverses épaisseurs, il convient cependant aux besoins de la plupart des peintres amateurs.*

Avec son tissage fin et régulier qui se tend bien, ***la toile de lin*** *[4] est le meilleur support tissé disponible, mais aussi le plus coûteux. Sa couleur bise peut constituer un fond intéressant.*

La toile de jute *est un tissu au grain très grossier, qu'il vaut mieux utiliser pour un travail à touches épaisses. Elle exige d'être fortement apprêtée.*

Similaire au jute mais d'un tissage un peu plus fin, le tissu de ***lin brut*** *[5] convient au peintre « physique » qui souhaite exploiter texture et surface. Il est relativement peu coûteux et a la même couleur de base brun clair que la toile de lin.*

L'utilisation de ***toile non apprêtée*** *a été popularisée dans les années 1960 par le célèbre peintre britannique David Hockney. À l'époque, c'était une façon inhabituelle d'exploiter la toile. Même lorsqu'on emploie une peinture acrylique, il est conseillé d'imperméabiliser la toile à l'aide de fines couches de vernis acrylique ou de médium PVA, pour éviter que la peinture ne bave.*

Le marouflage *[6] consiste à coller la toile sur un panneau, ce qui associe la sensation du travail sur toile à la rigidité d'une surface ferme. N'importe quel tissu naturel peut être collé sur un panneau ou un carton à l'aide de colle PVA ou, pour l'huile, d'un adhésif spécial appelé « apprêt colle ».*

Panneaux

Carton, bois dur, contreplaqué, aggloméré et Isorel sont tous adaptés au travail avec l'acrylique. Ces surfaces doivent être propres, sèches et apprêtées avant emploi (voir p. 26) afin d'imperméabiliser le panneau et d'obtenir une surface blanche et opaque, agréable à travailler.

4

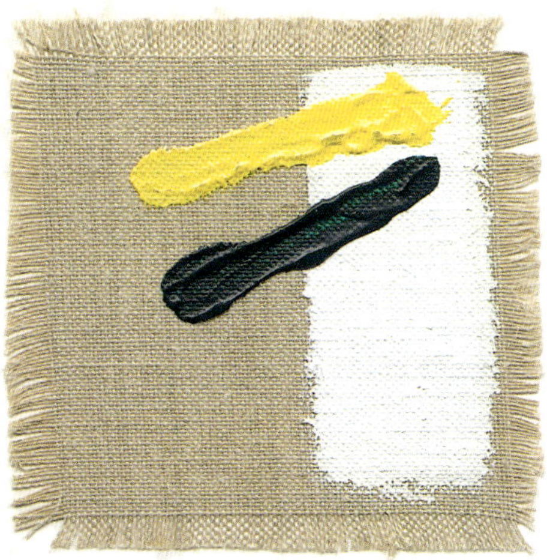

5

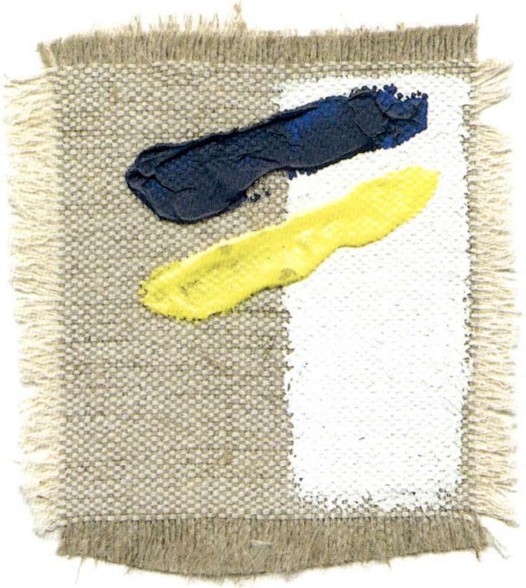

6

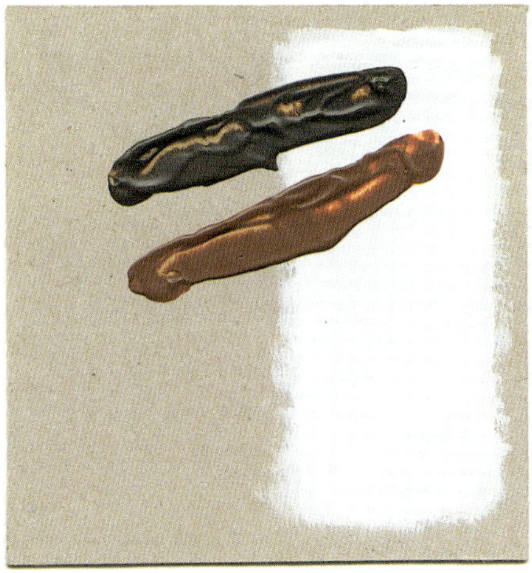

Montage de la toile

Vous avez le choix entre acheter une toile déjà tendue, encollée et apprêtée, ou la dresser vous-même. Dans ce dernier cas, un bon magasin de fournitures pour artistes vous proposera diverses tailles de segments de châssis s'emboîtant les uns dans les autres et des baguettes de bois plates qui formeront le cadre sur lequel la toile est tendue. Vous devrez décider de la taille du cadre avant d'acheter la toile et les pièces du châssis. Comptez toujours un peu plus de toile que nécessaire, par mesure de précaution.

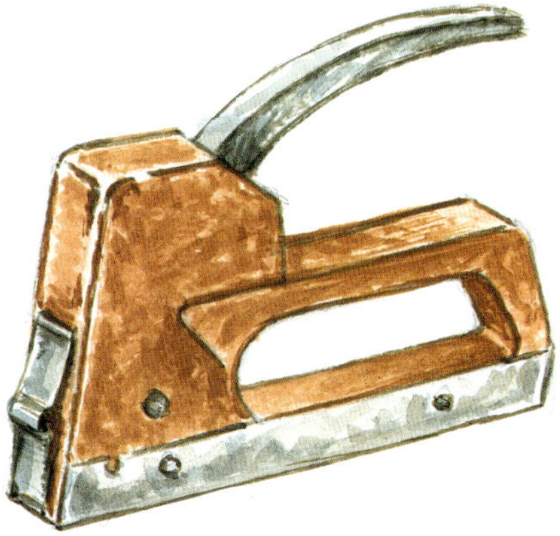

Encollage et apprêt

Si tous les supports mentionnés précédemment conviennent à la peinture à l'huile, leurs fibres doivent être imperméabilisées avec une colle spéciale. Après avoir tendu et encollé une toile, il faut l'apprêter avec au moins deux couches d'apprêt ou gesso. Laissez bien sécher la première couche puis lissez-la légèrement avec du papier de verre avant d'appliquer la deuxième.

Encollage et apprêt fournissent une bonne surface à peindre et une couche protectrice entre le support et la peinture à l'huile, qui risquerait sans cela de pourrir la toile. Si l'on utilise un gesso acrylique, aucun encollage n'est nécessaire. Le gesso acrylique constitue la surface idéale pour la peinture acrylique, mais ne doit pas être utilisé par-dessus une colle d'origine animale.

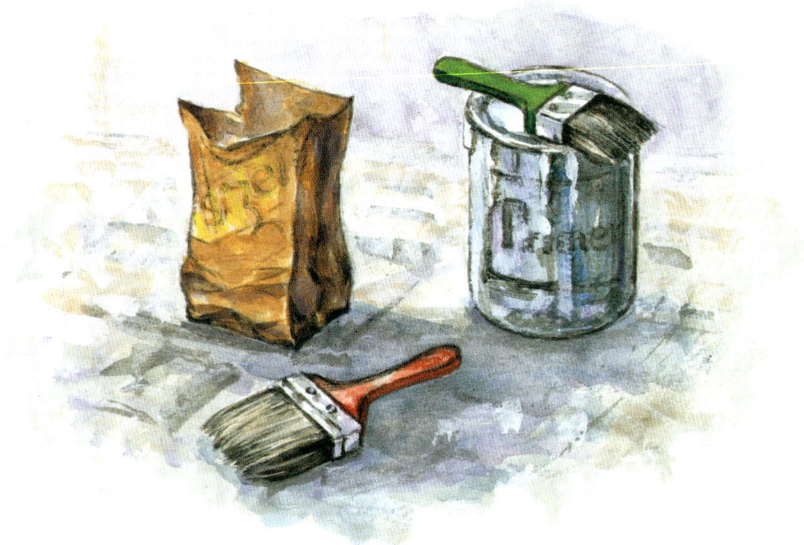

Colle de peau de lapin *Traditionnellement, la colle fabriquée à partir de peau de lapin se présente sous forme de granules. Elle doit être dissoute dans l'eau puis longuement chauffée à feu doux (sans atteindre l'ébullition). Quand le mélange refroidit, il gonfle et forme une gelée prête à être étalée sur le support. La proportion de colle et d'eau est importante ; suivez donc à la lettre les indications du fabricant. Vous pouvez préparer de grandes quantités de colle en une seule fois car elle se stocke une bonne semaine au réfrigérateur. Lorsqu'on la chauffe, la solution dégage une odeur forte et désagréable ; mieux vaut donc le faire à un moment où cela ne gênera personne, et de préférence en dehors des pièces à vivre.*

Apprêt *Quand vous appliquez un gesso pour huile ou acrylique, travaillez à partir des bords à grands coups de pinceau, en utilisant une brosse large ou un pinceau de décorateur, voire un rouleau. Une fois la première couche de gesso sèche, appliquez la suivante perpendiculairement à la première. Il est possible d'appliquer jusqu'à cinq fines couches pour obtenir un fini vraiment lisse.*

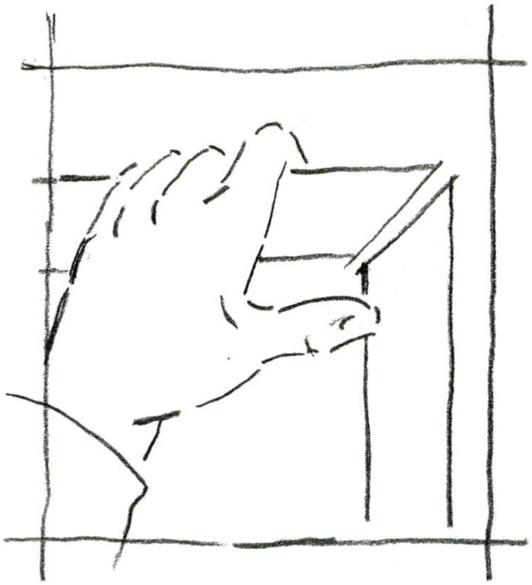

Choisissez une taille de châssis convenant à votre composition et assemblez soigneusement les morceaux. Assurez-vous avec une équerre qu'ils sont bien à angle droit.

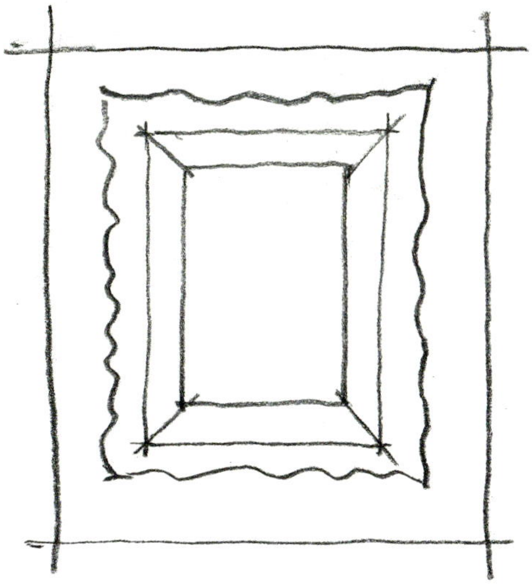

Découpez votre toile aux dimensions du cadre, en laissant tout autour une marge d'environ 10 cm pour l'agrafer. Posez le cadre sur la toile.

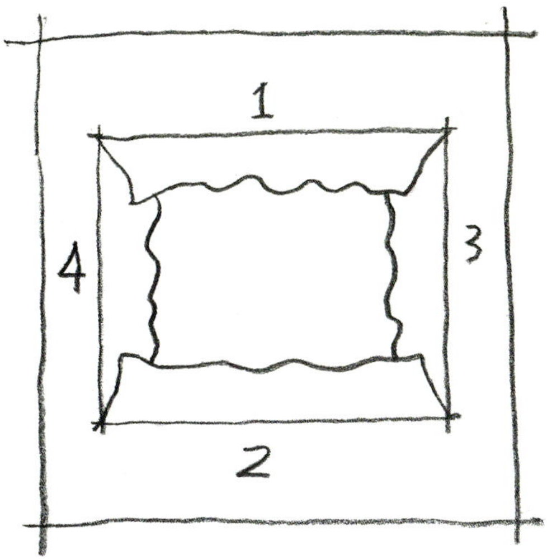

Agrafez en partant du milieu d'un côté, en tendant le tissu et en le fixant au milieu du montant opposé. Répétez l'opération pour les deux autres côtés, puis continuez d'un côté à l'autre, en travaillant vers les coins. Assurez-vous que la tension est régulière et que le tissage de la toile reste droit.

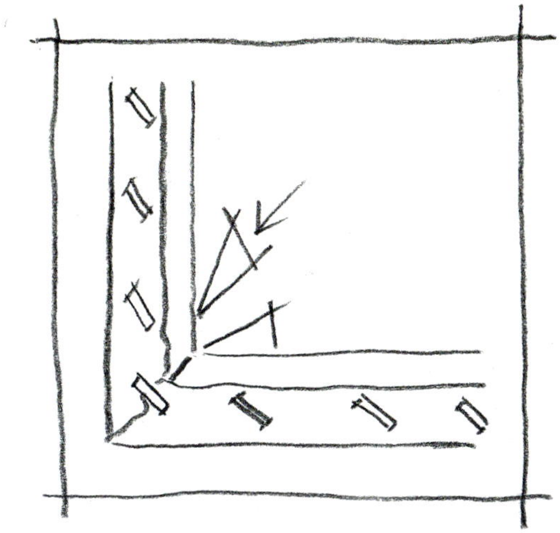

Pliez soigneusement les coins et vérifiez que la face avant de la toile ne plisse pas. Insérez les coins, sans les enfoncer au marteau. Ensuite, encollez et apprêtez la toile. Si nécessaire, une fois le gesso sec, enfoncez doucement les coins à petits coups de marteau pour supprimer tout jeu éventuel, et répétez l'opération plus tard, si besoin est. Cependant, ne tendez jamais trop la toile, car elle risque de se déchirer.

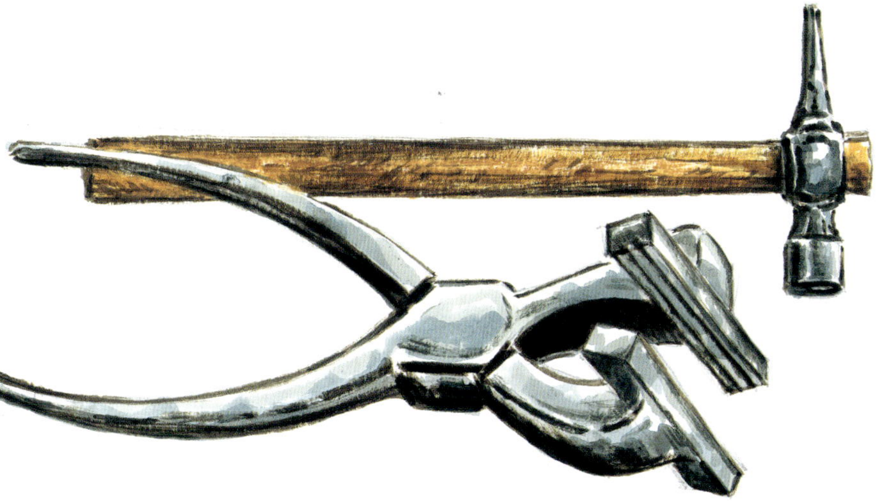

Préparation du papier

Quand la peinture acrylique est finement diluée à l'eau ou avec un médium, elle peut être appliquée d'une façon très proche de l'aquarelle traditionnelle. Si vous travaillez sur un papier à dessin léger ou un papier à aquarelle, il devra être tendu avant d'être peint pour l'empêcher de se gondoler quand vous appliquerez des lavis humides. Tendre le papier n'est pas difficile, à condition de respecter certaines règles et en prenant tout son temps.

La peinture humide provoque un gonflement des fibres du papier ; souvent, la structure de ce dernier n'est pas assez flexible pour lui permettre de retrouver sa forme et sa taille d'origine en séchant, ce qui entraîne un gondolement. Cela peut être évité quand le papier est fermement maintenu pendant qu'il rétrécit, comme une peau de tambour. Le papier conservera alors un état de tension identique, même saturé de peinture. Tous les papiers légers doivent être tendus. Les papiers de 150 g/m^2 à 300 g/m^2 se trempent dans une bassine d'eau pendant plusieurs minutes avant d'être marouflés sur une planche de bois à l'aide de papier gommé. Les papiers plus lourds n'ont pas forcément besoin d'être tendus, à moins que vous ne comptiez leur appliquer une grande quantité de lavis sur fond humide.

Tendre le papier exige une planification, car le papier met au moins deux heures à sécher ; vous devrez en tenir compte et dans l'idéal préparer votre papier la veille du jour J.

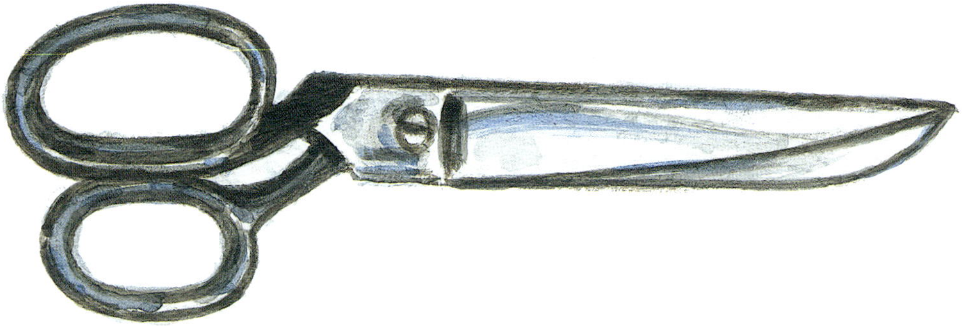

CONSEIL

Évitez de faire sécher votre papier devant un feu. C'est dangereux et le papier risque de se détériorer sous l'effet d'une chaleur excessive. Mieux vaut, le cas échéant, utiliser un sèche-cheveux.

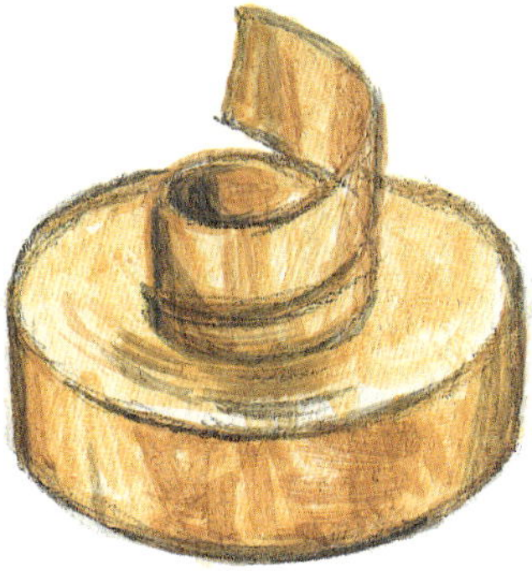

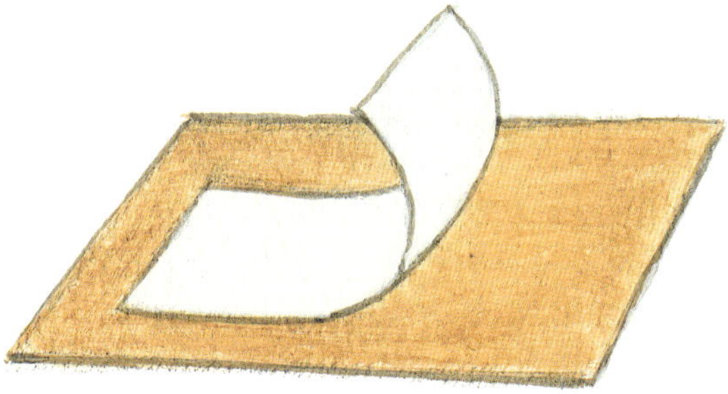

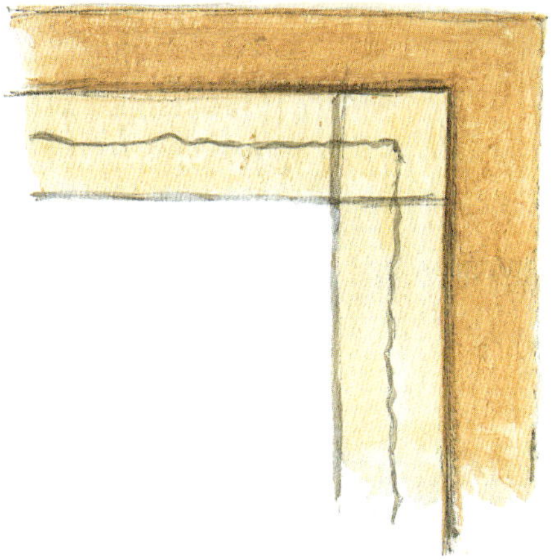

***Coupez quatre longueurs de papier gommé**, plus longues de 5 cm que les bords de votre papier. Mettez à plat une planche de taille supérieure à celle de votre feuille. Immergez le papier plusieurs minutes dans de l'eau pour le détremper complètement. Servez-vous d'un récipient assez grand pour que la feuille soit à plat. Vérifiez que les deux faces soient complètement immergées.*

***Humidifiez bien la planche** destinée à accueillir le papier. Sortez celui-ci de l'eau avec précaution, en le tenant par les coins, et laissez s'écouler l'excédent d'eau. Posez-le soigneusement sur la planche humidifiée, en le centrant le plus possible (face vers le haut).*

***Lissez le papier** à partir du centre, en vous assurant qu'il est bien à plat sur la planche. Humidifiez (sans la détremper) chaque bande de papier gommé à l'aide d'une éponge humide immédiatement avant de l'utiliser.*

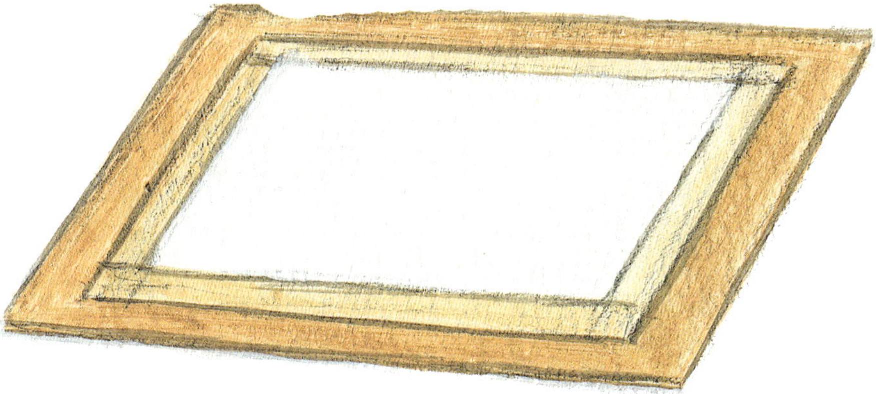

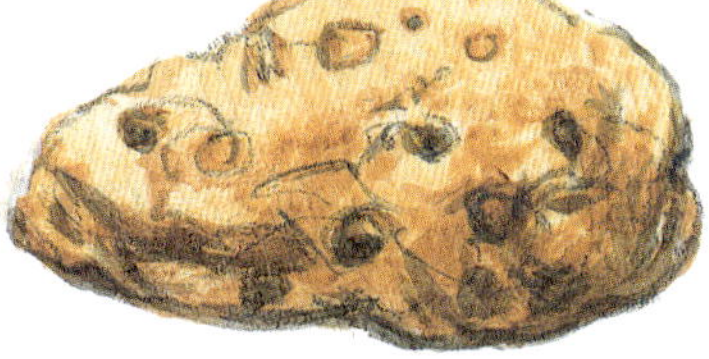

***Collez une bande sur chaque côté** de la feuille, en commençant par les côtés les plus longs et en appliquant la moitié de la largeur de la bande sur la feuille, l'autre moitié sur la planche. Si vous ne suivez pas cette procédure, le papier risque de se détacher en séchant. Passez fermement le doigt le long du papier gommé, avec une pression régulière, pour vous assurer qu'il est bien fixé. Laissez le papier sécher naturellement, loin d'une chaleur forte et directe ; tout excès de chaleur risque d'endommager sa surface ou de le déchirer. N'utilisez pas un papier fraîchement tendu avant qu'il ne soit parfaitement sec.*

Votre palette

La composition d'une palette relève toujours d'une sélection unique et très personnelle. Tous les artistes ont leurs préférences, et bien qu'ils soient souvent en désaccord quant aux couleurs essentielles, on retrouve sur toutes les palettes un petit lot de couleurs basiques. Les pigments terreux (terre d'ombre, terre de Sienne et ocre) n'ont aucun substitut, et les bleus et verts minéraux ne peuvent être remplacés par des formulations chimiques. Ces couleurs, fabriquées selon d'antiques recettes, ont fait leurs preuves depuis des siècles. Aujourd'hui, elles trouvent un complément dans l'éclat des pigments synthétiques modernes. Ces deux types de couleurs figurent désormais sur les étagères des ateliers d'artistes du monde entier, et leur association donne une palette bien équilibrée.

CONSEIL

Pour commencer, achetez de petits tubes de couleur. Puis, quand vous saurez quelles couleurs vous conviennent, passez aux tubes de format supérieur, plus économiques.

Il est raisonnable d'acheter un minimum de tubes de peinture et de les mélanger pour obtenir un nombre maximum de couleurs. C'est plus économique et cela donne à vos tableaux une harmonie et une unité plaisantes. Posséder un trop grand nombre de couleurs peut être source de confusion et contre-productif. Les boîtes de peinture du commerce, en particulier, contiennent souvent trop de couleurs disparates, dont certaines sont totalement inutiles.

Une base de huit couleurs (ci-contre) constitue, tant pour l'huile que pour l'acrylique, une bonne palette de départ, capable de fournir un mélange de couleurs adéquat pour la plupart des usages. Il est important de disposer vos couleurs sur la palette selon un ordre rigoureux, afin de ne pas les confondre lors des mélanges. J'ai ordonné les miennes de la plus claire à la plus sombre ; certains artistes préférant les classer du chaud au froid, ou selon le prisme de l'arc-en-ciel.

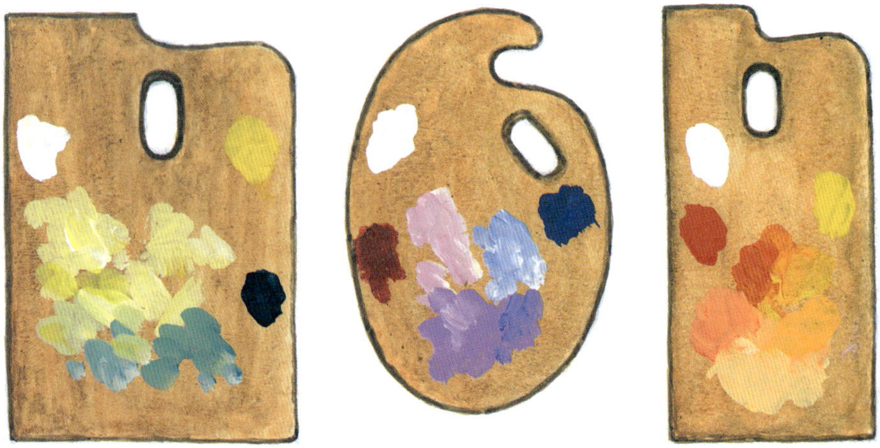

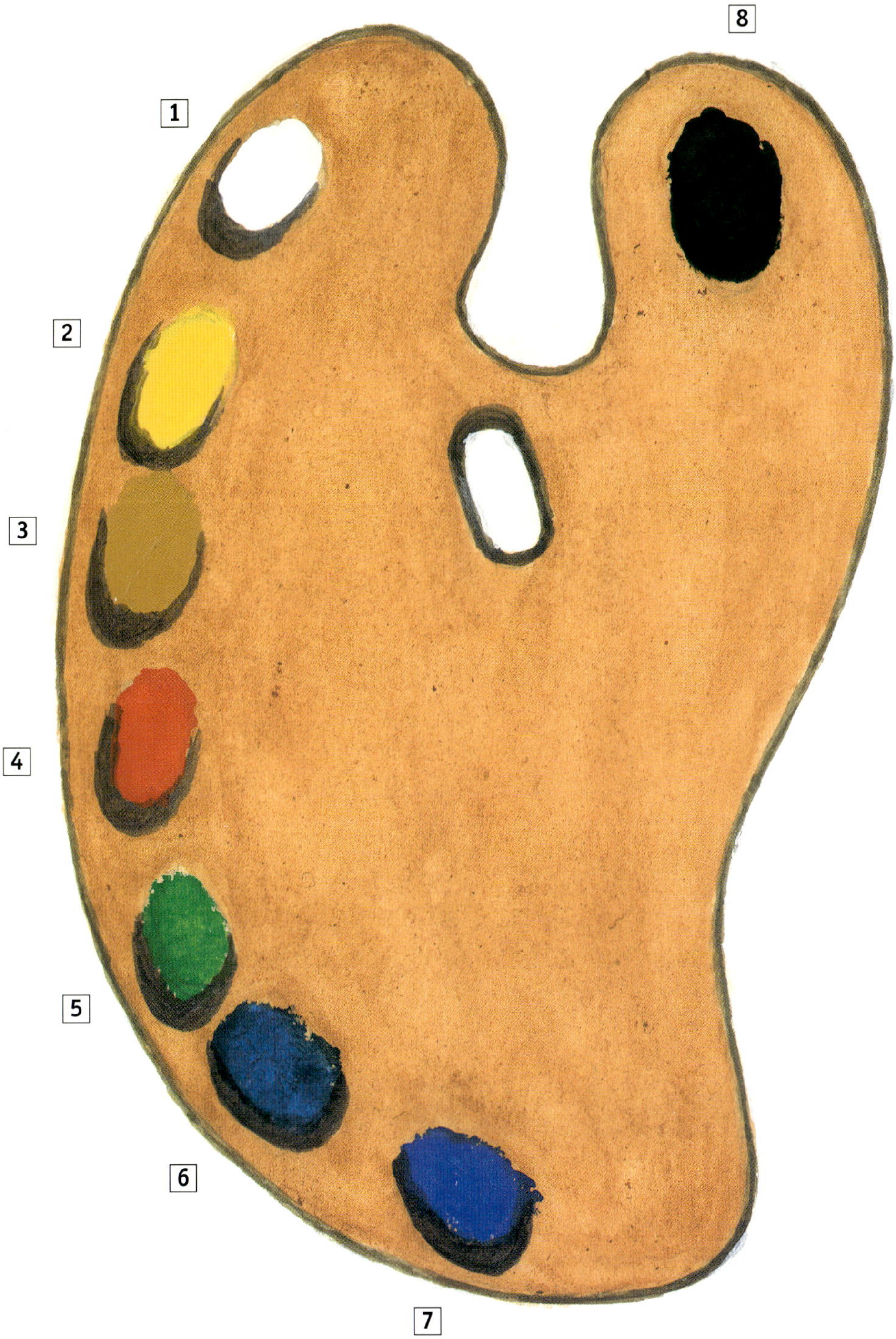

Le blanc de titane *(acrylique) ou* ***blanc de plomb*** *[1], ce dernier étant préféré pour l'huile car il sèche en seulement deux jours, contre cinq à huit jours pour le titane. Tous deux ont une excellente résistance à la lumière et une grande opacité, et ils conservent leur intensité lorsqu'on les mélange à d'autres couleurs.*

Le jaune de cadmium *[2] est extrêmement résistant à la lumière. Il a un bon pouvoir couvrant et colorant, mais sèche très lentement – environ cinq à huit jours. Il est légèrement plus chaud et plus rouge que les autres jaunes.*

La terre d'ombre brûlée *[3] résiste bien à la lumière, comme toutes les ombres relativement opaques et avec une solide base de terre ; cependant, elles peuvent s'assombrir quand l'huile sèche. Son temps de séchage est relativement rapide, deux ou trois jours.*

Le rouge de cadmium *[4] est un rouge éclatant qui se mélange au jaune de cadmium pour produire un orangé pur, identique à l'orange de cadmium. Couleur dense et opaque, au bon pouvoir colorant.*

Le vert émeraude *[5] est un vert froid et bleuté. Il résiste extrêmement bien à la lumière, et a un bon pouvoir colorant, quoiqu'il soit assez transparent. Il sèche lentement, environ cinq jours.*

Le bleu de Prusse *[6], le moins résistant à la lumière, s'affadit sous un fort éclairage ultra-violet. Cependant, il se mélange très bien et dispose d'un temps de séchage rapide d'environ deux jours.*

L'outremer *[7] est une couleur chaude et transparente qui résiste très bien à la lumière et présente un temps de séchage moyen à lent. Polyvalent, il se mélange utilement à d'autres couleurs, en particulier avec l'ombre brûlée.*

Le noir d'ivoire *[8] est extrêmement résistant à la lumière et a une forte opacité. Il colore bien mais révèle un temps de séchage très lent, de cinq à huit jours. En mélangeant du jaune à ce noir, on obtient un vert profond et velouté assez inhabituel.*

Théorie des couleurs

Les couleurs ont un impact puissant sur notre psychisme. Les tons qui dominent au sein de notre environnement immédiat peuvent nous affecter émotionnellement, voire influencer notre comportement sans même en avoir conscience. Sensible à ce pouvoir, les artistes ont éprouvé le besoin de comprendre cette science des couleurs telle qu'elle est exposée dans des théories du XVIIe siècle, mises en pratique par Jacob Le Blon (1667-1741) au début du XVIIIe siècle. En connaissant les théories élaborées sur la couleur, certains choix peuvent s'imposer au moment de peindre afin d'atteindre plus facilement le résultat désiré. Bien entendu, nos réactions aux couleurs demeurent dans une certaine mesure très subjectives ; leur emploi dans un tableau sera donc sujet aux goûts et à l'expérimentation de chacun.

Le langage des couleurs

Il est utile de connaître les termes particuliers relatifs aux propriétés et aux caractéristiques des couleurs. La teinte est le nom habituel d'une couleur, telle que jaune de cadmium ou alizarine cramoisie. Elle se réfère au pigment dans son état antérieur à la fabrication.

La saturation désigne l'intensité et la pureté d'une couleur. Jaune de cadmium, rouge de cadmium et outremer sont des couleurs hautement saturées, très proches des pigments les plus purs de jaune, de rouge et de bleu – appelées collectivement « couleurs primaires ».

L'intensité d'une couleur peut être réduite en la diluant dans de l'eau ou un médium ; en la mélangeant à du blanc ou à une couleur plus claire pour produire une nuance ; en la mélangeant à du noir ou à une couleur sombre pour produire une nuance sombre ; ou en ajoutant un peu de la complémentaire de cette couleur pour la neutraliser.

L'aspect relativement foncé ou clair d'une couleur est appelé valeur tonale, et varie selon la quantité de lumière qui l'éclaire.

Les couleurs se différencient également par leur aspect chaud ou froid. Les couleurs chaudes telles que rouge, jaune et orange sont associées à la lumière du soleil, et les couleurs froides telles que bleu, violet et vert, sont associées à l'ombre. Si vous placez une teinte « tiède » à côté d'une autre beaucoup plus chaude, elle paraîtra relativement froide, et vice versa.

Les couleurs chaudes semblent avancer, et les couleurs froides reculer. Ce principe peut être utilisé pour décrire espace et forme dans vos tableaux. Dans les paysages, par exemple, le contraste de couleurs chaudes qui occupent le premier plan et de couleurs froides reléguées à l'arrière-plan, aide à créer l'illusion de la profondeur et de la distance.

Le cercle chromatique

Le cercle chromatique montré ici est créé à partir de couleurs pures saturées, joignant le rouge au violet en passant par l'orange, le jaune, le vert et le bleu. Les couleurs contrastent tout particulièrement avec les couleurs qui leur sont opposées sur le cercle : par exemple, l'orange est opposé au bleu.

Les combinaisons les plus harmonieuses se trouvent côte à côte (par exemple le jaune et l'orange).

Les couleurs primaires sont le rouge, le jaune et le bleu. Il est en théorie impossible d'obtenir ces couleurs par un quelconque mélange. En revanche, en mélangeant les primaires entre elles, vous devriez pouvoir obtenir n'importe quelle autre couleur.

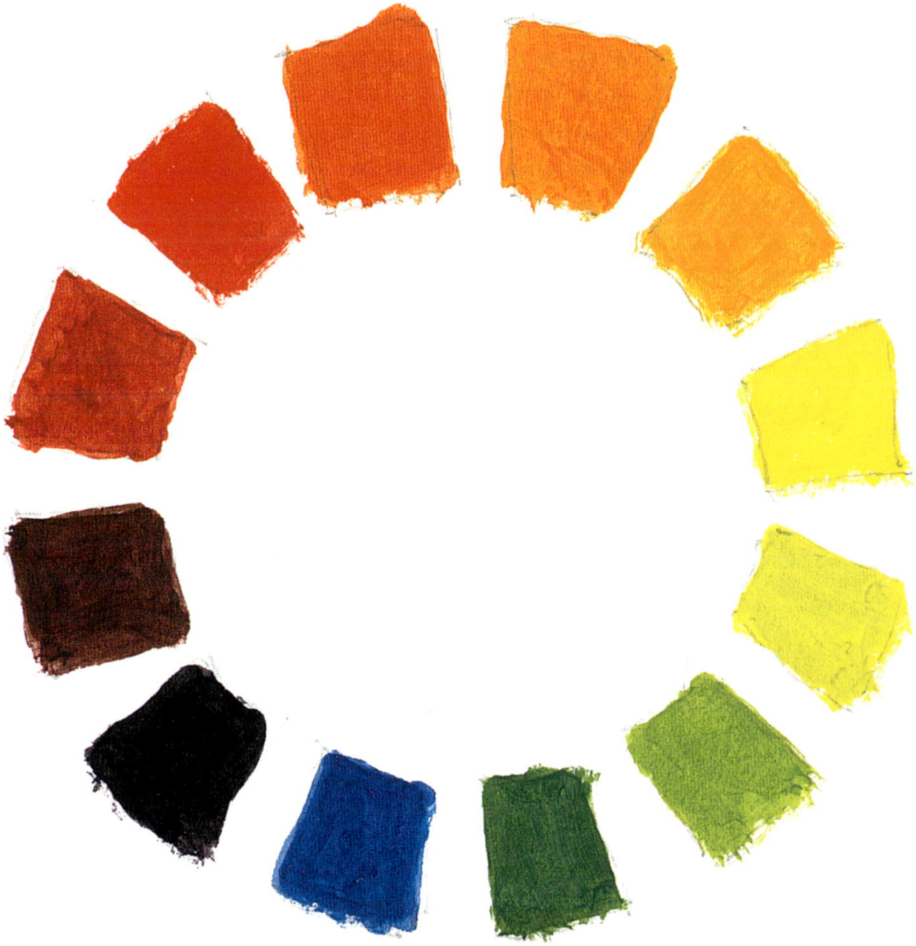

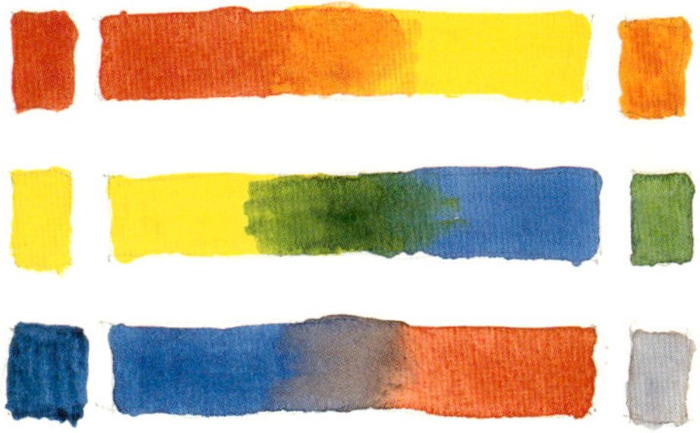

***Les couleurs secondaires** sont créées quand deux primaires sont mélangées en quantités égales. Ainsi, le jaune et le rouge donnent l'orange, le jaune et le bleu donnent le vert, et le rouge et le bleu donnent le violet. Notez que votre choix de couleurs primaires dicte le ton et la température de la secondaire obtenue. Ici, bleu de Prusse et alizarine cramoisie ont produit un violet très chaud.*

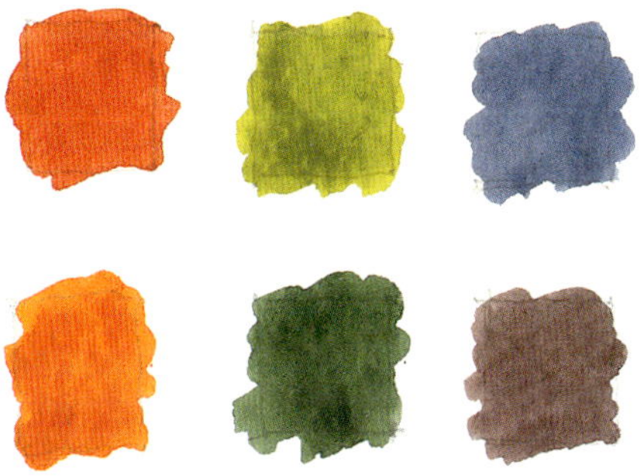

***Les couleurs tertiaires** sont créées par le mélange d'une primaire et d'une secondaire. Cela produit des jaunes orangés, des oranges rougeâtres, des verts jaunâtres et ainsi de suite. Ces teintes plus subtiles donnent chaleur ou froideur à un tableau. Elles se placent entre les primaires et les secondaires sur le cercle chromatique.*

***Les couleurs complémentaires** comprennent une couleur primaire et la couleur secondaire qui lui est opposée sur le cercle. Ces paires présentent de forts contrastes comme jaune et violet, rouge et vert ou bleu et orange. Généralement, tout couple de couleurs opposées est appelé complémentaire.*

Valeurs et tons

« Ton » est le terme utilisé pour les diverses gradations de gris qui existent entre les absolus du clair (blanc) et du sombre (noir). Ce terme s'applique également à des valeurs similaires perçues dans les couleurs claires et sombres. On l'appelle alors « valeur tonale », et sa maîtrise est la clé d'une représentation réussie de l'espace, de la lumière, de la profondeur et du volume.

Toutes les valeurs tonales sont relatives à la lumière et aux couleurs environnantes. Si vous regardez un paysage, par exemple, il peut être difficile de discerner zones sombres et zones claires : un arbre vert d'un ton moyen peut paraître clair devant un bosquet d'arbres environnants d'un violet sombre. Mais si ce bosquet est noyé sous une brume bleu clair à un autre moment de la journée, le même arbre d'un ton moyen paraîtra bien plus sombre. La lumière peut changer radicalement l'apparence des couleurs : une teinte très sombre reflétant le soleil peut paraître très lumineuse – voire constituer la partie la plus claire d'une composition. Le contraste entre deux valeurs tonales peut être utilisé pour donner du « poids » à certains éléments dans une composition. Plus le contraste est grand – un objet blanc massif puissamment éclairé, aux côtés de son ombre noire qui s'étale – plus le poids de l'objet sera important. Peignez une bande de jaune à côté d'un rouge chaud sur une feuille de papier ordinaire. En tant que valeurs colorées, elles contrasteront l'une avec l'autre. Cependant, si ces mêmes couleurs sont scannées sur un ordinateur en niveaux de gris ou photographiées avec une pellicule noir et blanc, leurs tons paraîtront presque identiques.

Les neutres colorés sont les formes les plus naturelles de gris, car ils évoquent les couleurs dont ils sont formés. Mélangez n'importe quelle couleur primaire (saturée) avec une couleur secondaire ou tertiaire (non saturée) : la couleur résultante sera un gris coloré. La couleur primaire sera toujours celle qui ressortira le mieux. Un éventail tonal complet de gris peut être obtenu en diluant le mélange ou en lui ajoutant du blanc.

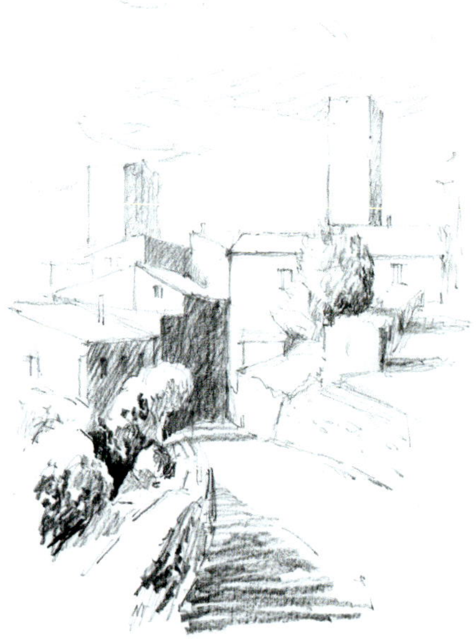

EXERCICE

Créez des gammes tonales en dessinant une rangée de cases dans lesquelles vous ajouterez des gradations de gris. Déposez une couleur primaire, bleu par exemple, sur la palette, puis du rouge. Mélangez un peu de rouge avec le bleu, pour produire un violet. Ajoutez ce violet (secondaire) au bleu (primaire) pour obtenir un gris. Remplissez-en votre première case puis remplissez les autres cases de la rangée en ajoutant toujours plus de couleur secondaire, et notez les changements. Reproduisez l'opération avec une grande variété de couleurs. Commentez toujours vos exercices par des notes relatives aux couleurs et aux quantités utilisées.

Village italien

Dans leur beauté architecturale toute simple, les tours médiévales de San Gimignano en Italie reflètent parfaitement la lumière changeante, présentant un éventail à la fois austère et subtil de valeurs tonales. J'ai peint cette scène à l'acrylique et à la gouache, profitant des différentes qualités de touches obtenues en mélangeant ces deux matériaux. Une palette de couleurs réduite à des tons sépia chauds a simplifié la complexité des couleurs tonales, concentrant l'attention sur la forme et la structure de la composition.

Un sépia délavé et de généreuses quantités de gouache blanche apposées par d'amples coups de pinceau donnent du relief au ciel.

Une subtile coloration du papier par un lavis d'acrylique dilué, enrichi d'un empâtement d'acrylique et de gouache blanche, décrit la texture des murs de pierre.

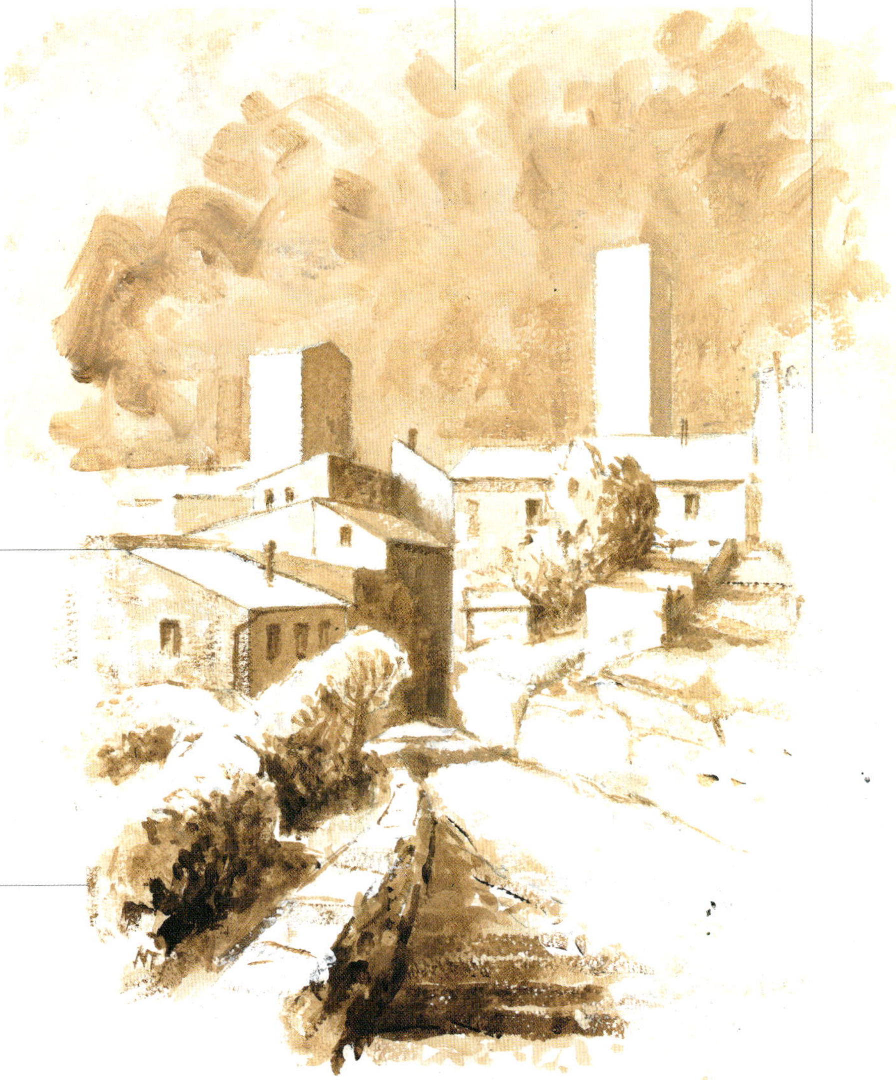

Inutile de surcharger ces bâtiments de détails. De simples renfoncements sombres et des ombres pour les fenêtres suffisent à les décrire.

Les buissons sont traduits par des lavis uniformes d'acrylique sépia, recouverts par de petites touches courtes et mouchetées de peinture plus épaisse et plus sombre, indiquant les ombres sous le feuillage étalé.

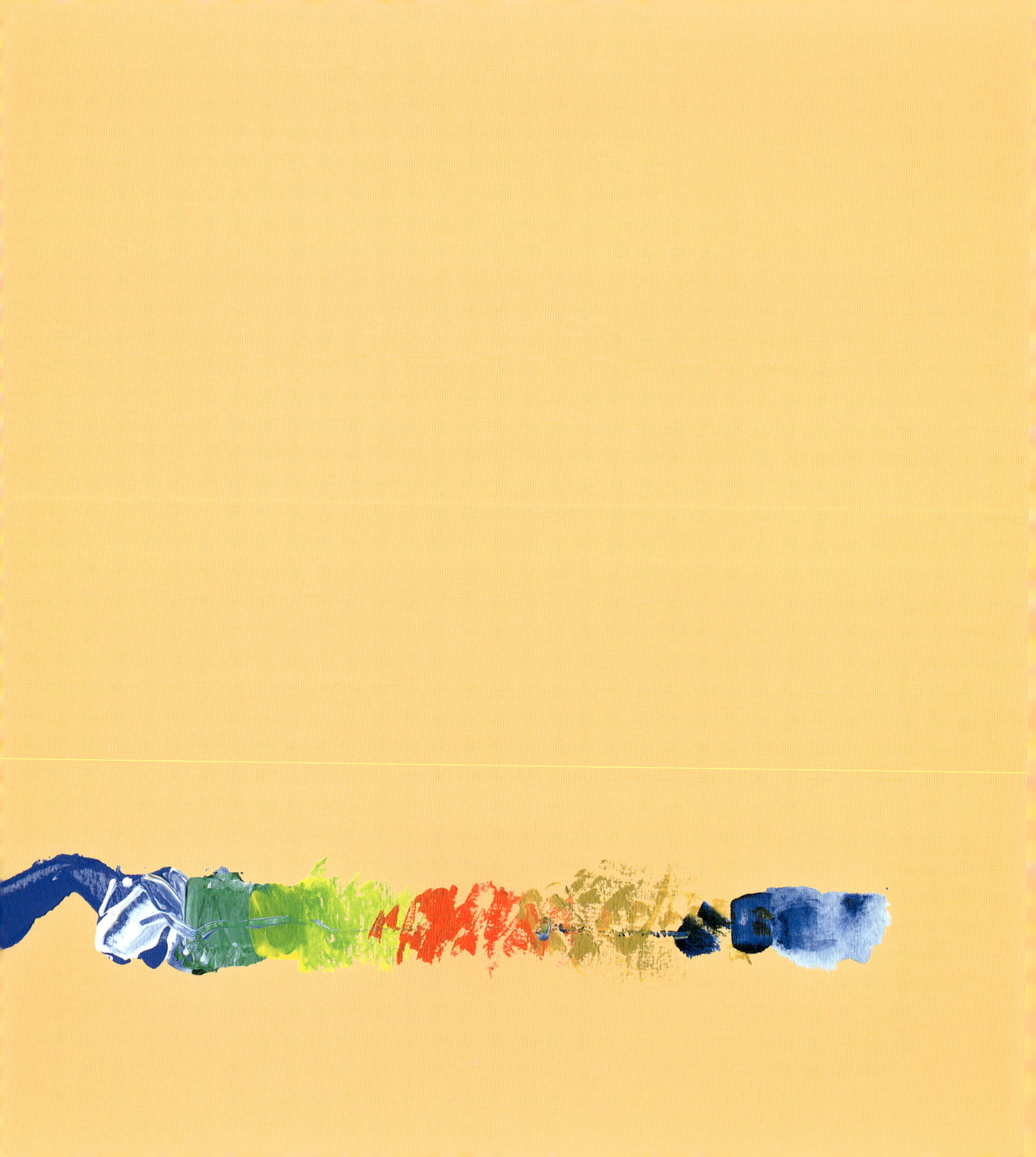

Les techniques

Coups de pinceau

La manière dont réagissent les peintures à l'huile et à l'acrylique est très variable ; elle dépend d'un certain nombre de facteurs. La consistance de la peinture – prise directement dans le tube ou fortement diluée – et la texture de la surface sur laquelle on l'applique, peuvent donner à un même matériau un aspect très différent. Si vous voulez réussir vos tableaux, il importe donc d'accorder une grande attention au travail du pinceau.

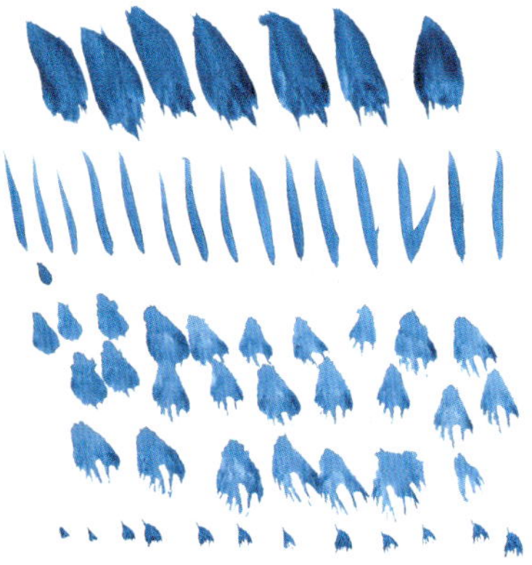

*Commencez avec un **pinceau rond** synthétique, un n° 8 par exemple. Tracez une rangée de touches verticales d'une seule couleur, en appliquant une légère pression sur le côté de la touffe le plus proche de la virole (le collier de métal qui fixe les soies au manche). Notez comme les touches sont longues et régulières, s'effilant pour former une pointe à chaque extrémité. En augmentant la pression et en saisissant le pinceau plus en arrière sur le manche, les touches s'élargissent pour donner de larges marques. Si l'on ajoute de l'eau à l'acrylique (ou de la térébenthine à l'huile), la peinture prend une consistance beaucoup plus liquide, et la même rangée de touches verticales prend l'apparence de pattes d'oiseau, car les poils du pinceau se séparent en touchant la surface à peindre.*

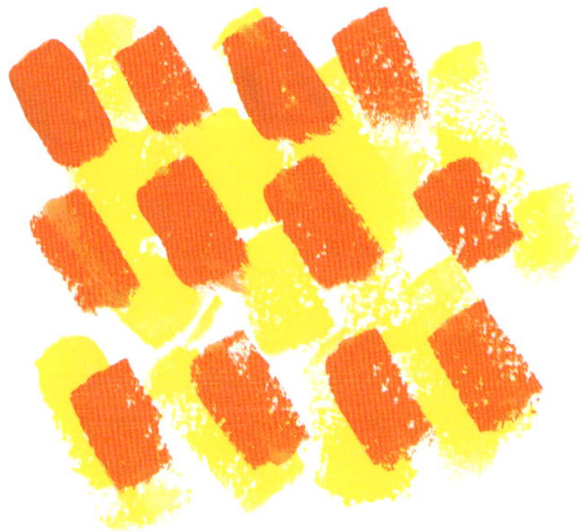

*Les **pinceaux plats** donnent les touches les plus larges. Un pinceau plat n° 16 en soies de porc, au pouvoir couvrant considérable, peut s'utiliser dans la couche structurale de n'importe quelle composition. Les formes créées par des coups carrés de pinceau plat ajoutent une réelle impression de profondeur et de construction aux paysages, aux scènes urbaines et surtout aux études de personnages. Expérimentez le contraste entre le bord fin du pinceau et son côté large et plat. Il permet un jeu très varié du pinceau, un véritable ballet. Faites danser vos coups de pinceau sur la surface, modulant à votre guise la pression et votre prise, pour chorégraphier une suite vivante de touches.*

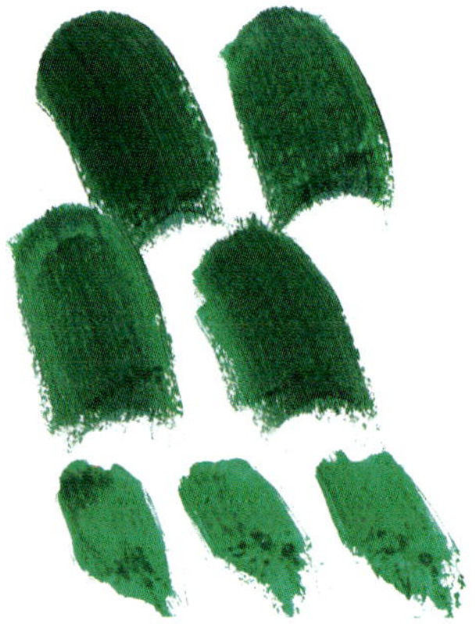

*La touche unique et caractéristique d'un **pinceau plat à tête ronde** est une tache de peinture unie, au bord antérieur légèrement arrondi. Cela en fait un outil flexible, jouant un double rôle : il peut exécuter de grandes touches larges, tout en exprimant des détails si l'on tourne plus délicatement son extrémité. Essayez de dessiner avec l'extrémité, puis de remplir les formes avec le corps du pinceau.*

CONSEIL

Comparez les manières d'associer ces techniques de pinceau, en les incluant toutes dans une étude à l'acrylique, puis dans une autre à l'huile. Conservez ces études, elles vous serviront de référence.

Autres touches à l'huile et à l'acrylique

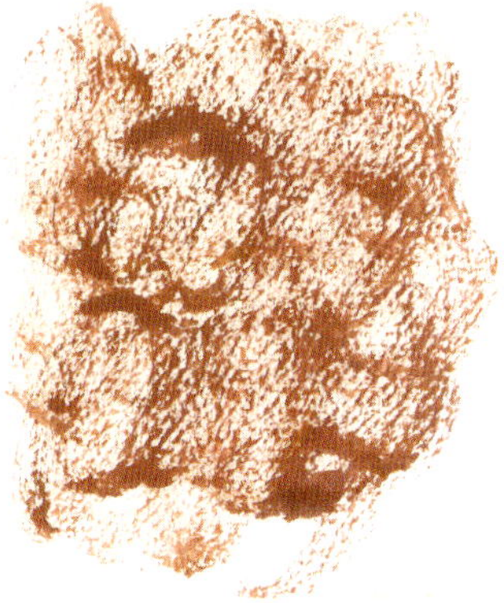

Le frottis *couvre la surface de travail d'une texture colorée prête à accueillir la peinture. Un pigment légèrement dilué est frotté librement sur le support par des coups de pinceau circulaires et dirigés. Cette technique s'avère excellente lorsqu'une ambiance ou une atmosphère doit imprégner toute la scène.*

Le mélange *se produit quand une teinte se dissout doucement dans une autre, produisant généralement une troisième couleur en bande intermédiaire. En gardant le pinceau relativement sec, mêlez délicatement une couleur à l'autre, en relâchant la pression au point de rencontre. Si l'on peint sur une surface grossière, le mélange peut surgir d'un effet d'optique dû à la couleur brisée. Expérimentez en mélangeant différentes consistances de peinture.*

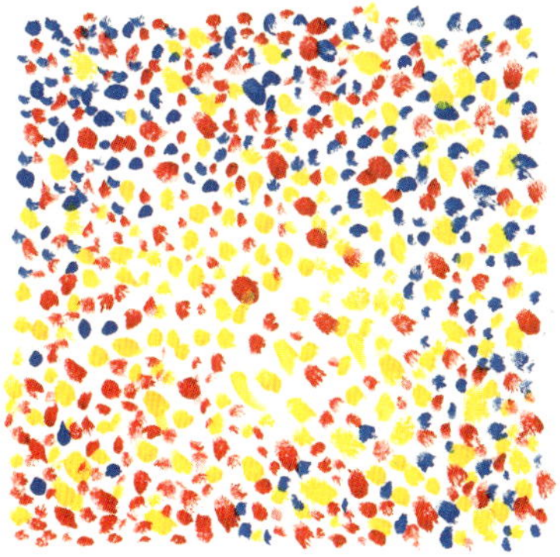

Le pointillisme *est né de l'impressionnisme, au XIXe siècle. Son principal représentant, Georges Seurat, explora l'idée selon laquelle des points d'au moins deux couleurs différentes, régulièrement espacés, exprimaient une luminosité. Observés à une certaine distance, ces points sont fondus par le regard, créant une couleur plus stimulante que celle qui aurait été obtenue en mélangeant physiquement les teintes.*

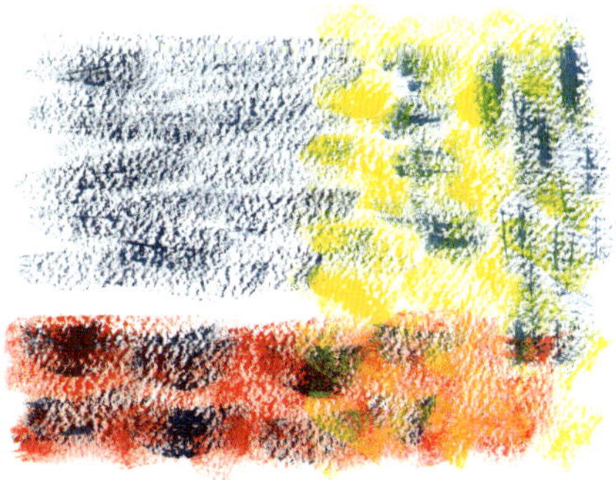

Le pinceau sec *est une technique applicable à l'huile comme à l'acrylique qui, utilisée sur un support à grain épais, produit l'apparence de la couleur brisée. Excellent pour le feuillage et les légers reflets de l'eau, il consiste simplement à parcourir la surface en y traînant le pinceau sec, tout en contrôlant l'effet avec un minimum de liant et de petites quantités de peinture. Il est possible d'appliquer du clair sur du sombre et vice versa.*

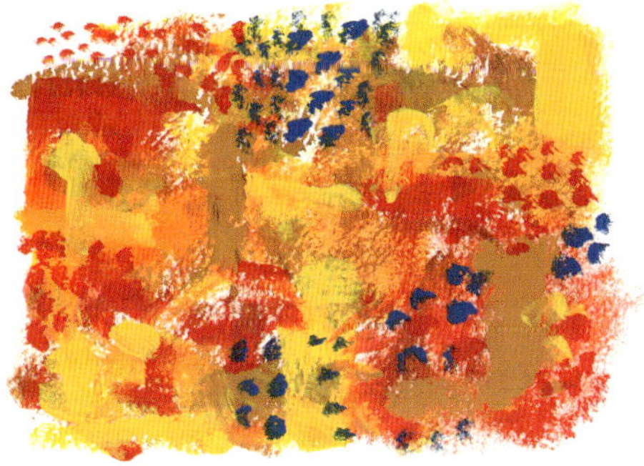

En utilisant une combinaison de ces techniques de pinceau, il est possible de créer des couches d'huile ou d'acrylique dégageant profondeur, éclat et expression. Essayez chacune des techniques exposées dans ces pages, l'une après l'autre, puis utilisez-les ensemble dans une œuvre expérimentale.

Le type de pinceau utilisé est d'une importance cruciale, car chacun donnera un type de touche différent, selon la souplesse ou la dureté du matériau dont il est constitué. Le comportement de la peinture dépend également de la rapidité et de la nature de l'application. Utiliser le côté du pinceau créera une touche plus large qu'une autre réalisée avec l'extrémité. Parcourir rapidement et légèrement la surface donne ce que l'on appelle des touches « brisées ».

Une technique essentielle de la peinture traditionnelle relevait de l'application méthodique de couches de glacis transparents de couleur. Jan Van Eyck (1390-1441), Giovanni Bellini (1430-1516) et Titien (1490-1576) construisaient tous leurs œuvres par couches vaporeuses de couleur d'ambiance. Chaque teinte étalée laissait transparaître la précédente. L'autorité et la présence physique de la peinture s'exercèrent de cette façon jusqu'au XVIIe siècle.

Lavis et glacis

Le glacis est l'une des techniques fondatrices de la peinture traditionnelle. Dans les années formatrices de la peinture sur panneau et sur toile, il ne fournissait pas seulement un moyen d'enrichir la couleur, mais était aussi utilisé pour mélanger la couleur directement sur la surface à peindre, sans recourir à une palette. Des couches diluées successives de pigment translucide sont appliquées pour modifier la couleur de chaque couche déjà présente, et bien que l'effet visuel produit soit celui d'une forte intensité, la peinture conserve une remarquable transparence.

Glacis à l'acrylique

De nombreux artistes n'utilisent les glacis que dans la phase initiale d'une œuvre à l'acrylique – les temps de séchage de cette peinture sont rapides. L'acrylique est généralement mélangée à de l'eau ou à du médium à glacis. Mieux vaut donc ajouter une petite quantité de médium à une faible quantité de peinture, puis les mélanger soigneusement avec un pinceau. Les couches doivent toujours être fines, afin que la couleur sous-jacente apparaisse.

Glacis à l'huile

La plus ancienne méthode de glacis consistait à construire un tableau entier par couches successives de glacis. Les tendances modernes exigent une approche plus diversifiée associant glacis et travail direct du pinceau. Une ébauche monochrome est recommandée, mais comme elle peut mettre plusieurs jours à sécher, nombre d'artistes préfèrent entreprendre cette partie du travail à l'acrylique, capable de sécher en moins d'une heure. Pour créer le glacis, mélangez de l'huile de lin et un peu d'essence de térébenthine à la peinture, ou si vous préférez, l'un de ces excellents médiums alkydes prêts à l'emploi tels que le Liquin. Le temps de séchage peut être divisé par deux si l'on ajoute un médium à la peinture, ce qui permet d'accumuler rapidement les couches. Vous pouvez opérer

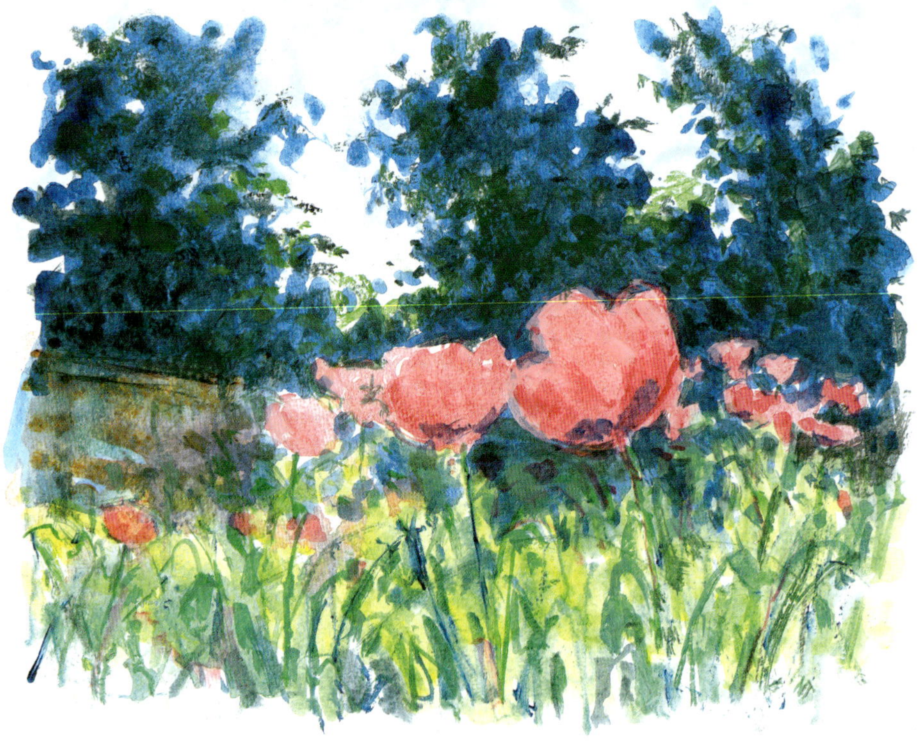

quelques retouches sur de la peinture diluée, mais laissez toujours une couche sécher complètement avant d'en ajouter une autre.

Commencer un glacis

Entraînez-vous sur plusieurs feuilles de papier au glacis à l'huile comme à l'acrylique. Utilisez un papier spécialement apprêté pour la peinture à l'huile, et nettoyez vos outils avant de changer de peinture. Cet exercice doit vous permettre de découvrir comment la transparence des couleurs se modifie au fil des couches. Essayez différentes combinaisons de couleurs et modifiez la dilution de vos glacis. N'hésitez pas à multiplier les expériences et rappelez-vous de commenter toutes vos découvertes par des légendes en regard des échantillons.

Ces coquelicots, construits à partir d'une simple esquisse au fusain peuvent constituer la base de votre tableau, dessinée directement sur la surface à peindre ou à côté, jouant un rôle de guide et de référence. Le fusain s'efface facilement pour permettre des modifications.

De fins glacis ont été appliqués successivement sur toute la surface dans un mélange d'outremer et de bleu de Prusse. La couche de base, qui constitue le ciel, était extrêmement diluée. Au premier plan on a appliqué un lavis de jaune citron sur les bleus pour former un éventail intéressant de verts, eux-mêmes détaillés par des touches de bleu et de vert représentant tiges, feuilles et boutons. Les pétales ont été obtenus avec quatre couches d'alizarine cramoisie diluée, et les nuances délicates avec un petit pinceau rond n°4, chargé de bleu outremer.

La consistance aqueuse de l'huile bleu de Prusse flotte sur le vert (un mélange de jaune citron et d'outremer). La nature lâche et floue de la peinture décrit parfaitement la voûte irrégulière des arbres.

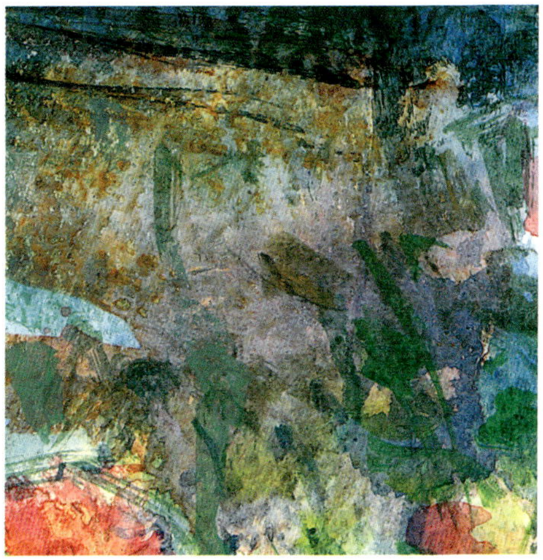

Des glacis successifs se fondant entre eux projettent un brun chaud sur le second plan de l'image. Cette couleur terre, riche et brouillée, s'harmonise à merveille avec la palette générale dont elle est issue. Peu de détails sont nécessaires ; les coquelicots explosent au cœur du tableau.

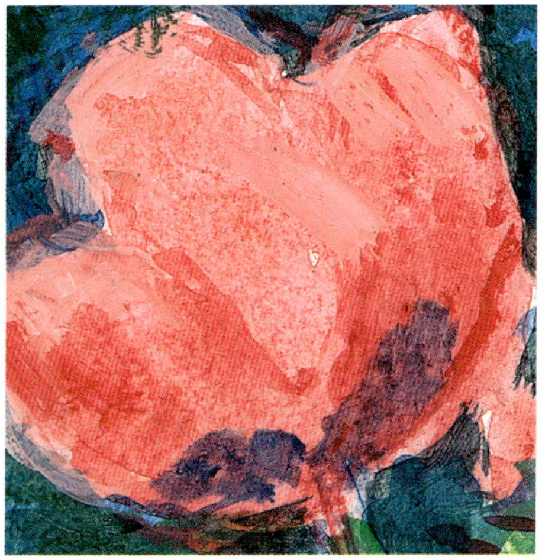

Les pétales vifs d'alizarine cramoisie ressortent sur le champ vert environnant, produisant le plus fort contraste possible – celui des couleurs complémentaires. Ce procédé donne l'illusion de couleurs plus éclatantes.

CONSEIL

N'hésitez pas à laisser libre cours à votre imagination pour modifier composition, couleur ou variations tonales. Ne laissez pas vos croquis de travail dicter l'aspect de l'œuvre finale au point d'inhiber le développement d'idées créatives.

Opacité et empâtements

Appliquée directement du tube, la peinture à l'huile, ou à l'acrylique, livre une texture dense, crémeuse et opaque. Étaler la peinture par touches épaisses, ou empâtements, permet à l'artiste de faire se chevaucher les couleurs et de donner du relief à la surface. Les résultats peuvent être saisissants – à l'image par exemple de la charge émotionnelle qui se dégage de certains paysages tourmentés de Van Gogh.

Couches à l'acrylique

L'acrylique non diluée peut être appliquée aisément en couches. Contrairement au glacis, il est possible de couvrir totalement une couleur sombre et unie avec une couleur plus claire tout aussi unie. La couleur sombre ne transparaîtra pas, à condition que la peinture soit appliquée non diluée, ou « opaque ». Ce résultat peut également être obtenu avec la gouache, mais son liant n'est pas assez épais pour permettre un modelage de la surface.

Couches à l'huile

L'huile diffère de l'acrylique car son opacité dépend de la quantité d'huile qui lie le pigment. L'huile utilisée opaque exige ce que l'on appelle l'approche « gras sur maigre ». Gras se réfère au mélange contenant le plus d'huile, et maigre à celui qui en contient le moins, après dilution. Pour obtenir une opacité complète en travaillant par couches, la quantité d'huile doit être régulièrement augmentée au fil du travail. Une peinture maigre appliquée sur du gras, risque fort de se craqueler en séchant.

CONSEIL

La peinture trop huileuse est difficile à manipuler en empâtements. Déposez votre peinture sur une serviette en papier pour que l'excédent d'huile soit absorbé, avant de l'appliquer sur le support.

Empâtements

Acrylique et huile peuvent reproduire la qualité de la plupart des surfaces et textures. Les techniques d'empâtement exigent du peintre qu'il soit rapide et qu'il ait l'œil aiguisé pour repérer les abus de couleur ou de couches, qui peuvent brouiller une image.

La préparation est importante. Une esquisse au fusain aidera à ordonner éléments et gamme des tons. C'est essentiel pour le travail à l'huile, car son temps de séchage plus long empêche de corriger aisément les erreurs en les recouvrant. Jouez la spontanéité ; cela vous aidera à développer une gamme plus étendue de coups de pinceau et à peindre avec plus d'assurance. Pour vous entraîner à travailler vite, préférez l'acrylique à l'huile.

Cette étude d'un jardin méditerranéen était le sujet idéal pour construire une image à l'aide de techniques d'opacité et d'empâtements. L'ambiance générale de l'œuvre a été donnée par de fins glacis successifs de couleurs claires, et le ciel étalé à grands traits à l'aide d'un pinceau plat, chargé d'un mélange de bleu de cobalt et de blanc. La base du massif d'arbustes a émergé par petites taches. Le soleil de midi a délavé les surfaces, créant de forts contrastes. Les côtés inférieurs sombres des buissons et leurs extrémités feuillues et claires se sont chargés de délimiter les formes. Le bleu du lavis du ciel a fourni une base parfaite pour le feuillage, adouci et verdi par des glacis supplémentaires d'ocre jaune.

Formes du premier plan

Notre esprit comprend les images d'après les indices qu'elles fournissent. Un travail d'empâtements massifs sur les buissons les plus proches des marches aide à définir les formes des feuilles. Par l'emploi d'une texture en relief, elles deviennent presque tridimensionnelles. Cette approche a également été utilisée pour décrire la texture des marches, cette fois en passant un couteau à peindre sur la surface et en adoucissant les marques du doigt et de quelques lavis de couleur très dilués. Cette approche n'aurait pas été possible avec l'huile – la méthode du dilué sur épais provoquant des craquelures au séchage.

Le point central est constitué par les palmiers présentant une subtile déclinaison de tons et de texture. Après le glacis, les frondaisons plus épaisses ont été dessinées à coups d'empâtements clairs et foncés.

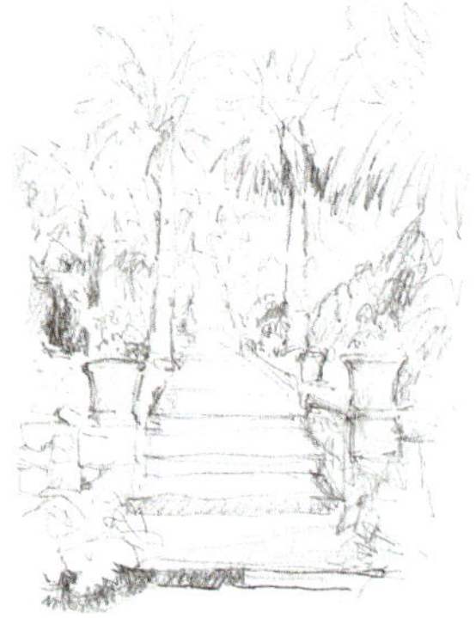

Les palmes sont définies par une peinture épaisse appliquée sur un ciel bleu de cobalt et blanc.

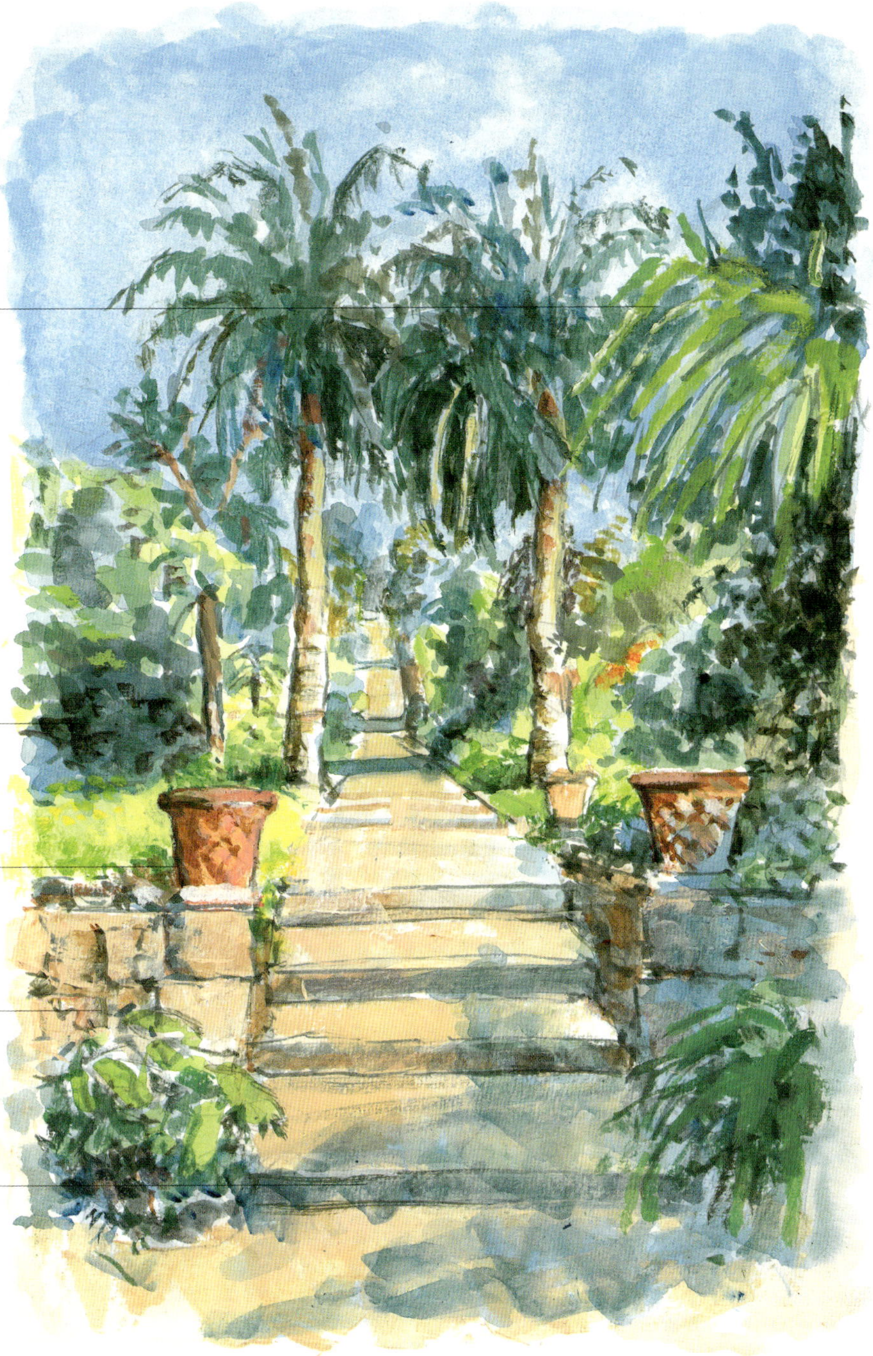

Une couche supérieure de taches empâtées met en relief le massif bas dans l'ombre, ajoutant de la profondeur à l'image.

Des ombres intenses d'un bleu violacé définissent, sans pour autant dominer, les élégants pots de terre cuite.

Cette zone est un bon exemple de travail d'empâtements recouvrant de fins lavis.

Un couteau à peindre passé sur l'avant des marches crée un rebord bien défini.

Empâtements et atmosphère

La luminosité d'un petit matin printanier à New York m'a incité à réaliser une esquisse au fusain, dans l'intention de créer un tableau plus complet et plus élaboré à partir du dessin. Quand un sujet vous apostrophe, il est important d'en prendre note le mieux possible avec ce que vous avez sous la main. Les mouvements rapides traversant ce carrefour affairé étaient intéressants. Les fameux taxis jaunes de New York semblaient filer comme des éclairs, tandis que des personnages colorés, vêtus de rouge et de bleu, zigzaguaient entre les véhicules. L'ensemble, coloré et animé, suggérait une approche vivante utilisant des empâtements, parfaite pour un tableau à l'huile.

Ne pas laisser s'échapper « l'esprit » du moment est important. L'esquisse au fusain l'a conservé en noir et blanc, et j'avais heureusement un appareil photo pour enregistrer les couleurs environnantes et la manière dont la lumière tombait. Les surfaces des divers éléments – larges façades de pierre, ciel lumineux et personnages anonymes en mouvement – m'ont suggéré un traitement à grandes touches, à partir d'une huile épaisse directement extraite du tube. Cette approche directe et la richesse des couleurs à l'huile reflètent fidèlement l'ambiance de l'instant.

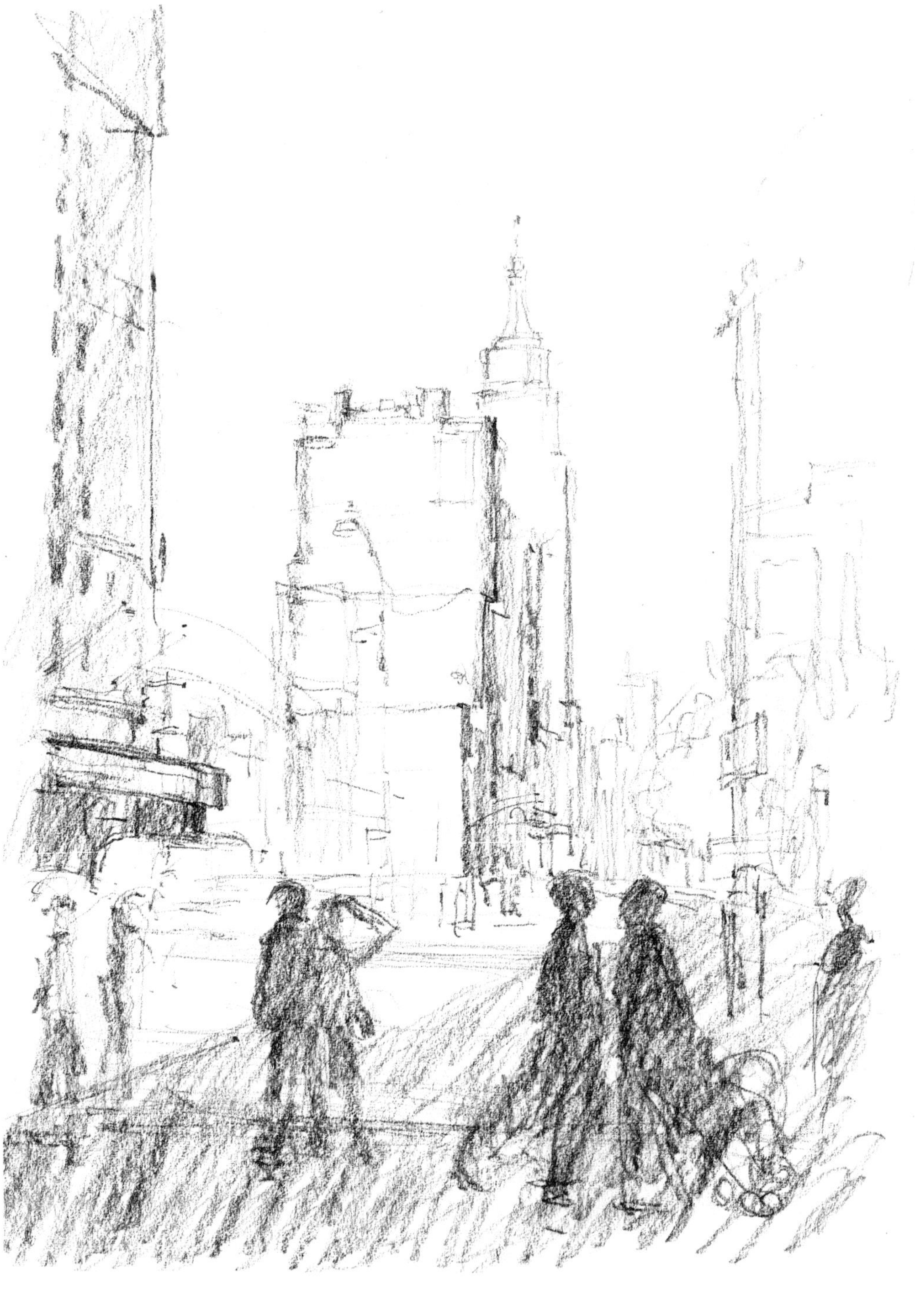

CONSEIL

Le travail d'empâtement exige que la composition soit traitée en bloc ; les détails spécifiques étant travaillés une fois les principaux éléments terminés.

Ici, une peinture plus diluée (bien que toujours dense) indique l'importance moindre de ce bâtiment d'angle. De larges coups de pinceau et un minimum de détails détournent l'attention vers le traitement plus élaboré du bâtiment central à pignon et vers l'animation du carrefour.

Les ciels sont rarement d'un bleu uni : de légers nuages leur donnent une texture marbrée, tandis que des rayons de lumière éclairent le sol avec diverses intensités. L'huile bleu de cobalt a été déposée sur la palette et diluée à la térébenthine avant d'être étendue sur la toile.

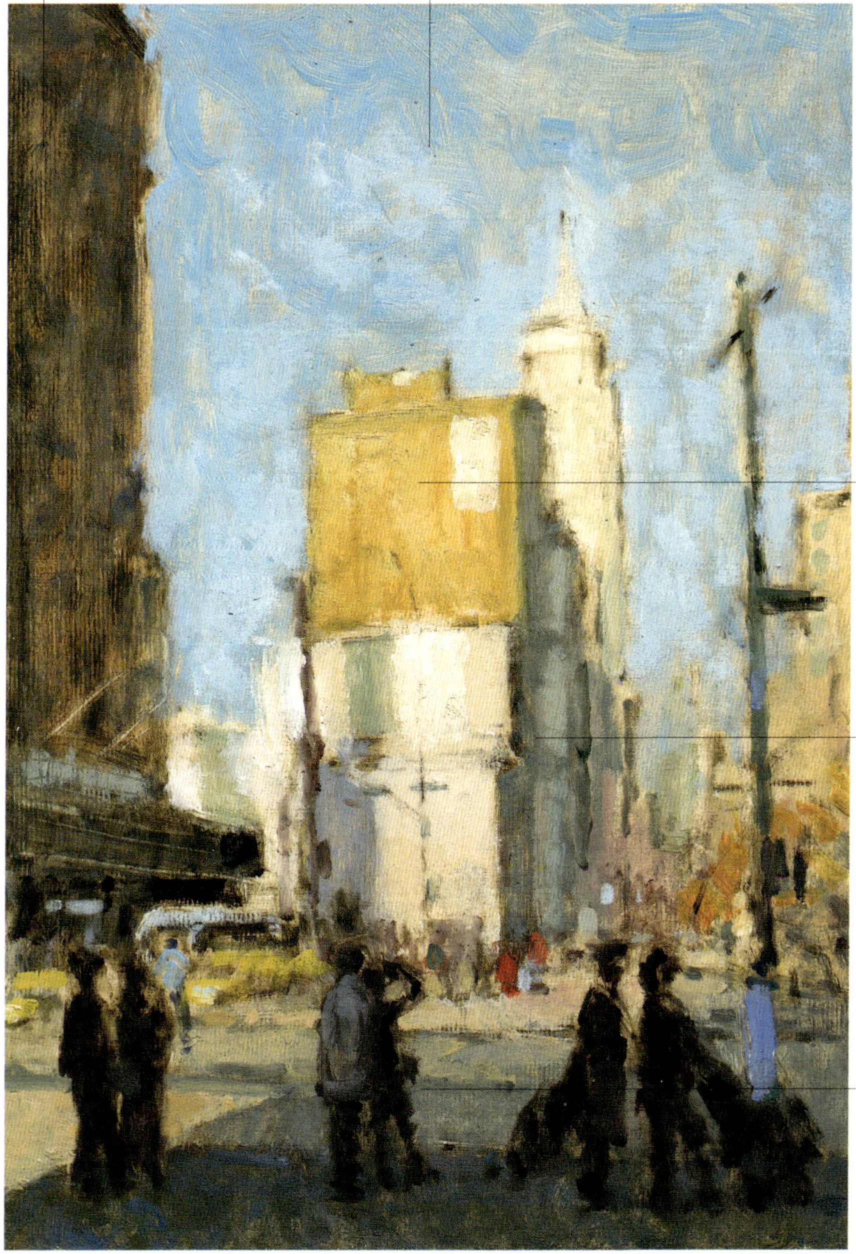

Le panneau ocre jaune au dernier étage du bâtiment réchauffe le ciel et contraste avec lui. C'est un élément clé qui ancre la composition.

Le mur partiellement dans l'ombre souligne les trois dimensions par ses éléments en relief. L'application de la peinture est délibérément floue, avec des contours relevés et des fenêtres esquissées.

Un mélange de bleu de Prusse, d'ombre brûlée et de rouge de cadmium figure les piétons dans l'ombre, aux traits subtilement sculptés par une lumière tamisée. Ils constituent un élément vital de la composition, leur aspect sombre orientant l'œil du spectateur vers le cœur du tableau.

Ébauche et *alla prima*

« Ébauche » est le terme général donné à la première étape de la création d'un tableau à l'huile ou à l'acrylique. Après avoir dessiné le sujet sur papier ou toile avec un matériau sec – fusain, crayon ou pinceau relativement sec chargé de peinture – certains artistes aiment à pousser la préparation plus loin en peignant d'abord le tableau en monochrome. Ce procédé implique de planifier la composition et d'évaluer les variations tonales, l'image étant alors prête pour recevoir des couches de couleurs.

CONSEIL

En peignant *alla prima*, donnez des coups de pinceau rapides et assurés, mais sans employer trop de couleurs – qui risquent de donner à vos tableaux un aspect terne et trop travaillé.

Les teintes les plus courantes pour l'ébauche sont le sépia et les bruns et rouges terreux, mais il n'en a pas toujours été ainsi. Les artistes de la Renaissance préféraient des verts et des bleus, sur lesquels des tons chair complémentaires étaient construits en glacis très fins. Il n'y a pas de règle établie pour réaliser une ébauche ; des techniques aussi diverses que le frottis ou le lavis sur fond humide peuvent être adaptées.

Alla prima

Alla prima signifie simplement « du premier coup » et se réfère à l'exécution rapide d'une composition sans ébauche, généralement terminée en une seule séance. Notez qu'*alla prima* ne désigne pas une technique particulière de peinture mais s'effectue par des coups de pinceau assurés de peinture sur fond humide. Les couleurs se fondent avec des contours doux et atténués, et la définition s'obtient par un effet d'optique aux points de contraste.

Une réaction sensorielle à leur sujet, et le désir de peindre en extérieur poussèrent les pionniers impressionnistes hors de leur atelier, dans les dernières années du XIXe siècle. Claude Monet, Camille Pissarro et Alfred Sisley, parmi d'autres, rejetèrent les glacis de nuances tonales et la méthode de l'atelier consistant à travailler par couches laborieuses, pour se tourner vers un travail direct du pinceau, de la palette à la toile.

Esquisse préliminaire *alla prima*

Dessiner donne toujours accès à une nouvelle image, c'est l'occasion d'analyser les problèmes visuels et d'entamer une réflexion sur le tableau. Les valeurs tonales sont importantes dans la peinture *alla prima*. Cette esquisse d'une plante en pot, d'un vase de fleurs et d'une carafe m'a aidé à utiliser une source de lumière directionnelle (venant ici d'en haut à droite), et de la définir par une gamme complète de tons progressifs, représentés au fusain.

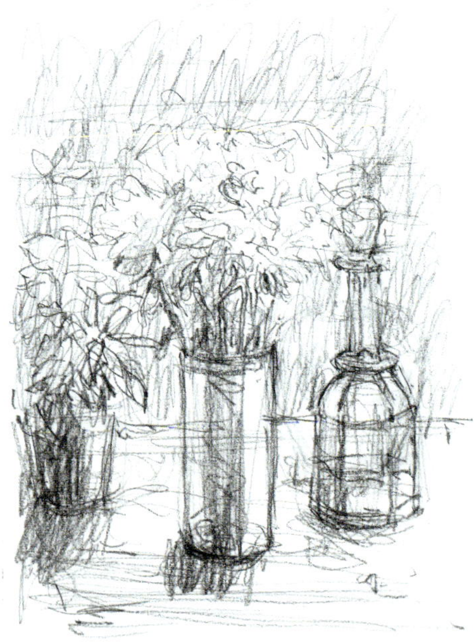

Œuvre *alla prima*

Ces fleurs d'un jaune éclatant sont la source d'inspiration pour cette étude. Elle a été exécutée en une seule séance. J'ai travaillé avec une palette basique de bleu de cobalt et de bleu de Prusse, d'ocre jaune, de rouge de cadmium, d'ombre brûlée, de vert de vessie et de blanc de plomb. J'ai utilisé un éventail de pinceaux plats à tête ronde et de pinceaux plats en soies de porc, de taille moyenne, pour créer des touches énergiques et vivantes.

Ici, l'intensité du jaune est brisée là où elle se mêle à un rose chaud de terre cuite. Le contraste définit la plénitude des formes des fleurs.

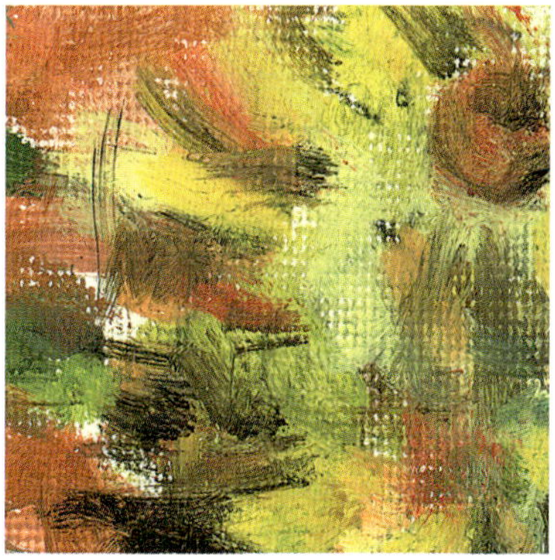

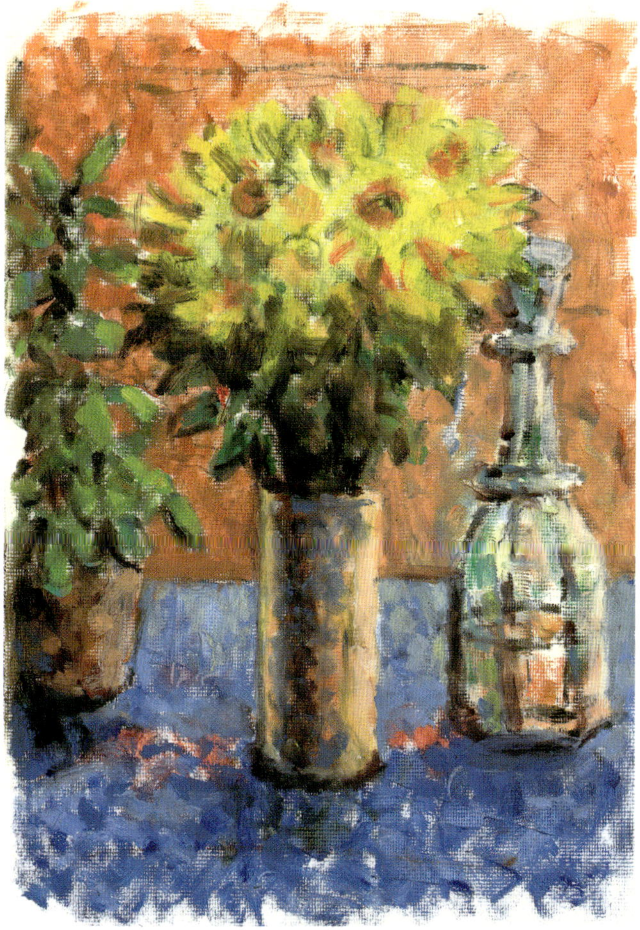

Le verre épais de la carafe est décrit par d'habiles petites touches de vert, de bleu et d'un peu de rose terre cuite, obtenu à partir de rouge de cadmium, d'ocre jaune et de blanc. La lumière se reflète fortement sur le verre et est filtrée à travers sa masse épaisse et dense sous forme de taches unies et brisées.

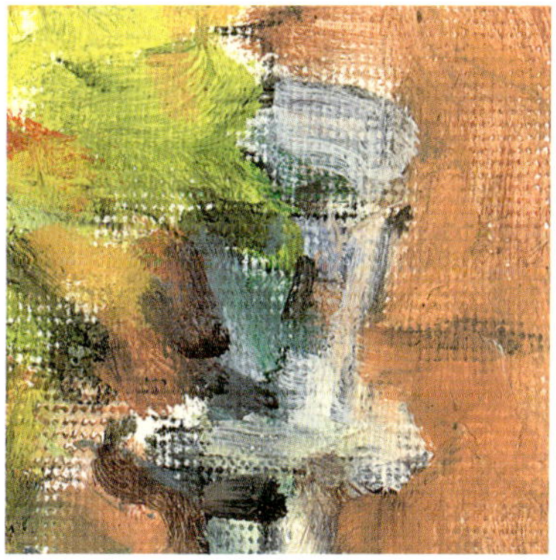

Pour créer la base d'ombre sous les objets, l'ombre brûlée est étalée sur le bleu à coups de pinceau larges et orientés, à la fois verticaux et horizontaux.

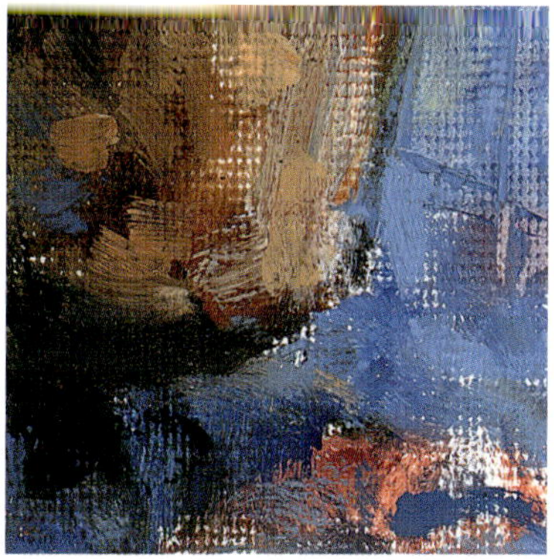

Peinture au couteau

Il ne faut pas confondre « couteau à peindre » et « couteau à palette ». Ce dernier, à la lame plus longue, s'emploie pour mélanger des pigments sur la palette. Le couteau à peindre ressemble, lui, à une truelle miniature dotée d'une lame en losange et d'un manche coudé qui empêche la main de l'artiste d'abîmer le travail. Des additifs comme le médium gel pour acrylique (voir p. 23) sont aujourd'hui couramment utilisés pour ajouter du corps à la peinture et lui donner une texture plus ferme, facilitant ainsi le travail au couteau.

Il y a deux types principaux de touches à maîtriser lorsqu'on utilise un couteau. Le premier est un geste large et affirmé, appliqué avec la partie la plus large de la lame, qui met la peinture en place de façon nette. Le second est un coup précis guidé par la pression de l'index, parfait pour manipuler la touche et lui donner forme. Vous pouvez également gratter une couche de peinture existante à l'aide de l'extrémité de la lame.

Pour lisser et adoucir une zone de couleur humide, posez le talon du couteau sur le support et faites glisser d'une pression ferme, pour étaler la peinture. Si vous souhaitez révéler le tissage de la toile ou une couleur sous-jacente, inclinez légèrement le couteau pour gratter un peu de peinture. Si vous tapotez la peinture, elle prendra un aspect granité. Gratter des couches successives superposées de peinture sèche produira une couleur brisée aux contours nets, idéale pour les sujets architecturaux. Vous pouvez bien entendu développer d'autres techniques de couteau convenant à votre style créatif.

Une légère ébauche dans une couleur neutre et diluée constitue une bonne préparation pour la peinture au couteau, car elle permet d'indiquer les tons et de dessiner les principaux éléments. Utilisez une peinture épaisse directement sortie du tube et appliquez-la avec la lame flexible d'un couteau à peindre là où elle peut être sculptée et taillée, en utilisant les différentes surfaces de la lame. La peinture s'applique mieux avec le côté inférieur de la lame, en un coup ferme. Cette surface lisse reflétera un maximum de lumière et, constitue une base stable sur laquelle vous ajouterez diverses touches.

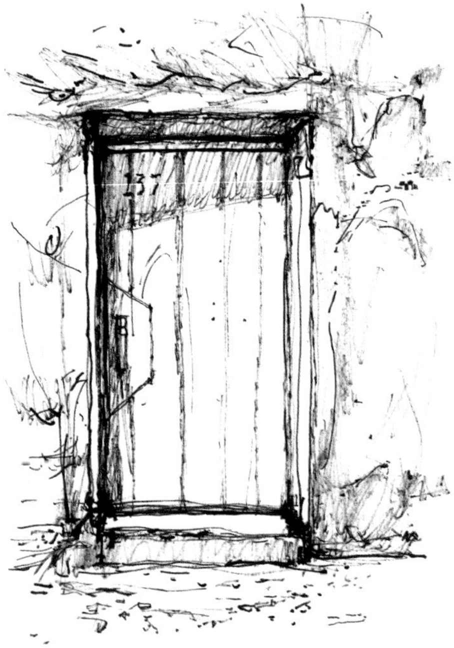

Une porte grecque

Fenêtres et portes sont chargées de symboles pour les artistes, car elles évoquent, au choix, l'aspiration à la liberté ou un rite de passage... Une visite en Grèce m'en a révélé nombre de modèles : portes et encadrements de fenêtres à riche texture, parfois encadrés de murs irréguliers. L'association d'une porte en planches peintes et d'une façade grossièrement plâtrée a inspiré cette œuvre à l'huile, réalisée au couteau.

Cette porte verte sous une lumière d'après-midi a été marquée, usée et déformée par les caprices du temps. La peinture au couteau était visiblement la meilleure technique pour reproduire les textures en relief de la pierre et la lumière du soleil se jouant des ombres au grès des aspérités.

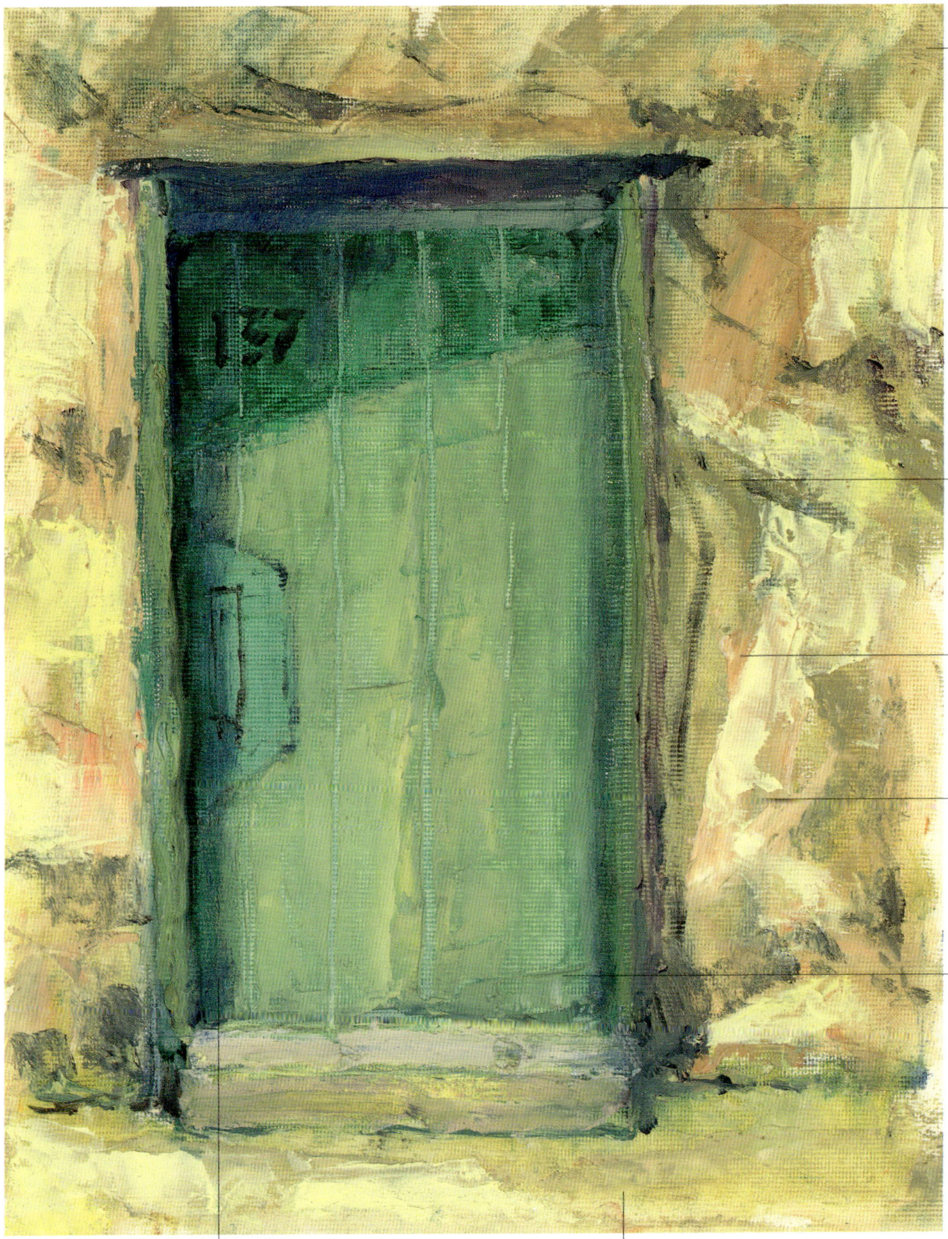

Une sous-couche d'ocre jaune éclaire la toile, et l'ombre brûlée esquisse la porte et son encadrement.

Cette zone de bleu de Prusse révélant un renfoncement est simplement une première couche qui n'a pas été recouverte.

De l'ombre brûlée diluée, frottée sur la toile et placée avec le bord du couteau pour décrire les creux et les fissures.

Par endroits, j'ai appliqué de la terre de Sienne brûlée sur les couches épaisses pour les réchauffer.

Du blanc a été ajouté au mélange et appliqué sur la toile « à la truelle » dans de nombreuses directions, avec une lame large.

La pointe de la lame a été légèrement enfoncée dans la surface pour gratter de nouveaux creux dans les couches supérieures de peinture.

De longues touches verticales de bleu de Prusse appliquées de haut en bas, puis des couches d'ocre jaune étalées par-dessus, produisent un vert chaud.

Des surfaces d'un ocre jaune plus épais procurent un aspect plein.

Du bleu de cobalt énergiquement appliqué avec une touche d'ocre jaune donne cette nuance verte. Pour cela, le pinceau a été mouillé d'un peu de térébenthine et la peinture diluée appliquée légèrement sur le papier par touches larges et franches.

Le ciel verdit là où le bleu chevauche l'ocre jaune, ce qui aide à unifier les deux parties de la composition : le paysage et la lumière environnante.

Les formes sombres des bosquets ont été établies à l'aide de taches d'ombre brûlée, appliquées avec un large pinceau plat n° 14. Placées sur le côté gauche de l'image, elles offrent un point focal au parcours visuel du spectateur.

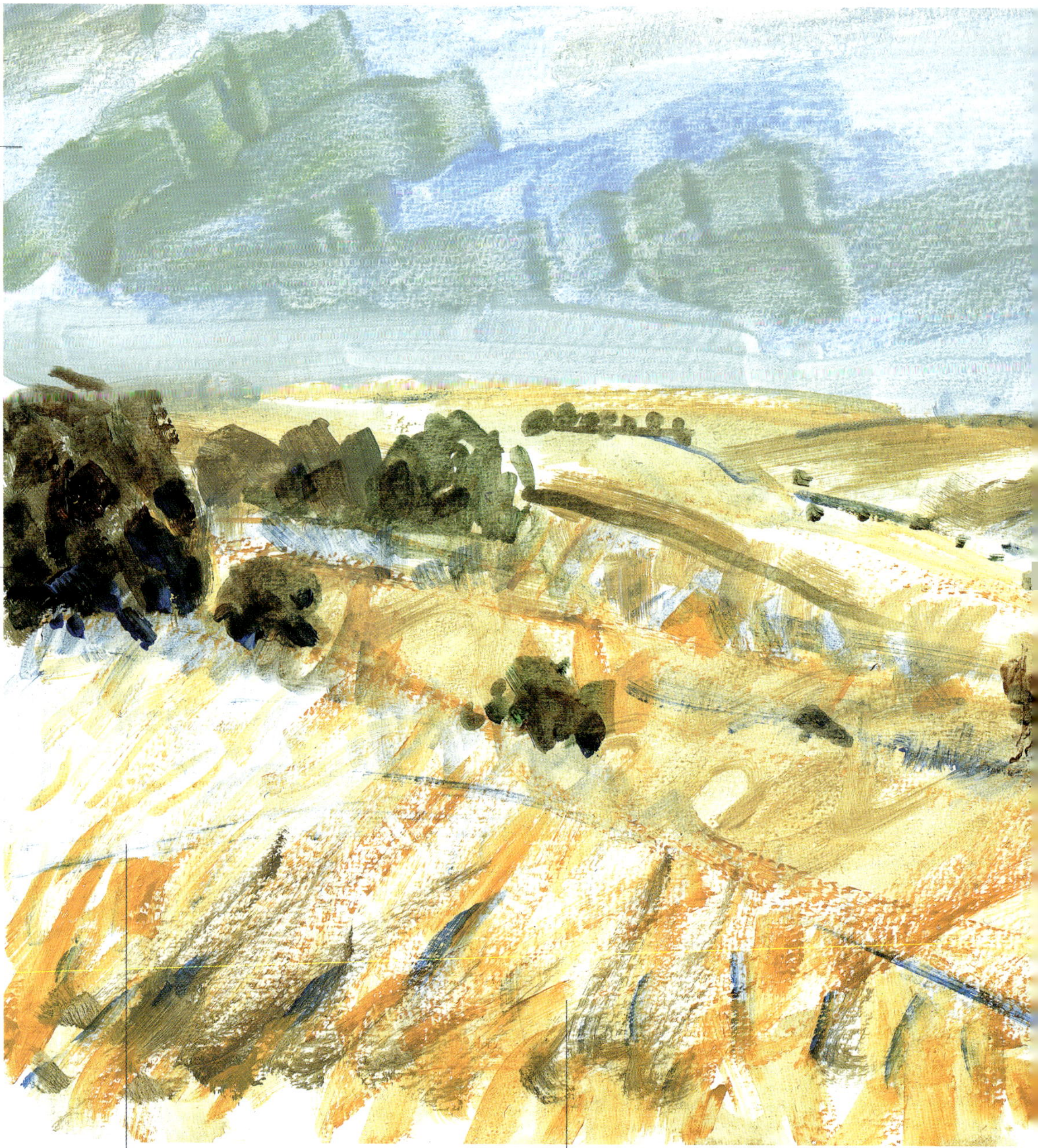

La légèreté des touches est essentielle. Créer une image sans fond ni sous-couche a permis au blanc du papier d'apparaître, ce qui donne au tableau clarté, fraîcheur et luminosité.

Les ultimes coups de pinceau, rapides, secs et en diagonale, réalisés avec un pinceau plat à tête ronde en soies de porc n° 10, représentent le blé en mouvement. Les détails de la structure des épis sont inutiles car on comprend parfaitement ce que les traits veulent représenter.

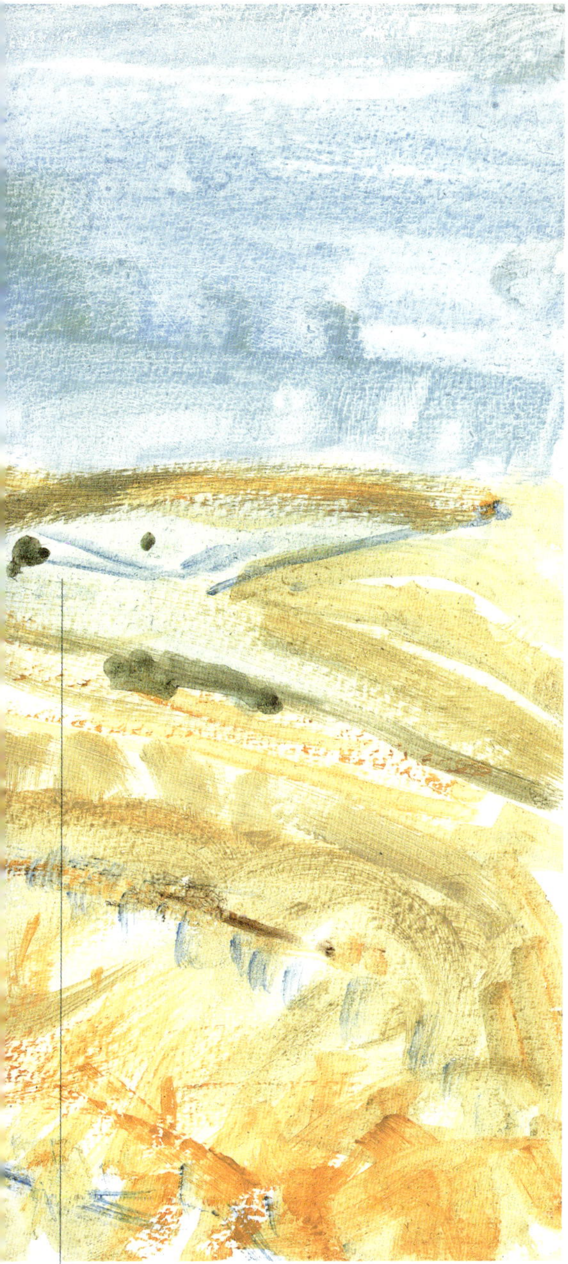

Les collines ondulantes sont réalisées à l'aide d'un pinceau plat en soies de porc n° 10. La peinture diluée (jaune de cadmium et ocre jaune) est appliquée avec un pinceau relativement sec.

Mélange de techniques

Mémoire et photographies ne suffisent pas toujours à restituer l'ambiance d'un lieu particulier à un moment donné. La peinture, avec son riche vocabulaire de coups de pinceau et de touches, engage physiquement le spectateur dans une activité sensorielle complète. Bien que l'huile soit souvent associée à un rythme de travail paisible, elle est idéale pour une esquisse rapide. Les techniques du frottis, du pinceau sec et des lavis dilués peuvent toutes s'associer sur la même feuille, *alla prima*.

Ce champ de blé scintillait dans une chaude brise d'été. Les collines ondulantes de l'arrière-plan exigeaient d'amples coups de pinceau large, alors que les herbes du premier plan appelaient de petites touches courtes et plus sèches pour décrire mouvement et texture. La mouvance du ciel – d'épais nuages maussades peints dans une palette plus froide – exprime l'atmosphère orageuse de la journée.

CONSEIL

Quand vous peignez des paysages, évaluez les proportions du ciel et de la terre, et consacrez deux tiers de la composition aux éléments les plus intéressants. Un ciel large et vaste, traversé de nuages imposants et d'une lumière diffuse, peut fait ressortir l'ambiance du moment. Des formes changeantes dans le paysage, modulées de nuances tonales variées, fournissent l'illusion de la profondeur.

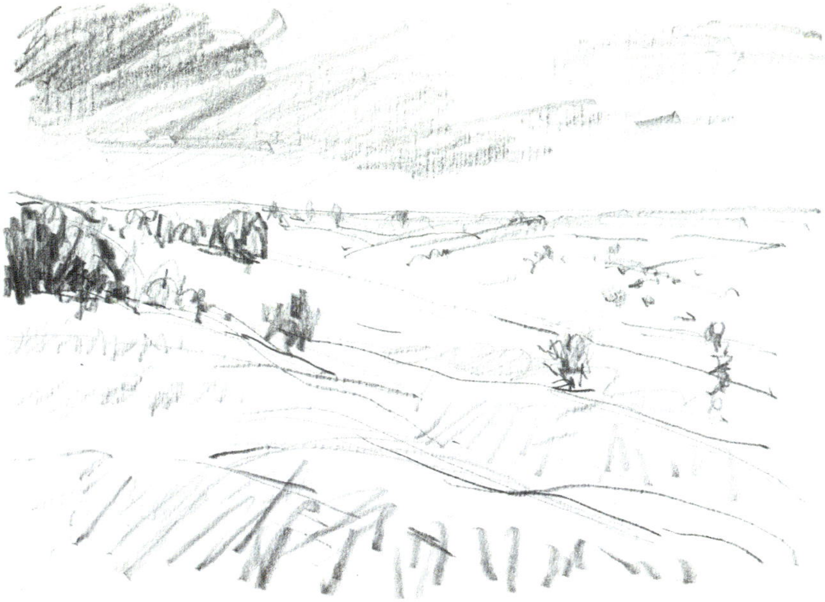

Création de textures

La variété des textures pimente la vie du peintre. La consistance riche et crémeuse de l'huile et de l'acrylique se prête admirablement aux techniques de texture. L'objectif de la texture est parfois une description littérale, mais elle a le plus souvent une fonction expressive ou décorative. Entraînez-vous à divers types de touches pour ajouter une dimension supplémentaire à vos tableaux.

Introduire un éventail de textures et de techniques peut donner vie à une composition et la rendre plus intéressante pour le spectateur. Cela vous permettra également de varier agréablement vos méthodes de travail. Essayez d'utiliser des textures et des coups de pinceau appropriés à l'effet que vous souhaitez obtenir : certains se prêtent à des sujets inspirant le calme, tandis que d'autres créent un espace dynamique qui donne une impression d'agitation. Des techniques simples, bien choisies, produisent les effets les plus réalistes.

Le choix des textures que vous souhaitez employer dans vos compositions dépend du sujet. L'étude d'un mur brut ou d'une plage de galets nécessite un traitement très différent de celui d'un cours d'eau calme et de ses méandres. Un travail habile du pinceau ou du couteau peut s'avérer impuissant à traduire correctement le sujet. L'ajout d'autres matériaux à la peinture, par exemple de la pâte à modeler ou du sable, peut vous aider à rendre la texture idéale, en vous faisant économiser des heures de travail fastidieux à essayer de la reproduire au pinceau.

C'est par l'expérimentation seule que vous ferez de nouvelles découvertes ! Réfléchissez toujours aux propriétés des matériaux que vous employez avant de les mélanger. Toute substance à base d'huile ou de cire ne s'associe pas à la peinture acrylique, car cette dernière est à base d'eau. Si vous choisissez de graver dans une épaisse croûte d'huile, gardez à l'esprit qu'elle peut prendre des semaines pour sécher complètement. L'artiste britannique moderne Frank Auerbach (né en 1931) le savait bien : certains de ses tableaux, couverts de multiples couches de peinture épaisse, manipulée puis grattée ont mis plusieurs mois à sécher. Les artistes qui travaillent de cette manière ont toujours un certain nombre de toiles en cours.

Il est bon de faire l'apprentissage des techniques traditionnelles de l'huile et de l'acrylique mais il ne faut pas pour autant se sentir prisonnier d'elles. Osez vous montrer inventif avec vos matériaux afin de développer de nouvelles approches de votre sujet.

Paysage texturé

Toute l'atmosphère de ce paysage estival ondulant réside dans ses textures. Sans elles, le tableau aurait un rendu plus traditionnel, somme toute assez banal.

Le ciel a été peint avec la tranche d'une vieille carte de crédit, en travaillant du bleu de cobalt et du blanc sur le papier humidifié. Un lavis supplémentaire de bleu de cobalt rend le ciel plus sombre et plus orageux.

Les bâtiments de ferme sont ajoutés par empâtements avec un couteau à peindre. Une fine bande de rouge de cadmium pour la grange attire l'œil vers le tiers central de l'image.

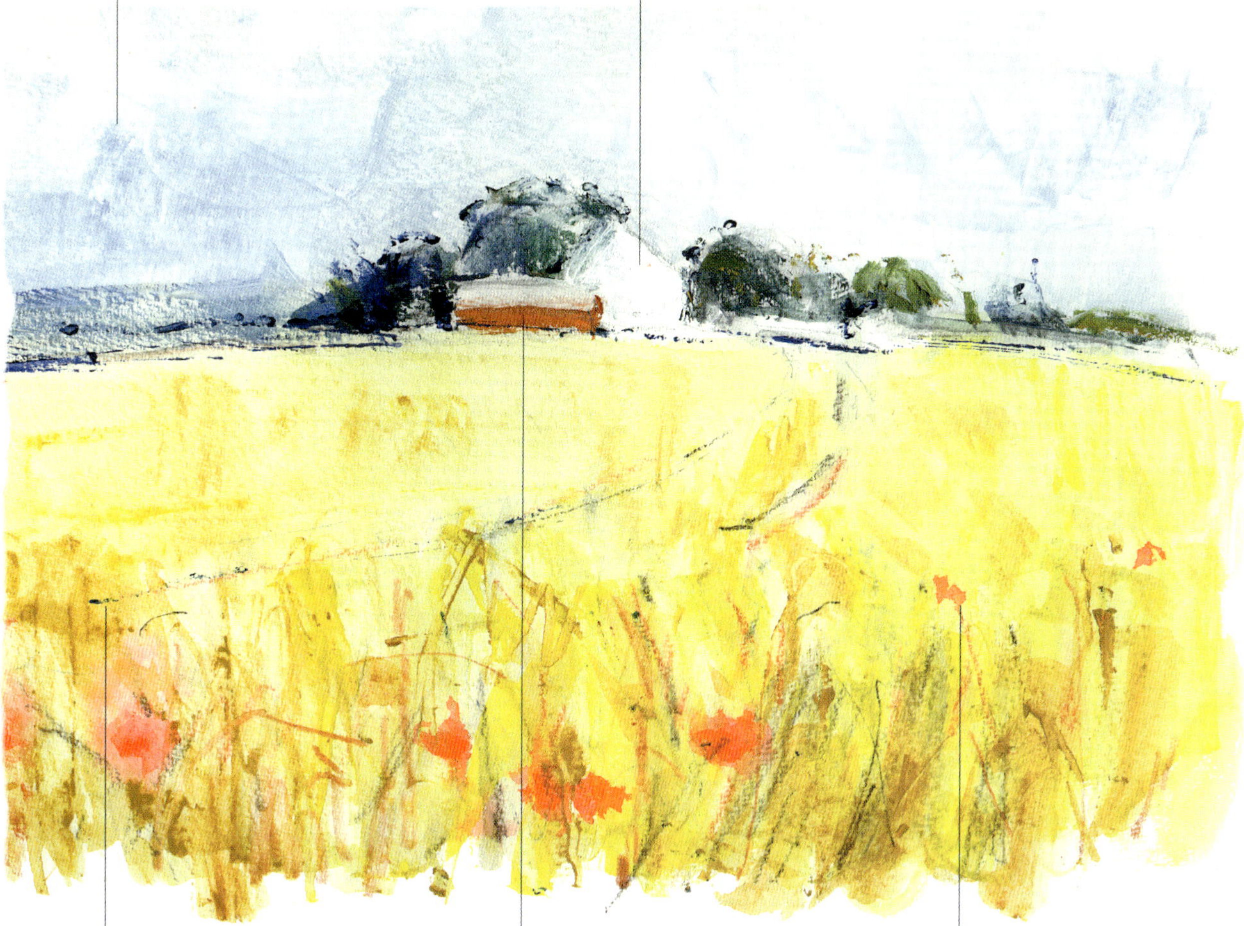

Ébauche initiale réalisée au crayon foncé, soluble dans l'eau, et à la sanguine.

Un contraste maximal est obtenu là où les verts sombres rencontrent le pignon nettement défini de la maison, créant un point focal efficace.

Les taches vivantes et expressives de rouge de cadmium, figurant des coquelicots au premier plan, attirent l'œil vers la partie supérieure de la composition.

EXERCICES

Divisez une feuille de papier pour peinture à l'huile en 12 carrés de même taille, en laissant entre eux un espace généreux. Ces petits « cadres » vous permettront d'explorer coups de pinceau et textures. Exercez-vous avec les exemples suivants, puis essayez d'en inventer d'autres. Les résultats de vos expériences seront de minuscules œuvres d'art à part entière, preuves vivantes que l'huile est un formidable moyen d'expression. Les mêmes techniques sont applicables à l'acrylique, mais vous devrez peut-être travailler plus vite, car cette peinture sèche rapidement. Essayez d'expérimenter avec les deux matériaux afin de pouvoir comparer et opposer les résultats.

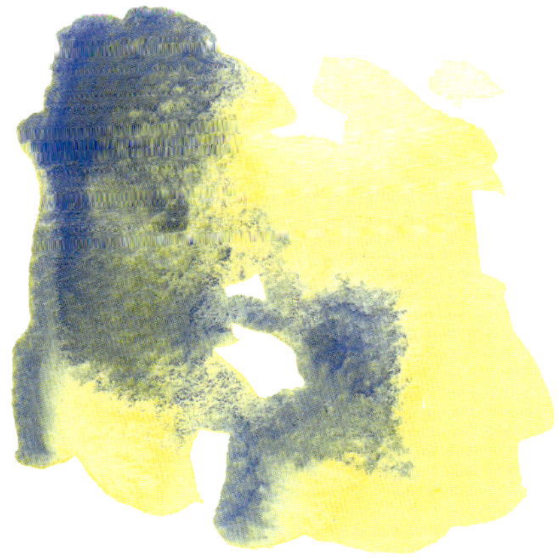

Les lavis sur fond humide *produisent des effets de couleur doux et brumeux. Ici, on a tamponné une peinture acrylique diluée sur du papier humidifié, en laissant les couleurs se fondre doucement les unes dans les autres. Gardez le pinceau humide en utilisant de l'acrylique, pour empêcher les soies de se coller et éviter une accumulation indésirable de peinture autour de la virole.*

Fondre les couleurs *pour produire des dégradés réguliers de couleurs ou de tons est une technique traditionnelle de la peinture à l'huile. Utilisez une série de coups de pinceau courts et réguliers pour faire pénétrer une couleur dans la suivante. Pour un bon résultat, la peinture doit rester fluide sans être trop liquide.*

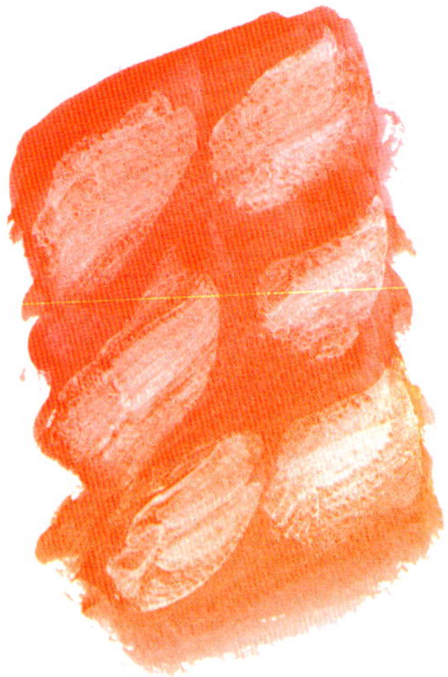

La sous-couche *est une manière utile de créer une température ou un ton général, et d'établir des contrastes. On applique après l'apprêt un lavis d'une seule couleur ou d'un mélange, ici, du rouge de cadmium dilué. Par endroits, le fond blanc du support apparaît, ce qui crée une luminosité plaisante.*

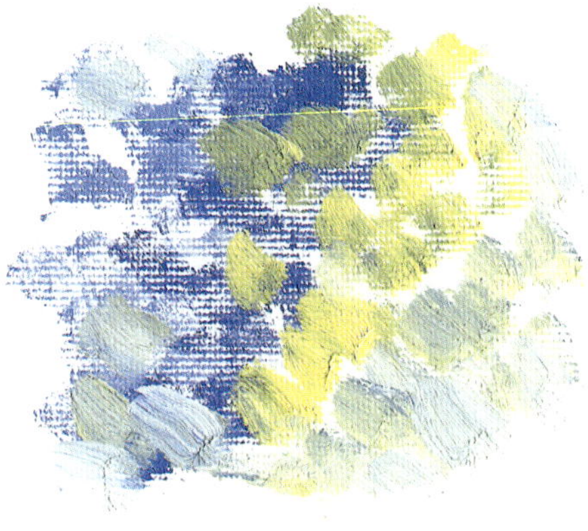

La couleur brisée *– de petits coups irréguliers appliqués sans lisser ni mélanger – capture à merveille les effets fugaces de la lumière sur le paysage. Un maniement léger du pinceau permet aux couleurs de se toucher et de fusionner sans se troubler.*

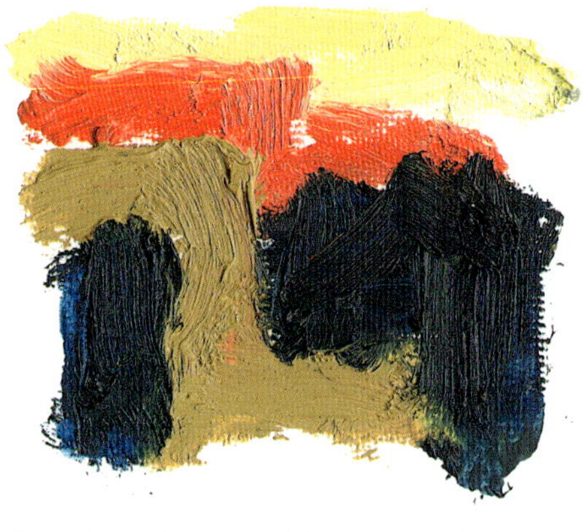

L'empâtement *est une peinture appliquée de façon assez épaisse qui conserve les marques et les crêtes laissées par le pinceau. Utilisez-le pour « sculpter » des formes et imiter des textures telles que celle de l'écorce.*

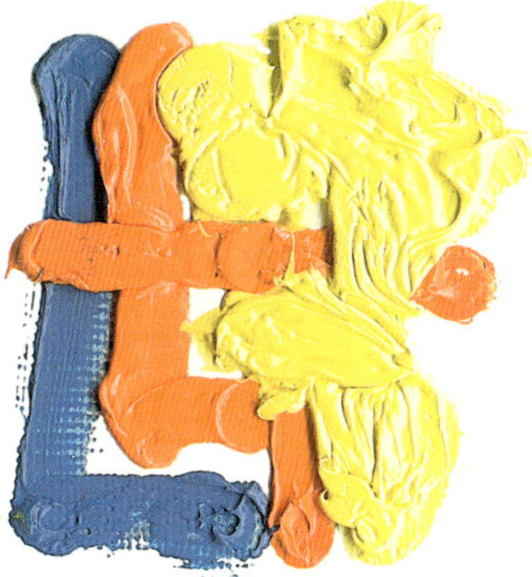

***Peindre directement** en pressant le tube d'huile ou d'acrylique sur le support est une alternative excitante – mais coûteuse – à l'emploi de pinceaux et couteaux. La peinture est lisse mais très épaisse, et des couleurs fortement saturées peuvent être déposées les unes sur les autres sans briser la surface ni se mélanger.*

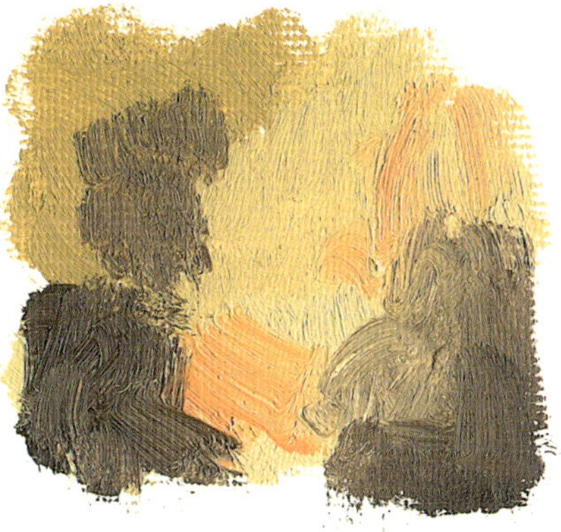

*Créez **des mélanges de trois couleurs** en déposant un peu de peinture de trois tubes d'une teinte similaire, et jouez à les déplacer sur le papier, formant de nouvelles couleurs et de nouveaux tons. Vous découvrirez qu'il existe un nombre étonnant de combinaisons différentes à partir de trois couleurs seulement.*

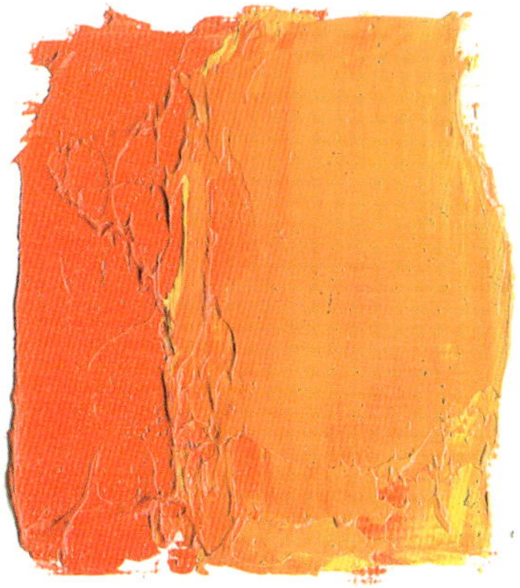

***Ce fondu au couteau** en deux couleurs a été créé à l'aide d'un couteau à peindre. Une lame large a été utilisée pour étaler du rouge de cadmium sur le papier, suivi d'un jaune de cadmium qui le chevauche. Un pli en relief marque la ligne où les deux couleurs se sont mêlées et où la pression sur le couteau s'est relâchée.*

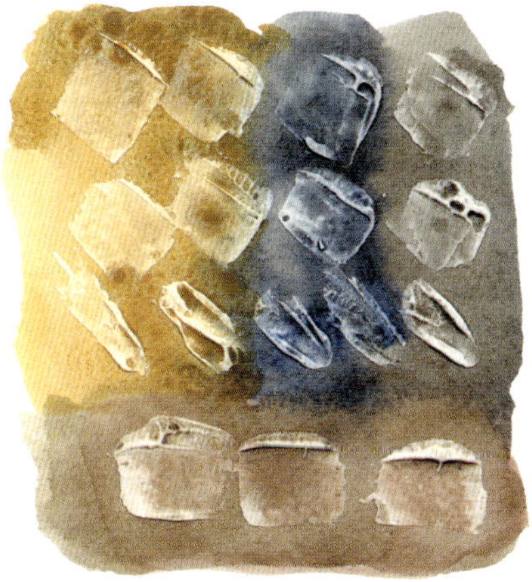

***Empâtement au couteau** est le terme qui désigne la surface en relief créée lorsqu'on utilise la lame d'un couteau à peindre pour former un contour saillant qui soulève le pigment. Les marques blanches sont causées par la lame qui ôte tout pigment en s'enfonçant dans la surface.*

*Dans **ce travail au couteau mixte**, la lame du couteau tourne et pivote d'abord dans une direction, puis dans une autre. En la déplaçant, il est aisé de créer des dessins réguliers sur la surface. Cette surface vivante utilise terre de Sienne brûlée, ocre jaune et blanc.*

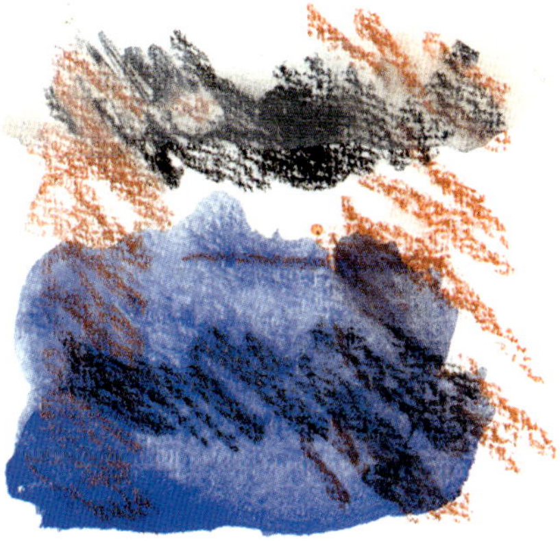

***La couleur bouchée** se crée en enfermant craie ou pastel sous un voile de couleur acrylique diluée, pour lui donner un aspect fantomatique. Cet effet peut être accentué par des glacis successifs.*

Peindre à la feuille de plastique *est une technique innovante qui produit des dessins marbrés attrayants. Une image peut être construite par couches à l'aide de cette méthode, et le papier utilisé peut être sec ou légèrement humidifié pour permettre à la peinture de mieux s'étaler sur la surface.*

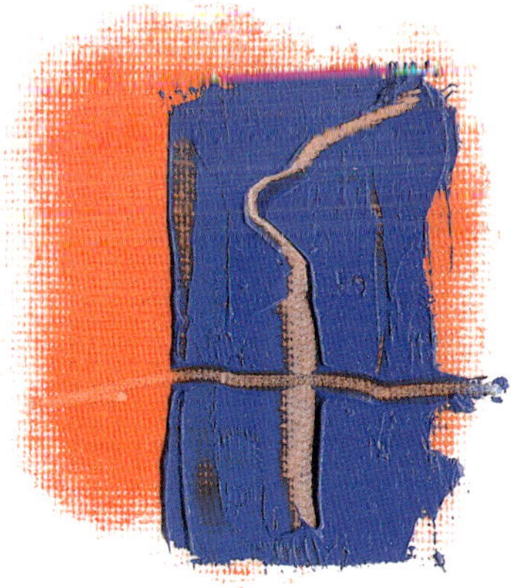

Glacis humides avec sgraffite. *Appliquez un lavis de couleur et laissez-le sécher. Appliquez un deuxième lavis, dans une couleur différente ; alors qu'il est encore humide, griffez-le avec le bout du manche de pinceau pour exposer la couche inférieure sèche. Cette technique est appelée sgraffite.*

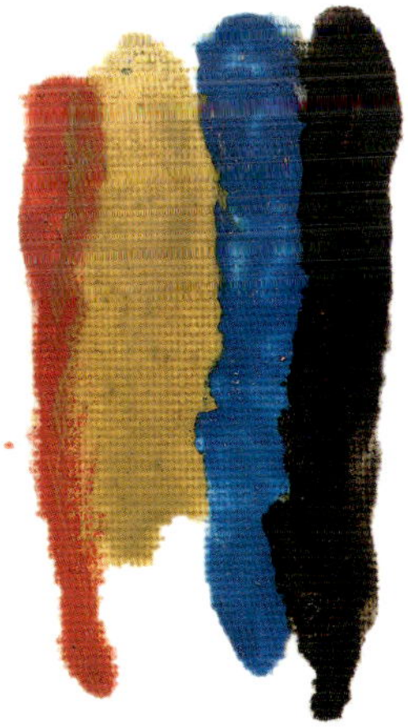

Les coulures *sont possibles avec des matériaux suffisamment fluides. Laisser couler la peinture peut représenter une expérimentation attrayante, mais sachez que son contrôle est aléatoire. Contrairement à l'aquarelle ou à l'acrylique diluée, l'huile, si on la laisse couler, ne se mélange pas aux couleurs adjacentes.*

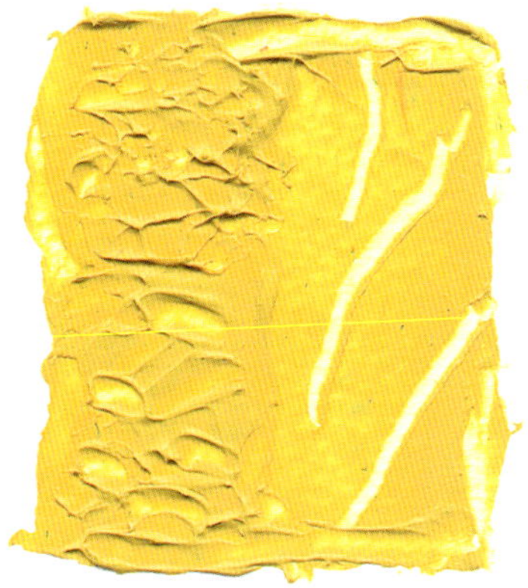

Marques incisées. *Ces textures ont été grattées dans une épaisse couche d'acrylique ocre jaune mélangée à du médium gel mat. À gauche, les pointillés ont été réalisés avec l'extrémité d'un couteau à peindre. À droite, la peinture a été essuyée avec un chiffon doux afin que le grain du panneau apparaisse, puis gravée avec le bout du manche d'un pinceau.*

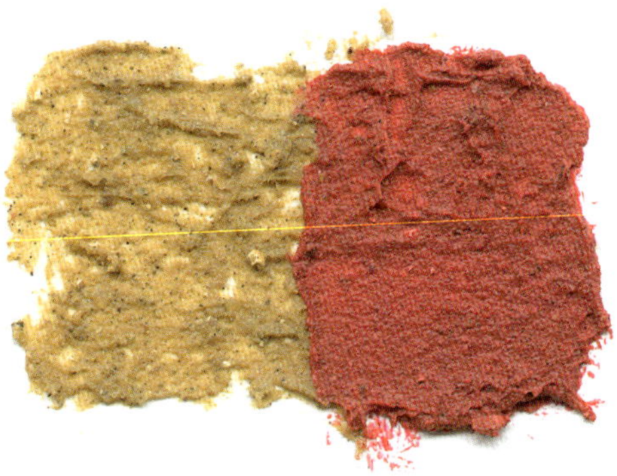

Mélange de sable et de peinture. *Presque n'importe quel matériau granuleux peut être mélangé à la peinture à l'huile ou à l'acrylique pour créer une surface texturée. Ici, du sable de construction a été mélangé à de la peinture acrylique pour lui donner une texture et un grain. La peinture doit être d'une consistance épaisse, mais pas trop sèche.*

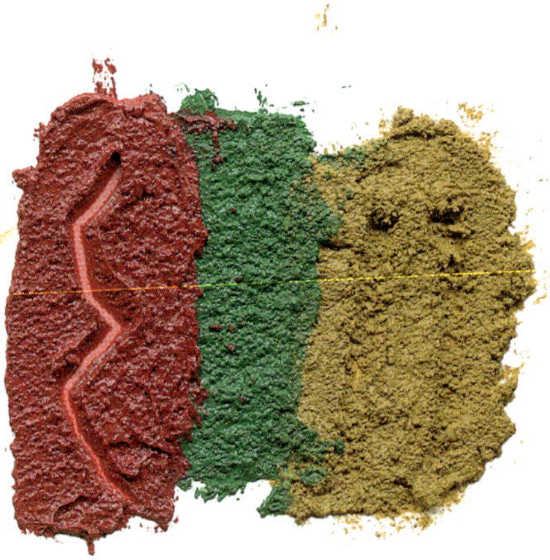

Sable et sgraffite. *Il est possible de graver des marques dans de la peinture humide mêlée de sable avec un couteau, un bâton ou tout instrument pointu pour créer une surface encore plus accidentée. Notez comme les crêtes de la peinture projettent des ombres intéressantes, donnant un effet de bas-relief.*

Un sujet simple, reproduit à l'aide d'une sélection bien choisie de textures et de techniques, peut créer un tableau complexe et intéressant.

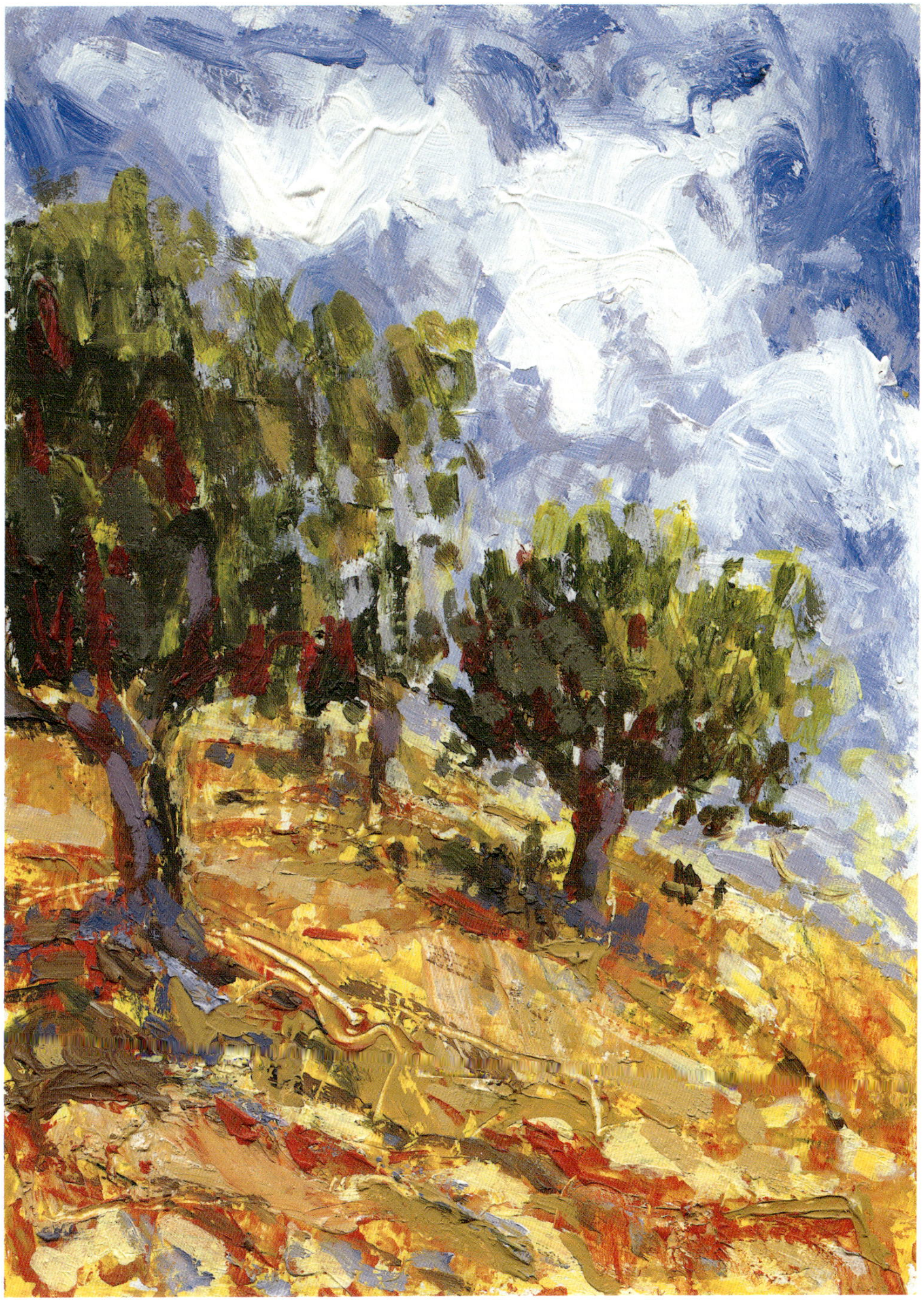

CONSEIL

Notez dans un carnet les résultats de vos expériences sur les textures, en y incluant des échantillons. Puis gardez ce précieux guide à portée de main, vous serez sûrement amené à le consulter souvent !

Masque à la cire

Le masque à la cire est une technique facile et peu salissante qui permet de créer des textures brisées. On applique une cire nature ou colorée à l'aide d'une craie grasse ou d'une bougie. Cette méthode, idéale pour suggérer les reflets de lumière, évite d'ôter la peinture ou de la gratter, elle permet aussi de représenter des surfaces irrégulières telles que murs de pierre, façades de bâtiments, écorces, chemins ou sentiers.

La technique est basée sur le fait que l'eau et la graisse se repoussent. Un lavis d'acrylique diluée déposé sur une zone de traits à la cire n'y adhère pas et imprègne les parties non traitées du support. Comme la cire est très dure, elle ne pénètre pas complètement dans le tissage d'une toile, pas plus qu'elle ne se dépose dans les creux d'un papier à grain, de sorte que la texture du support se voit à travers le masque. Il est toujours possible d'appliquer l'acrylique en couches plus épaisses sur une zone de masque à la cire, afin que celle-ci n'apparaisse pas.

Ce dessin est une étude à matériaux mixtes, où prédomine le masque à la cire qui en fournit les textures granuleuses. Une peinture acrylique fortement diluée a été appliquée en fins lavis évoquant l'aquarelle. De ce fait, cette œuvre est plus un dessin coloré qu'un tableau. À cause de ses traits d'encre définissant certaines zones de détails, la technique est couramment appelée «trait et lavis». Le masque à la cire qu'on y a ajouté apporte une touche de réalisme, et la répartition irrégulière des pigments anime l'image qui, sans cela, aurait paru plate et fade.

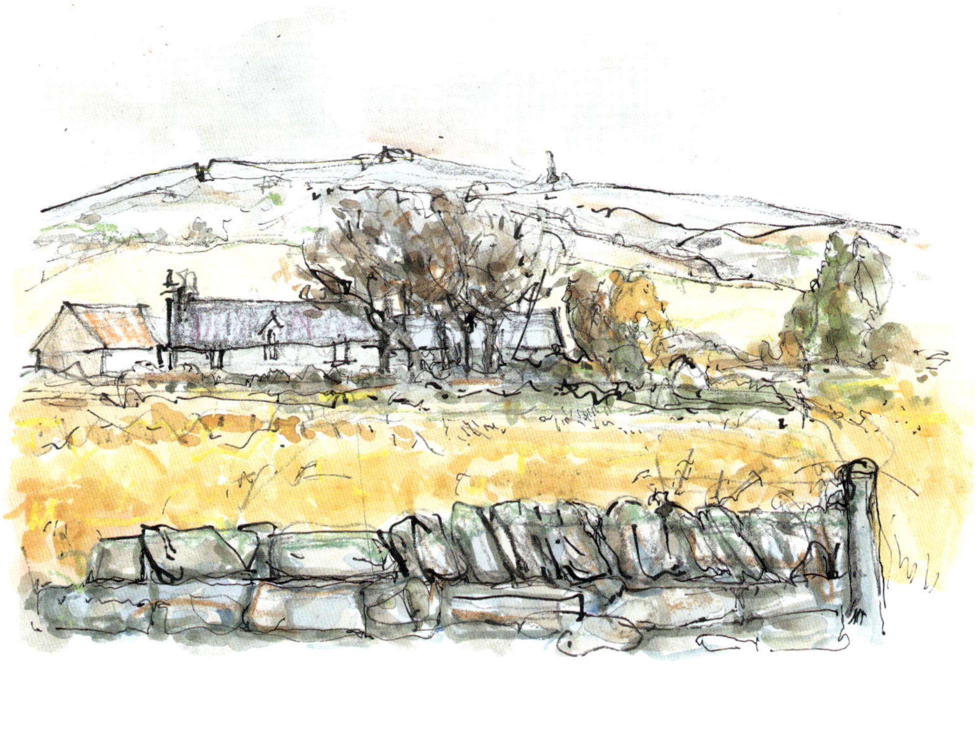

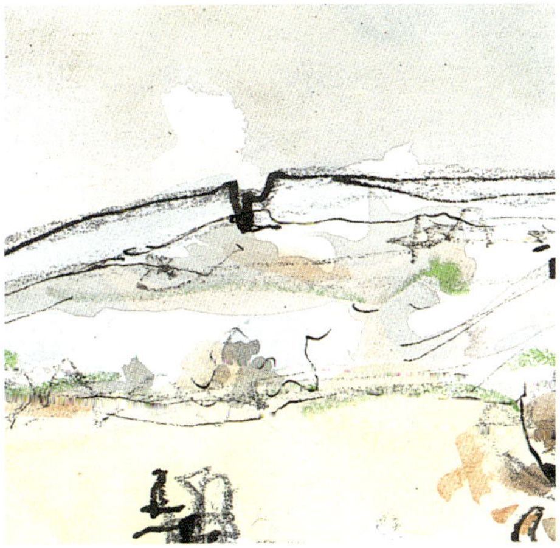

Tandis que les collines reculent dans le lointain, les couleurs deviennent plus pâles et les objets plus plats. Des lignes ondulantes de cire à bougie suivent les courbes des collines, et le masque fait en sorte que ces zones restent les plus pâles.

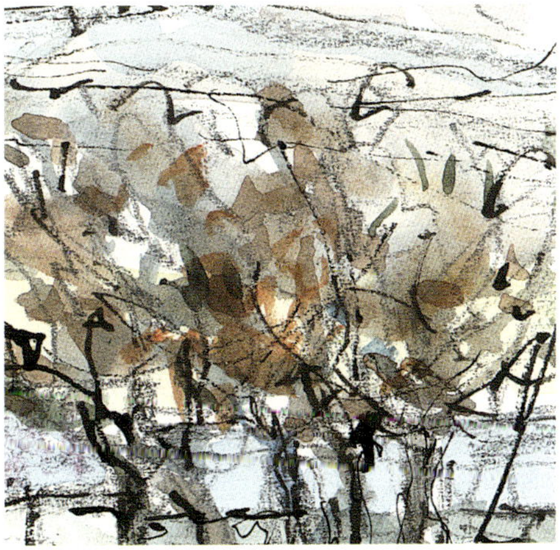

De petites taches exécutées avec la pointe d'une craie grasse représentent des feuillages. Elles sont plus importantes au sommet de l'arbre, où la lumière tombe le plus fortement.

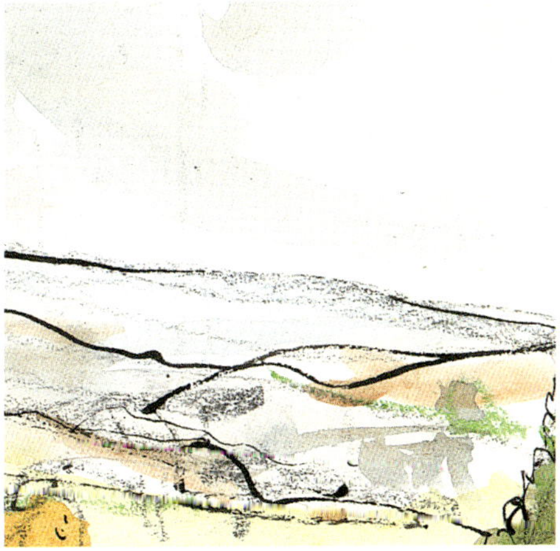

La terre et le ciel ont des tons très proches, et le masque a été employé dans les deux.

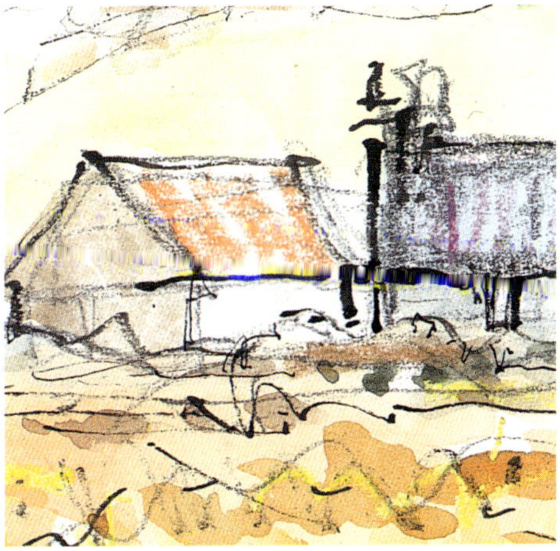

Le chaume du cottage présente un dessin vertical accentué, créé à coups maîtrisés de craie grasse.

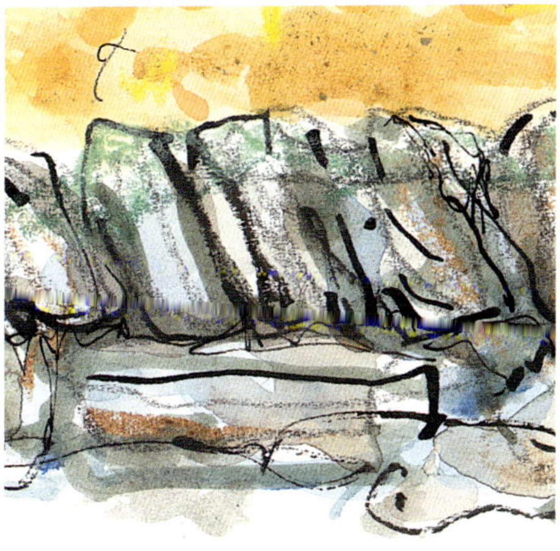

Le bord large d'une bougie a été utilisé pour remplir les formes des rochers dessinés à l'encre.

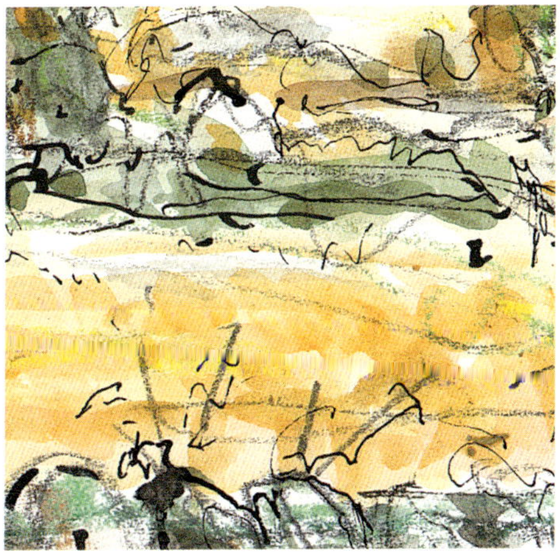

Une craie grasse blanche a servi à gribouiller au hasard le champ pour faire ressortir la texture douce et ondulante de l'herbe.

Couleur brisée

L'utilisation optimale du potentiel coloré de la peinture dépend de la lumière qui transparaît au travers de minces glacis, ou de celle qui se reflète sur les petits espaces où le pigment n'a pas touché la surface du support. Pour obtenir ce type d'effet, vous pouvez adopter la technique de la couleur brisée. Elle consiste à mélanger des touches de couleurs sur la surface du tableau – l'effet le plus éclatant surgissant là où se rencontrent de forts contrastes de couleurs.

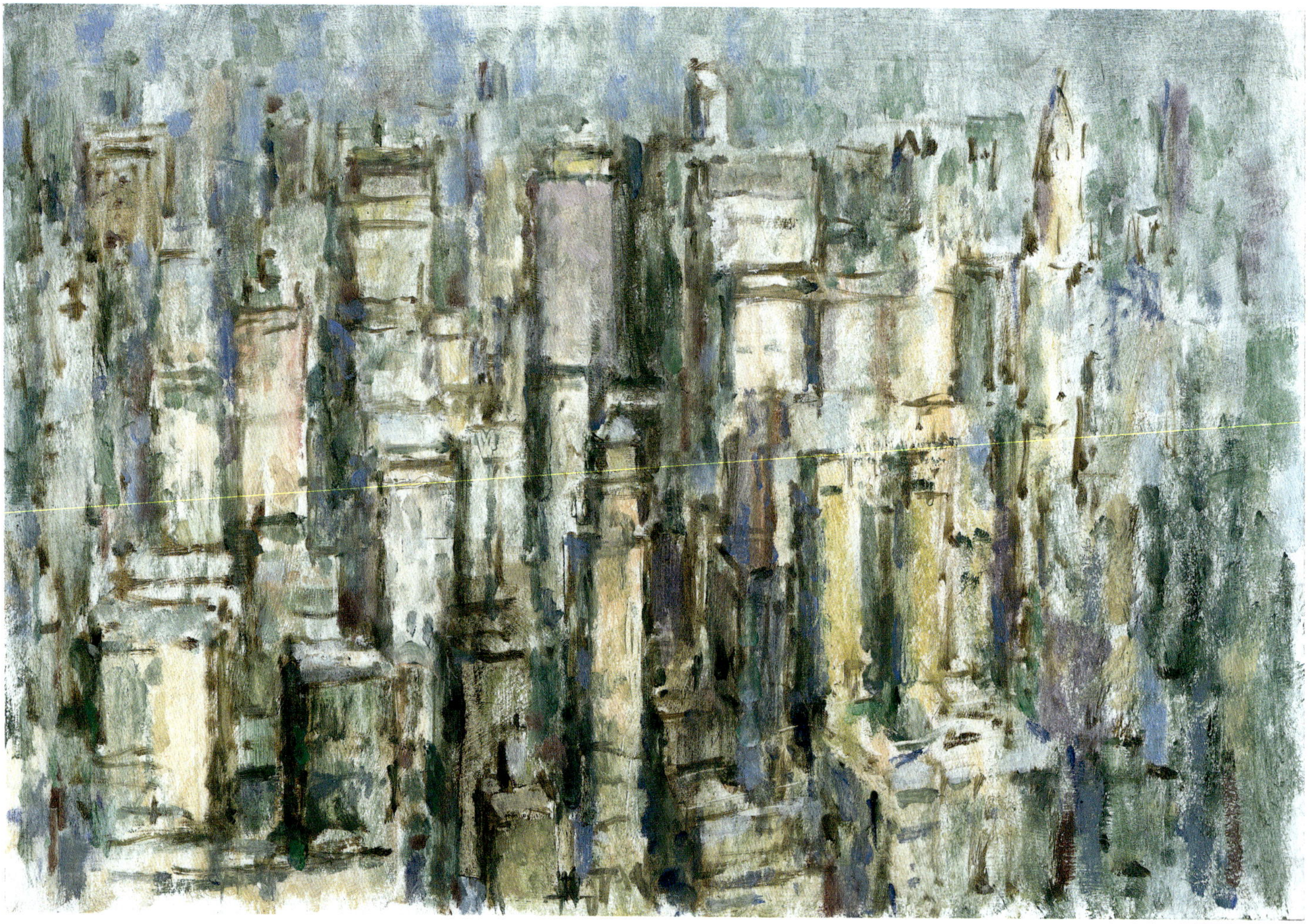

Mélange optique

Les impressionnistes ont été les premiers à reproduire l'exubérance de la lumière méditerranéenne à l'aide de couleur brisée. Pour obtenir certains effets étonnants, ils ont appliqué par petites touches la couleur pure sur la toile, sans la fondre ni la mélanger. À une certaine distance du tableau, l'œil opère la fusion des deux couleurs, qui se métamorphosent en une troisième. Cette technique du « mélange optique » ou de la « couleur brisée » est très souvent utilisée dans la peinture à l'huile comme à l'acrylique. Le pigment peut être appliqué humide ou sec, et avec tout un éventail de touches, de taches et de larges mouvements de pinceau.

Gratte-ciel au petit matin

Alors que les impressionnistes reproduisaient la chaleur du soleil avec les teintes fulgurantes d'une palette primaire, les peintres d'Europe du Nord décrivaient l'aspect voilé de la lumière septentrionale avec un style plus sobre. La production prolifique du peintre autrichien Oskar Kokoschka (1886-1980) en a fait l'un des catalyseurs d'un nouveau genre expressionniste. Il a choisi de réaliser ses tableaux à l'aide d'une palette tonale plus subtile et harmonieuse, sans renier pour autant l'aspect violent, brut et angoissé de sa peinture.

Ces groupes d'immeubles font écho à la palette de Kokoschka. Les harmonies de couleurs à l'huile brisées sont rendues à l'aide de pinceaux plats et larges, avec et sans tête ronde, en soies de porc. Les teintes subtiles de rose, violet, gris-vert, bleu voilé et blanc nacré suggèrent une brume matinale enveloppant les imposants gratte-ciel.

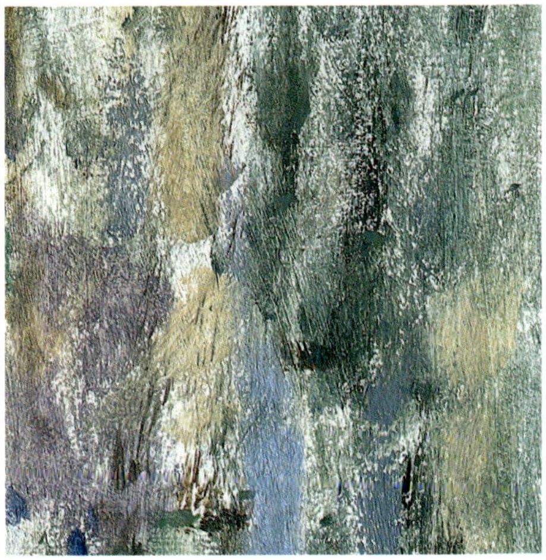

Le blanc d'une toile non apprêtée apparaît clairement là où la couleur se brise. De larges bandes de vert émeraude, de violet, d'ocre jaune et d'outremer se fondent pour former un gris-bleu lumineux.

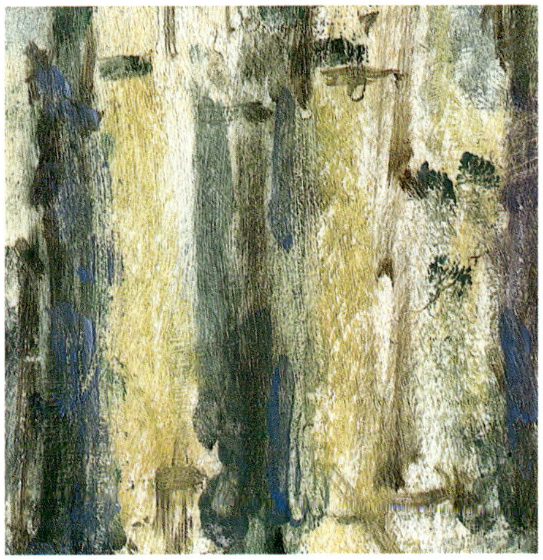

Le blanc de la toile est laissé nu là où la source de lumière directionnelle croissante blanchit les façades des tours. Des touches verticales sèches d'ocre jaune et d'outremer sont traînées vers le bas sur la toile blanche pour ajouter chaleur et texture de surface aux bâtiments.

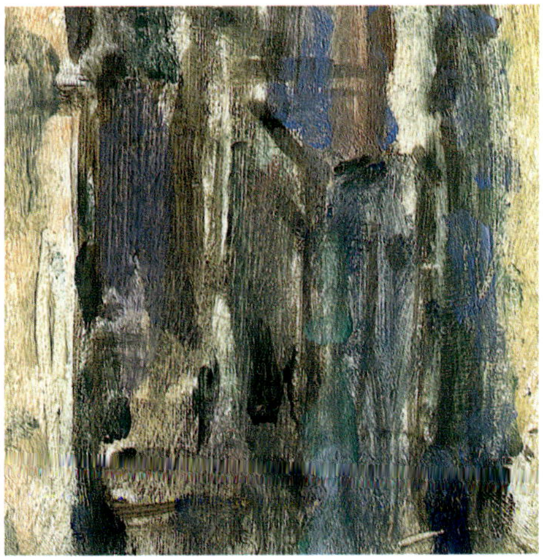

La partie la plus détaillée de l'image se trouve en plein centre. Décrite sobrement, elle comporte moins de couleurs brisées à cet endroit ; les épais passages de violet et de bleu sont étroitement juxtaposés sur la toile, laissant apparaître peu de blanc.

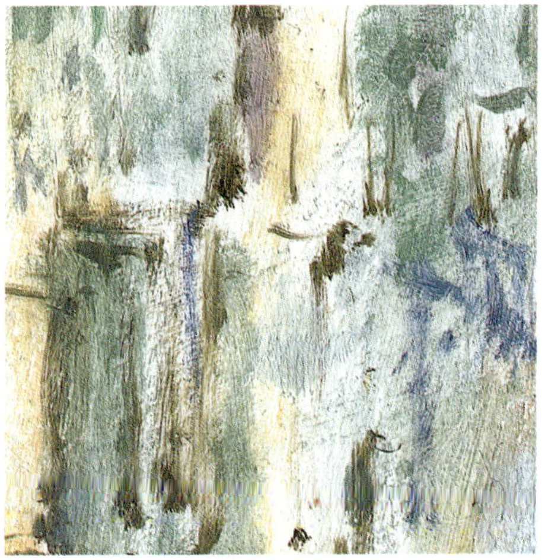

Les coups de pinceau, plus ou moins importants, sont délibérément effectués dans diverses directions, pour insuffler un maximum de vie à la scène, et lui ôter tout caractère figé.

Sgraffite

À l'aide d'un instrument rigide, hampe de pinceau, couteau, bord d'une vieille carte de crédit ou simplement un ongle, la couche supérieure de peinture humide peut être grattée pour révéler la ou les couches de couleur sèche sous-jacente. La peinture sèche peut également être griffée avec une pointe aiguisée, ou une lame de rasoir, pour créer des lignes plus fines. Taches de lumière et textures sont alors subtilement suggérées.
Cette technique s'appelle sgraffite, de l'italien *graffiare*, « griffer ».

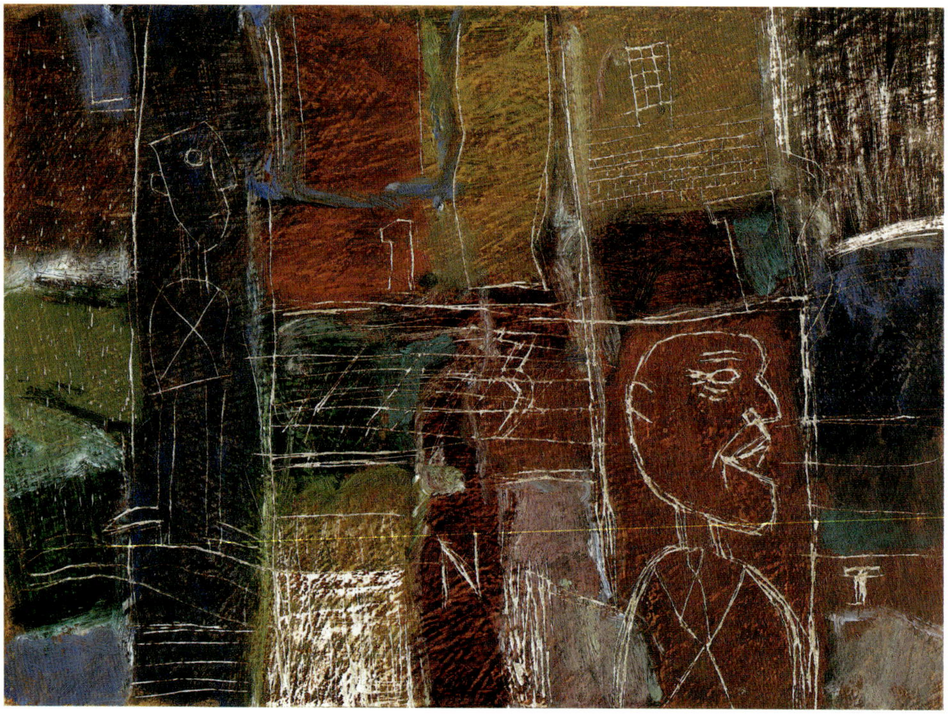

D'après Dubuffet
Supprimer des zones précises de peinture en multicouche produit des résultats intéressants, les couleurs des couches inférieures ressortant à travers la couche supérieure. Jean Dubuffet (1901-1985), en quête perpétuelle de créativité, était fasciné, voire obsédé par les graffitis couvrant les murs des quartiers populaires de Paris. Ses tentatives pour imiter cet art brut l'amenèrent à accumuler plusieurs couches de texture dense à l'huile puis à gratter pour faire apparaître les premières couleurs, parachevant sa toile de nouvelles coulures et taches à la surface. Les dessins naïfs et enfantins ainsi produits rayonnent de vie et d'énergie.

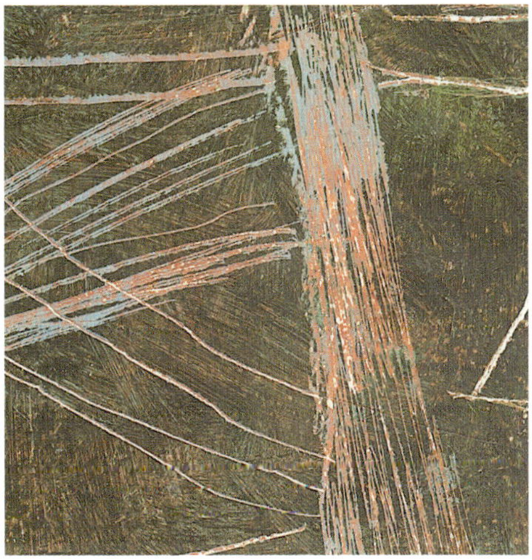

Tons doux *Gratter le pigment de manière répétée crée de larges zones aux tons plus doux que les lignes isolées tracées avec le fil d'une lame.*

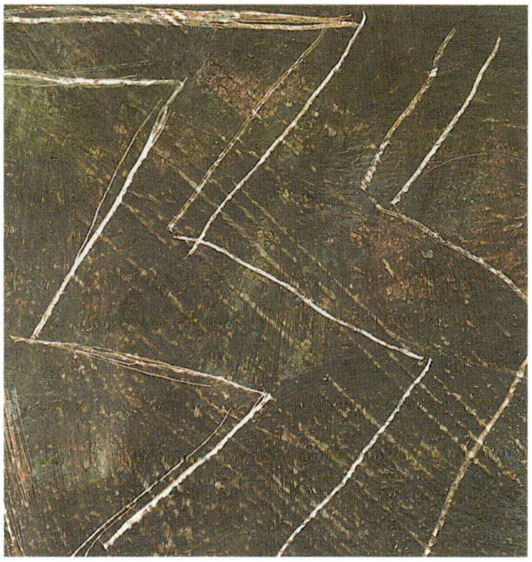

Lignes en zigzag *En griffant une fine couche de peinture sèche, l'on produit des lignes nettes qui révèlent le blanc du support. Le bord fin d'un couteau à peindre est à l'origine de ces sillons extraordinairement fins. C'est un type de sgraffite tracé sur une fine couche de peinture.*

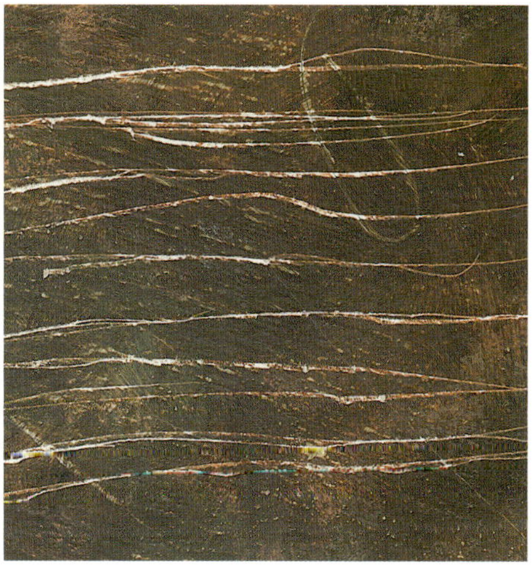

Lignes hachurées *Un dessin régulier de bandes horizontales, régulièrement espacées et griffées dans la peinture, crée un ton régulier et équilibré.*

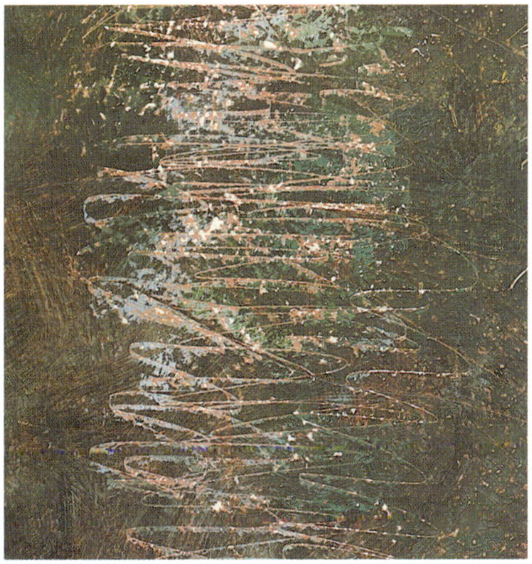

Frotter au papier de verre *de la peinture sèche provoque une texture brisée, idéale pour représenter une surface usée.*

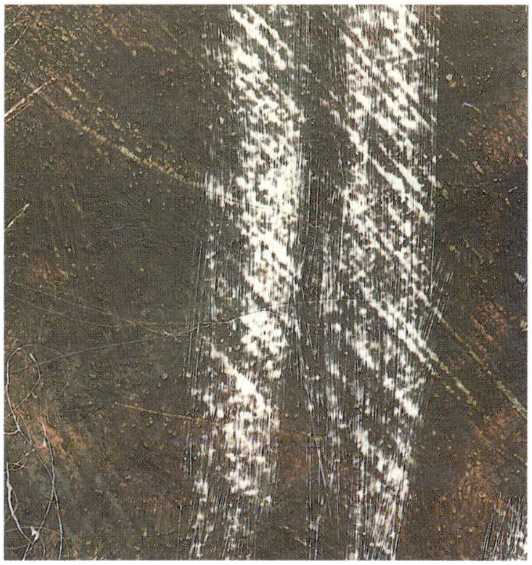

Effets subtils *Cette texture fantomatique provient elle aussi d'une lame, traînée cette fois sur le panneau à 45°. Plus l'on gratte l'ombre brûlée, plus le blanc qui apparaît est clair.*

Révéler la couleur *Des échantillons de couleur à l'huile ont été peints sur le panneau avant d'appliquer des glacis plus foncés d'ombre brûlée. Une fois secs, ceux-ci ont été légèrement grattés avec un couteau, révélant une couleur douce et chaude.*

Crayons à l'huile

Les crayons à l'huile pourraient bien révolutionner vos esquisses ! Aussi riches en couleur que leur équivalent en peinture, ils sont d'une facilité d'emploi déconcertante. Petits, faciles à transporter, ils ont l'apparence du pastel, sèchent deux fois plus vite que l'huile et autorisent des retouches plusieurs heures après la première application. Relativement récents, les crayons à l'huile ont comblé le vide existant entre le pastel à l'huile et la peinture à l'huile. Combinant pigments purs, huiles siccatives extrêmement raffinées et liant à la cire, ils peuvent être utilisés comme matériau de dessin ou de peinture, appliqués au couteau, au pinceau ou simplement à main levée.

Polyvalents et pratiques

Le grand avantage des crayons à l'huile sur la peinture en tube réside dans leur côté pratique et dans leur formule flexible, qui en permet l'usage sur une toile apprêtée ou non, sur de l'aggloméré comme sur nombre de tissus et de papiers. Cette rapide étude évoquant un bord de mer témoigne de leur adaptabilité.

Pour fondre des traits réalisés au crayon à l'huile, le plus simple est sans doute d'utiliser son doigt (sans pour autant négliger à l'occasion pinceaux et couteaux pour varier les effets). Un médium transparent spécial facilite cette technique et appose un brillant supplémentaire aux couleurs. Térébenthine ou white-spirit peuvent être ajoutés pour en augmenter la fluidité. Tremper l'extrémité d'un crayon dans le white-spirit le fera « fondre », ce qui produira un trait irrégulier, proche de la traînée – idéal pour ce style de peinture.

CONSEIL

Lorsqu'on ne les utilise pas, la pointe des crayons à l'huile sèche, formant une pellicule en plastique qui recouvre le pigment.

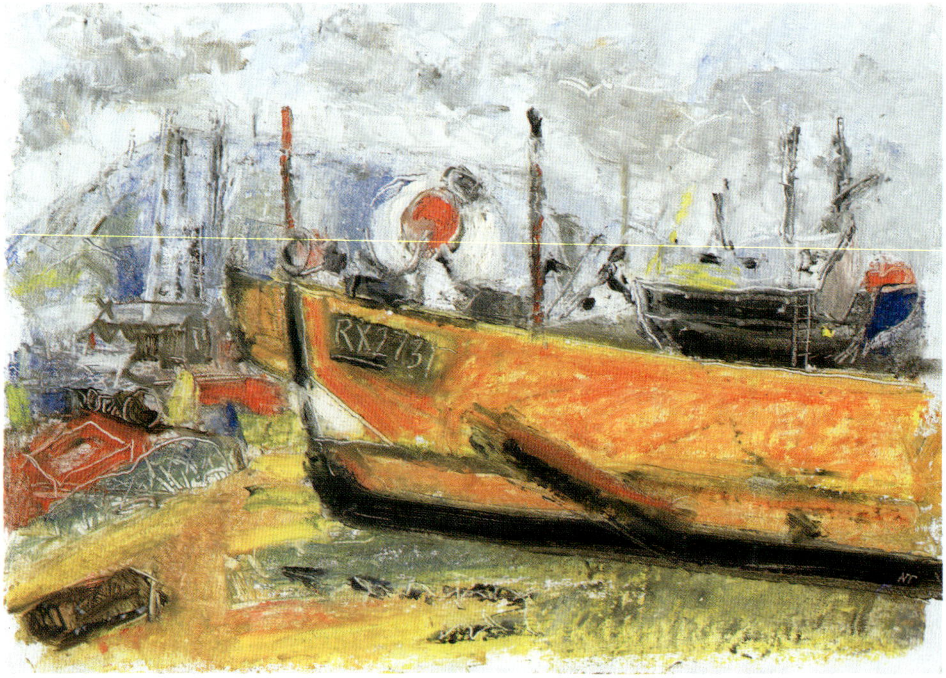

CONSEIL

Le temps de séchage varie selon l'humidité et la température ambiante. N'utilisez jamais des crayons à l'huile pour une ébauche si vous devez appliquer de l'huile en tube par-dessus ! Les premiers ont des propriétés plus élastiques qui pourraient faire craqueler la couche supérieure de peinture à l'huile.

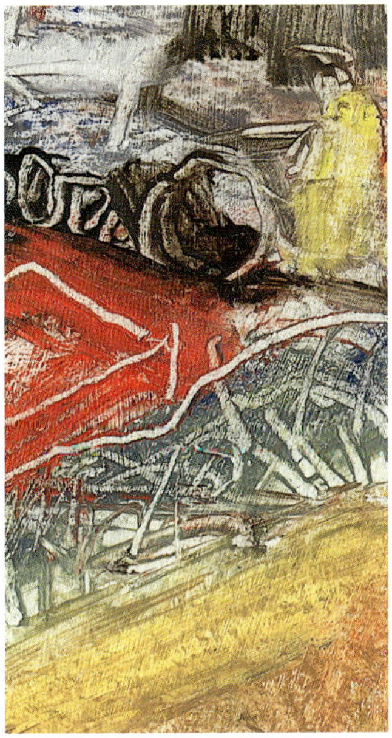

Le sgraffite est utilisé ici pour détailler le matériel et l'univers des pêcheurs. Les contours des casiers à poissons ont été grattés dans un pigment appliqué en couche épaisse.

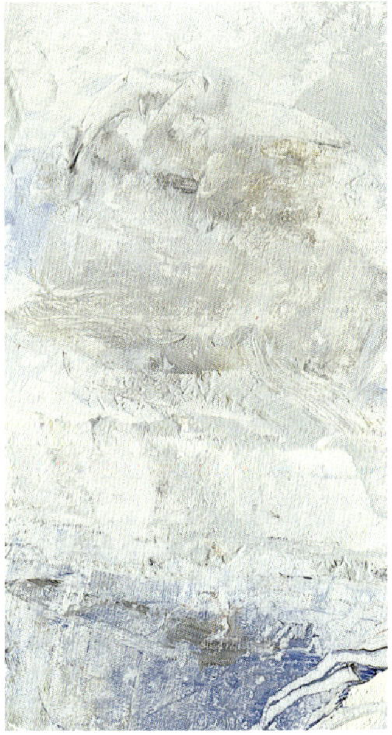

Diluée à la térébenthine, la couleur du ciel est appliquée en lavis avec un pinceau plat en soies de porc.

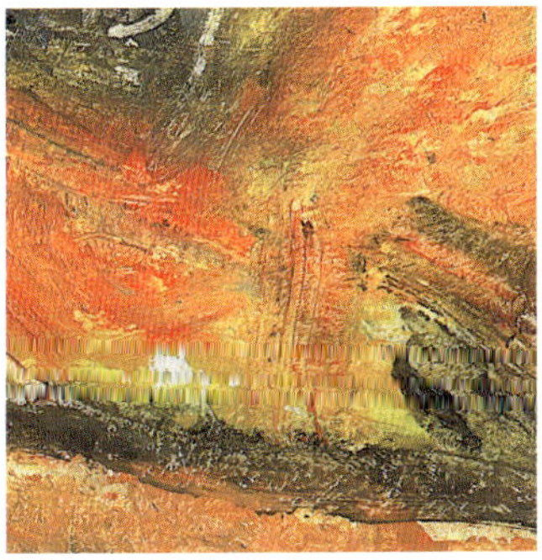

Jaune de cadmium et rouge de cadmium sont fondus ensemble avec le doigt et un pinceau en soies de porc.

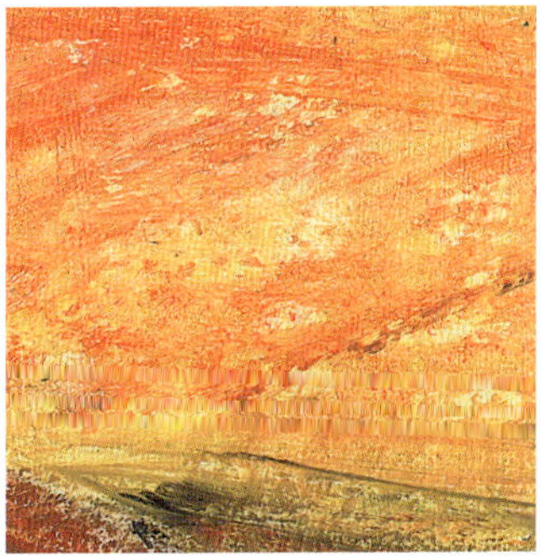

Ici, la surface est fortement crayonnée, utilisant une technique propre au pastel à l'huile.

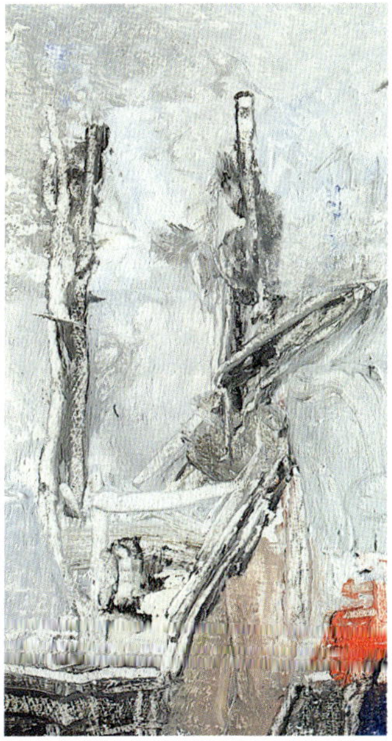

Une pointe de crayon à l'huile trempée dans de la térébenthine, et des mâts dessinés directement avec le crayon, donnent un trait brisé, humide sur fond sec.

Monotypes

Si l'inspiration vous fait défaut et que vous êtes en panne de créativité, essayez donc de réaliser un monotype. C'est un procédé rapide et facile, offrant un vocabulaire complet de textures, taches, lignes et couches de couleurs translucides, qui enflammera votre imagination.

Le monotype associe la peinture à des techniques d'impression simples. Un monotype élémentaire s'exécute en peignant une moitié de feuille de papier puis en la pliant en deux, de façon à imprimer l'image sur la moitié vierge. Habituellement l'image est peinte sur une surface non poreuse telle que verre, métal ou plexiglas. Elle est ensuite transférée sur une feuille de papier étalée sur la plaque et lissée avec la main ou un rouleau. La peinture à l'huile est idéale pour ce procédé car son temps de séchage lent permet de retravailler l'image, mais l'acrylique mélangée à du médium peut également être utilisée.

Une autre méthode consiste à couvrir toute la plaque d'une couche de peinture fine et régulière, à placer le papier dessus et à tracer un dessin au crayon au dos du papier : seules les lignes dessinées s'imprimeront (mais des taches ou couleurs accidentelles se produisent parfois). Vous pouvez aussi dessiner l'image directement dans la peinture étalée. Cela produira une épreuve négative, les traits dessinés apparaissant en blanc. Le monotype terminé peut, si vous le souhaitez, être retravaillé en ajoutant de la peinture ou du pastel à l'huile, par exemple, pour lui ajouter une dimension supplémentaire.

Ce petit monotype réalisé en quelques minutes, capte l'essence d'un paysage envahi par la lumière d'un coucher de soleil flamboyant.

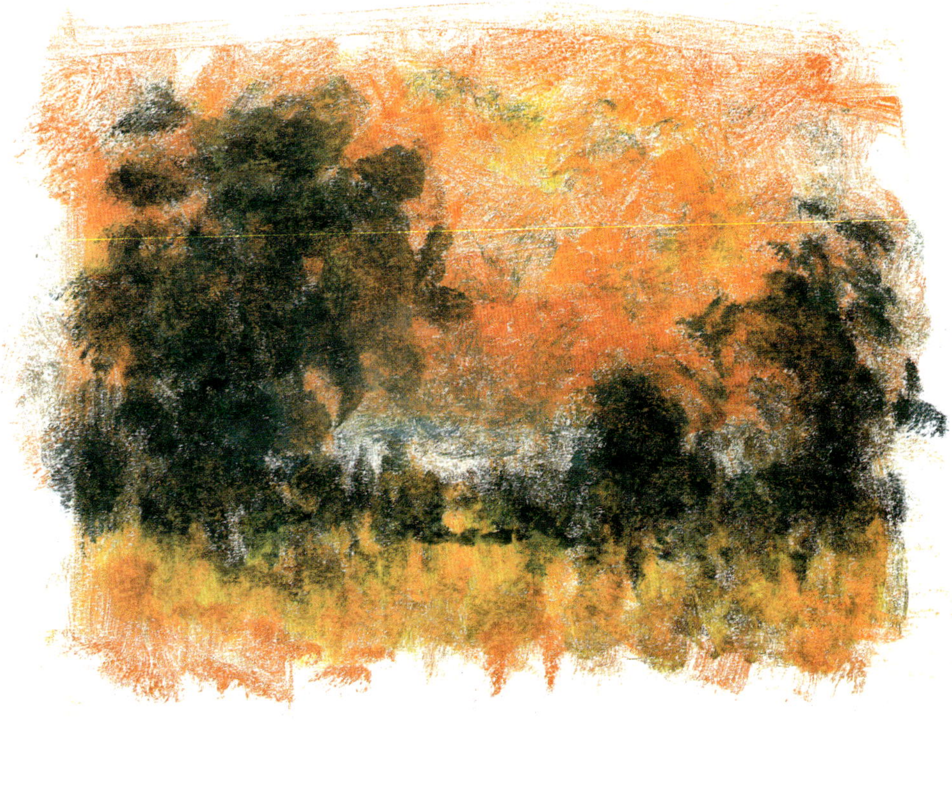

CONSEIL

Vous pouvez imprimer autant de couches que vous le souhaitez, mais si vous utilisez plus de trois couleurs superposées, la peinture risque de paraître terne.

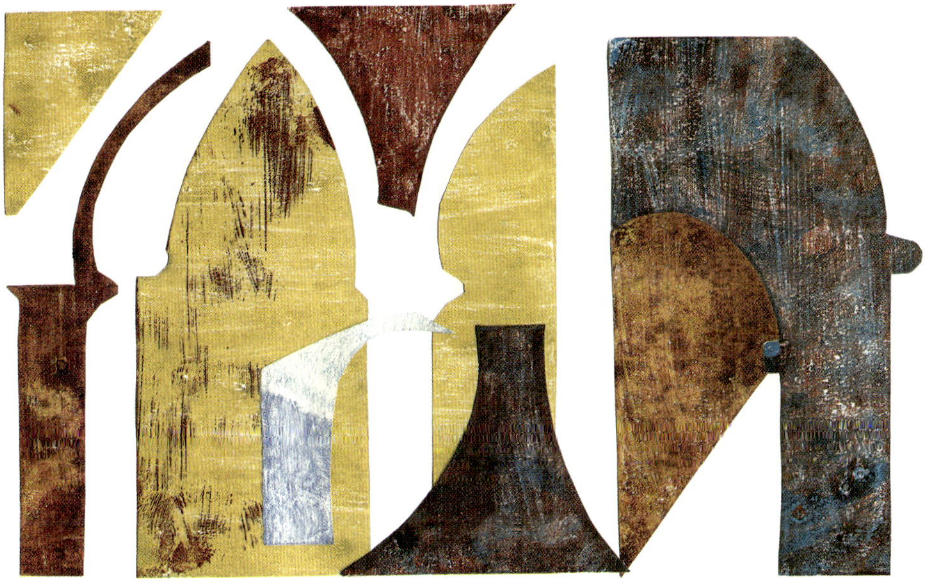

Arches au soleil

Une feuille de plexiglas a servi de plaque pour cette série de monotypes. D'autres formes d'impression comme la lithographie et la sérigraphie ont influencé la méthode employée ici, qui consiste à accumuler les couches en imprimant les couleurs séparément.

Basée sur une simple arche classique provenant d'une rapide esquisse réalisée en Grèce, cette épreuve est centrée sur des courbes nettes, aux contours durs, en total contraste avec les touches de couleur à l'aspect irrégulier de l'arrière-plan. Et c'est bien là l'un des principaux attraits des monotypes.

Les arches ont été dessinées sur du carton fin, puis découpées pour servir de pochoirs. Une fois positionnées sur la plaque, on a généreusement appliqué autour une épaisse peinture à l'huile bleue. Une feuille de papier à dessin humidifié a été étalée sur la plaque, et une pression régulière a permis le transfert de la peinture sur le papier.

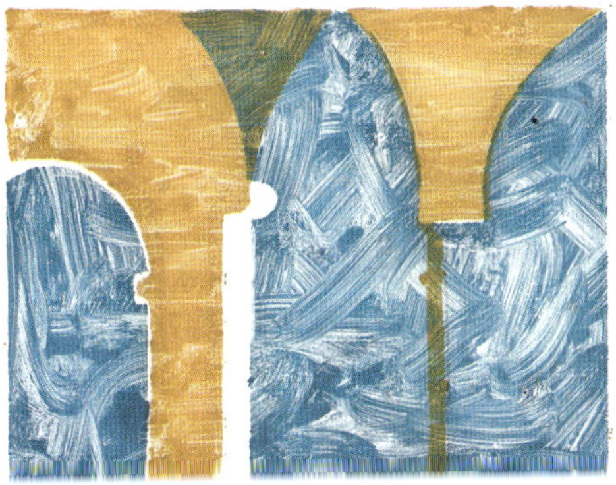

Les pochoirs ont été ôtés avec précaution, laissant des formes blanches aux contours nets. Ensuite, ils ont été «encrés» à la peinture ocre jaune, régulièrement appliquée au rouleau pour produire une pellicule uniforme, puis alignés sur les espaces du papier et pressés fermement pour imprimer la deuxième couleur.

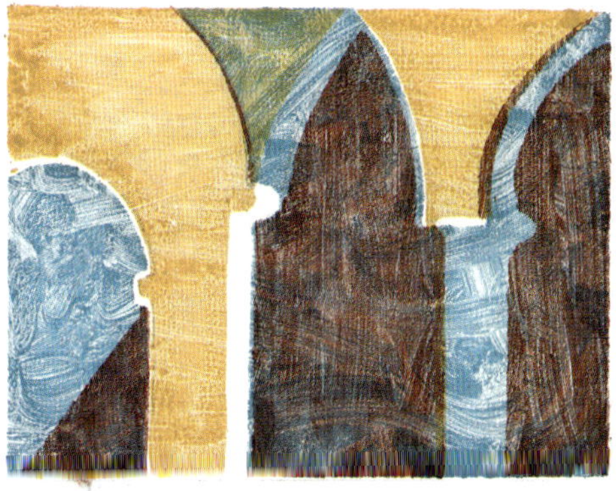

Découper le pochoir afin qu'il soit un peu plus petit que l'original laisse une mince ligne de papier non imprimé, qui donne à l'arche un aspect tridimensionnel. Un autre pochoir a été découpé et encré en rouge. Quand cette couleur a été imprimée sur le côté droit de la composition, elle s'est partiellement mélangée à la couche inférieure bleue.

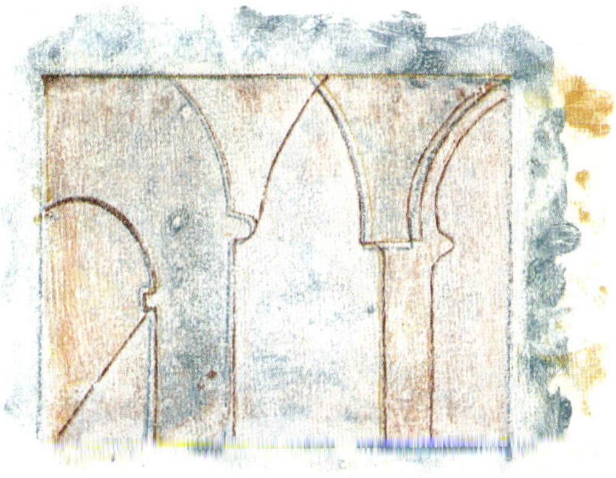

Le résidu de peinture restant sur la plaque forme une image «fantôme». Elle est normalement assez humide pour permettre une dernière impression (plus pâle) – de sorte que le terme de monotype («un seul») n'est pas exact au sens strict du mot!

Matériaux mixtes

Il est excitant de rompre avec l'emploi traditionnel de l'huile et de l'acrylique pour élargir son champ d'action par l'addition d'autres matériaux humides et secs. La technique des matériaux mixtes embrasse presque n'importe quel matériau compatible avec l'huile ou l'acrylique. Tracer traits et lignes sur une surface ne se limite pas forcément aux pigments ou aux crayons : pour obtenir une couche à texture contrastée, la couleur peut ainsi être appliquée sous forme de minces « glacis » de papier de soie.

Entraînez-vous aux variantes à matériaux mixtes proposées dans ces pages, puis inventez et développez les vôtres sur deux pages d'un carnet de croquis que vous conserverez comme guide de référence. Quand deux matériaux ou plus sont combinés, les contrastes entre leurs propriétés respectives peuvent être tels qu'un des matériaux semble flotter au-dessus de l'autre. Essayez d'obtenir cet effet dans vos échantillons. Les combinaisons obtenues, toujours intéressantes, donnent un sens à une composition quand elles traduisent fidèlement les qualités ou textures particulières de certaines surfaces. L'adaptabilité est essentielle dans la création d'images à matériaux mixtes. Ce qui signifie que l'acrylique est la base idéale, capable d'accueillir de nombreux autres matériaux, car elle est épaisse et légèrement collante, mais sèche rapidement pour former un film élastique et résistant. L'huile ne fonctionne pas aussi bien, car elle est limitée par l'inflexibilité de sa base huileuse.

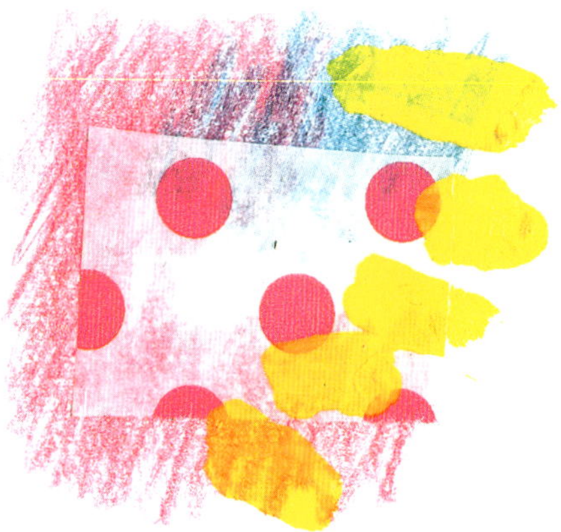

Des hachures de crayon de couleur sur lesquelles on a collé un papier de soie à motifs.

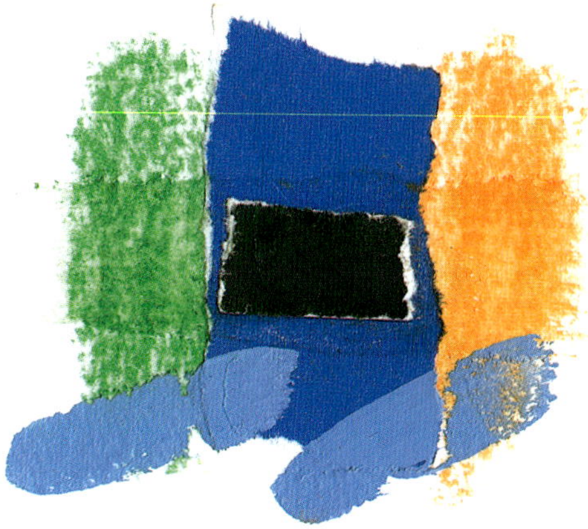

De délicats traits de crayon de couleur partiellement recouverts de peinture acrylique créent d'intéressants contrastes de textures.

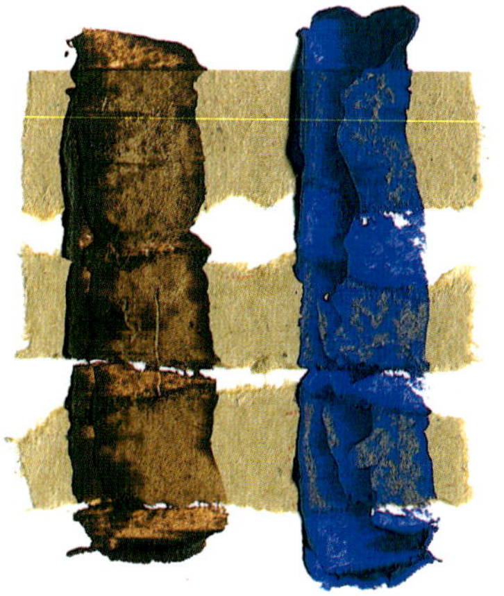

Un « tissage » de bandes de papier grossièrement déchirées, collées sur le support, et de bandes d'acrylique légèrement diluée appliquées perpendiculairement.

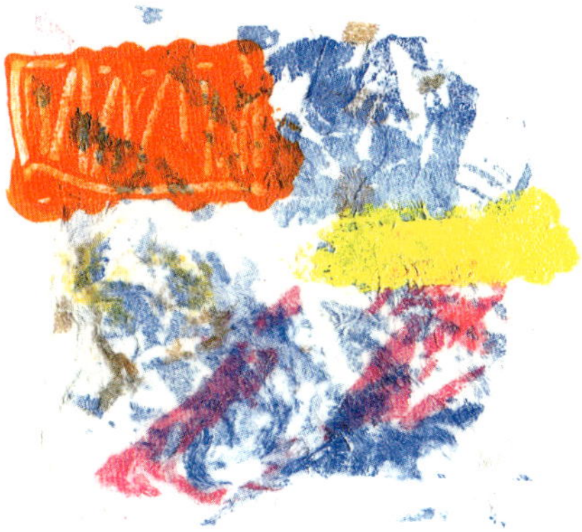

Du papier de soie, taché et travaillé à l'acrylique.

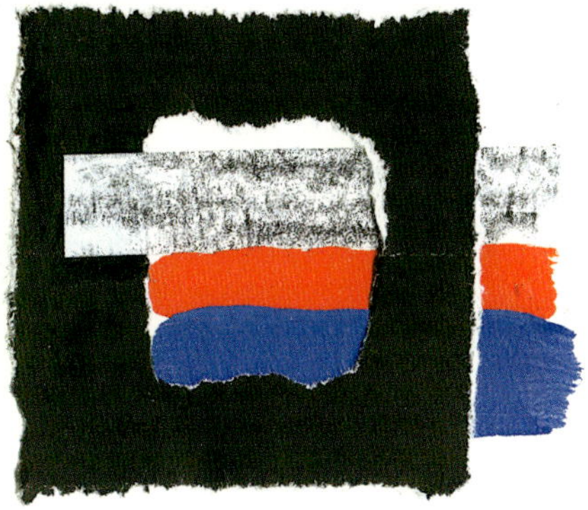

Un papier plus fort, partiellement collé, de façon à donner à la peinture l'impression de le traverser.

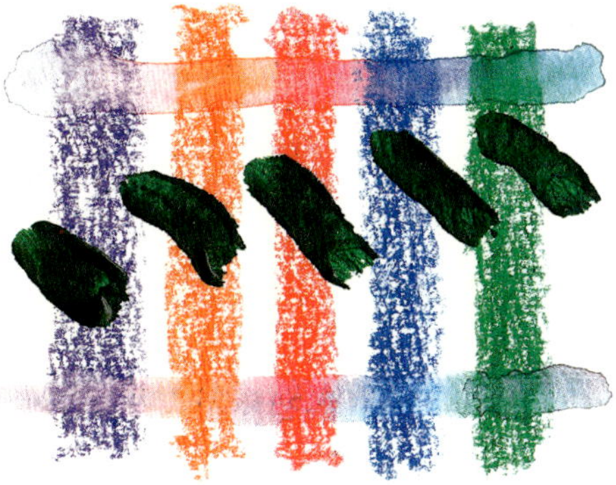

Des bandes au crayon hydrosoluble partiellement dilué, hachurées d'épaisses taches d'acrylique.

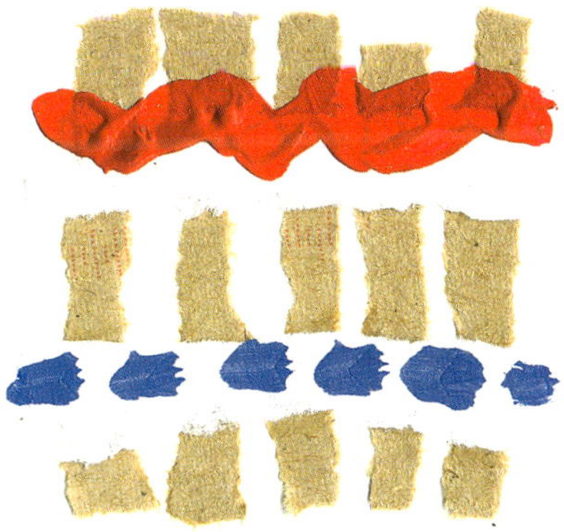

Explorez les dessins obtenus en associant papier déchiré et peinture acrylique.

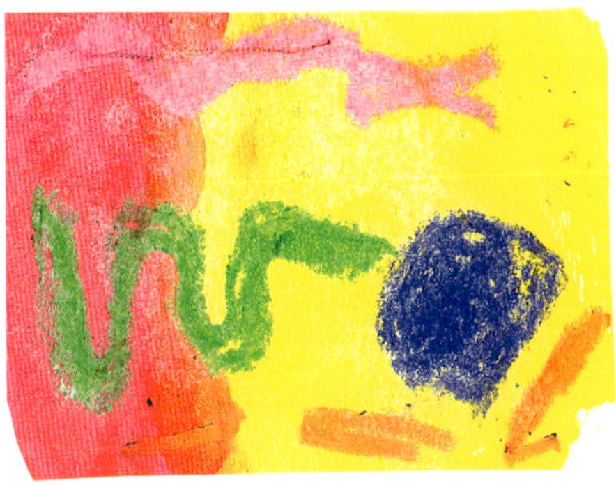

Dessins au pastel gras recouverts d'acrylique diluée ayant la consistance de l'aquarelle, pour un effet de masque.

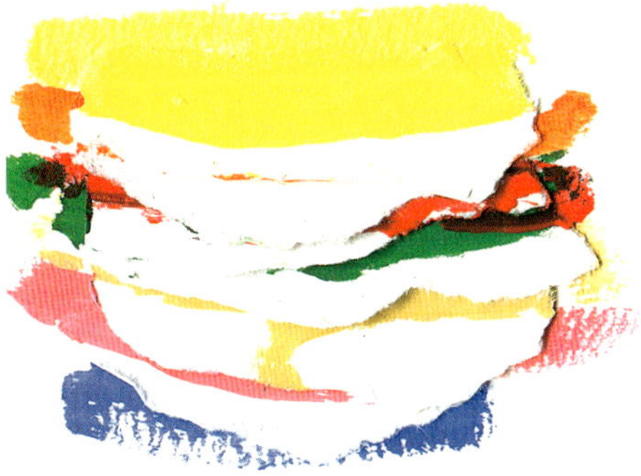

D'épaisses lignes d'acrylique étalées sur la surface, et des bandes de papier déchiré pressées par-dessus semblent jouer à cache-cache sur le papier.

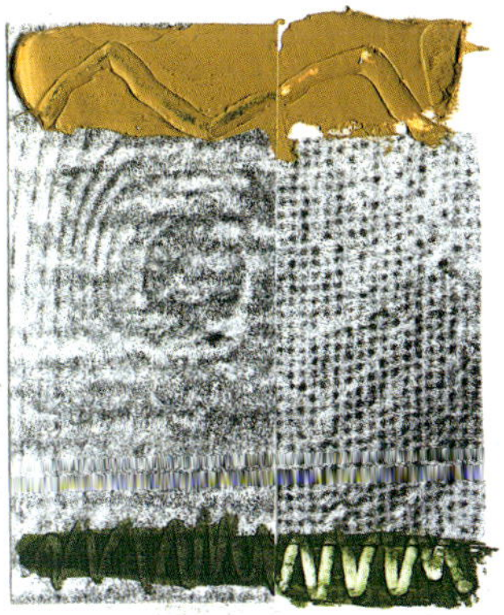

Une craie grasse à la cire frottée sur une surface texturée, puis des passages d'acrylique épaisse sur cette même surface.

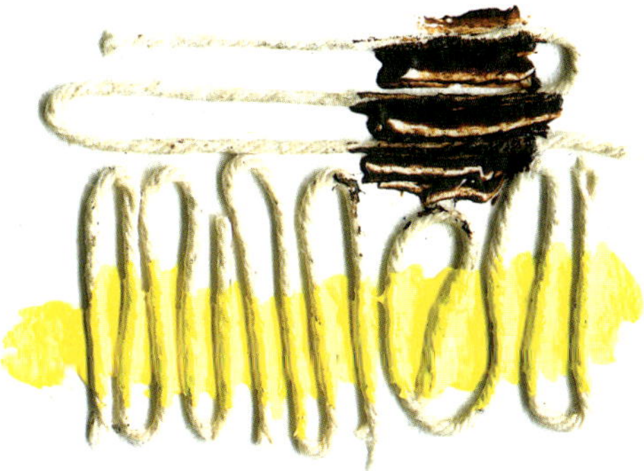

Ficelle collée à l'aide de colle PVA, puis partiellement recouverte de peinture acrylique.

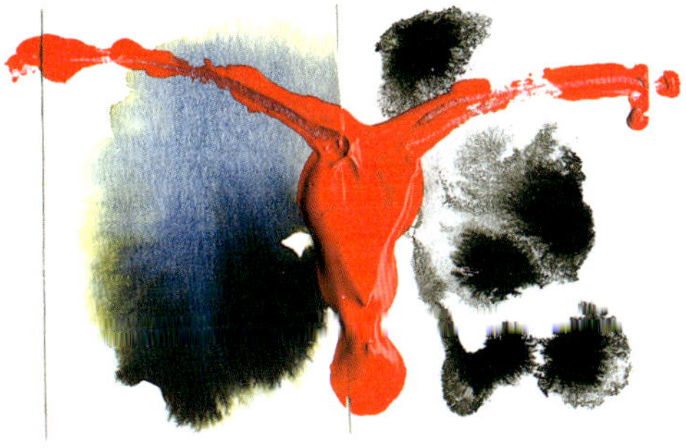

Un empâtement épais d'acrylique frotté sur des taches de couleur diluée, appliquées sur fond humide.

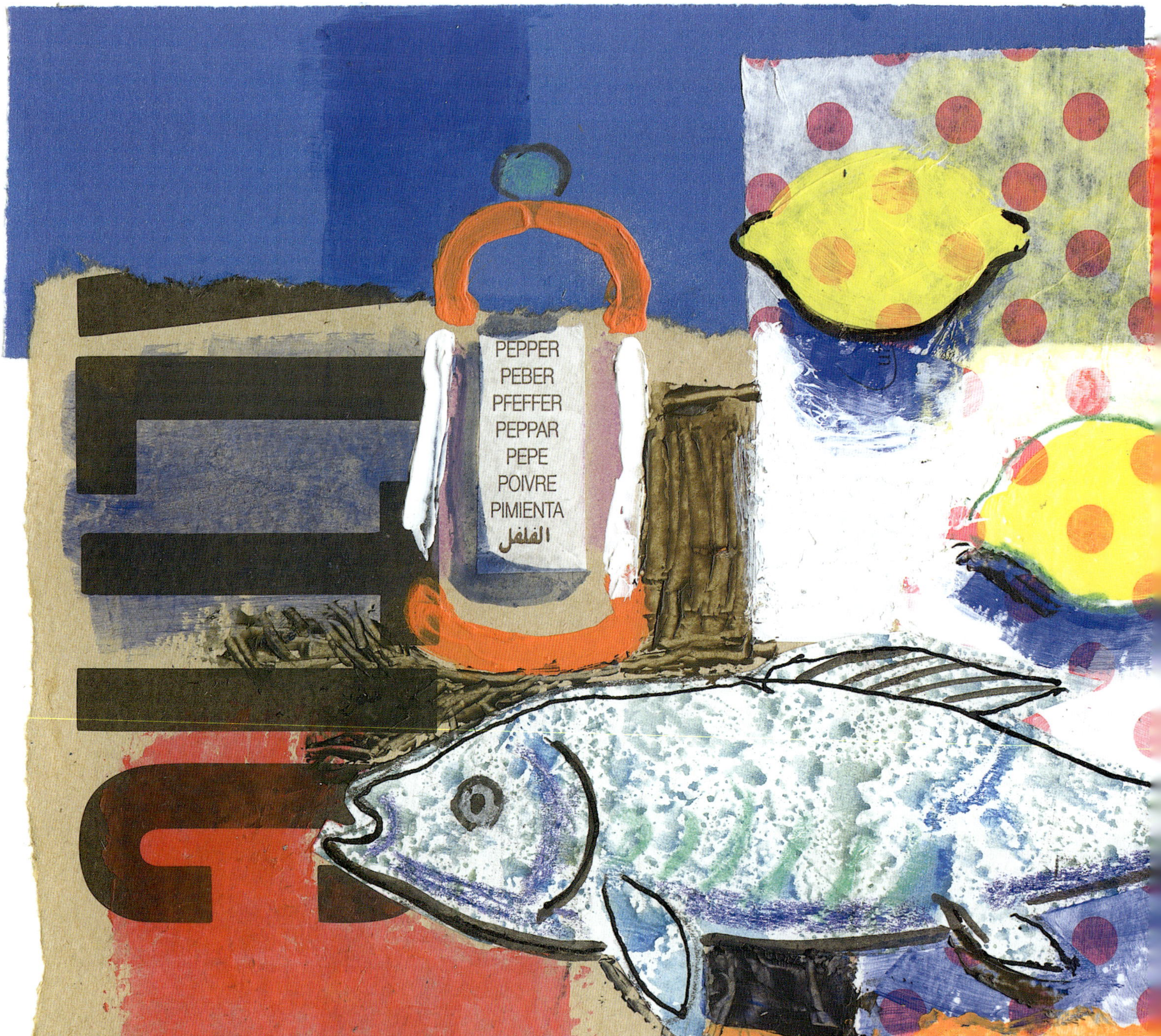
PEPPER
PEBER
PFEFFER
PEPPAR
PEPE
POIVRE
PIMIENTA
الفلفل

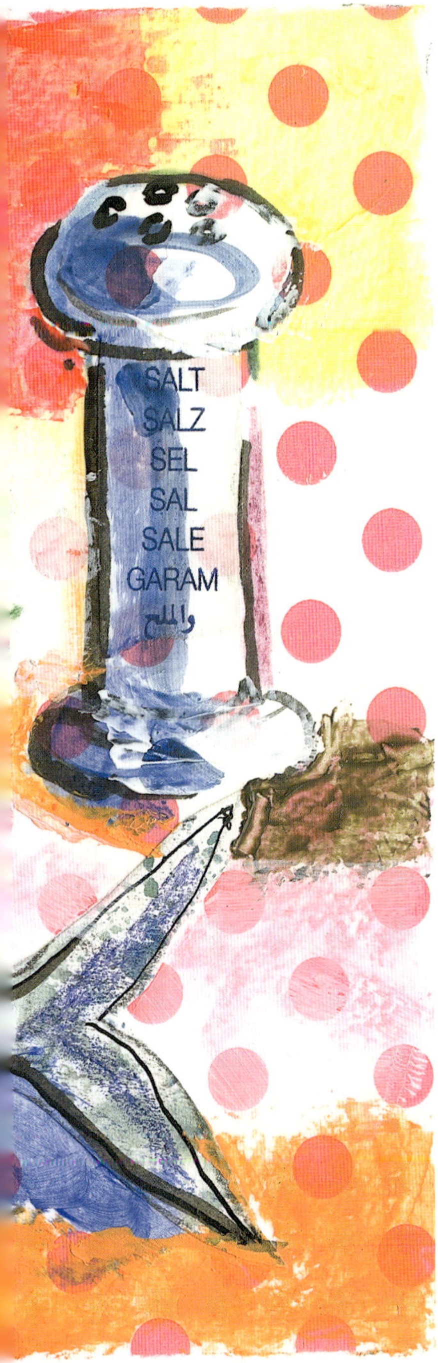

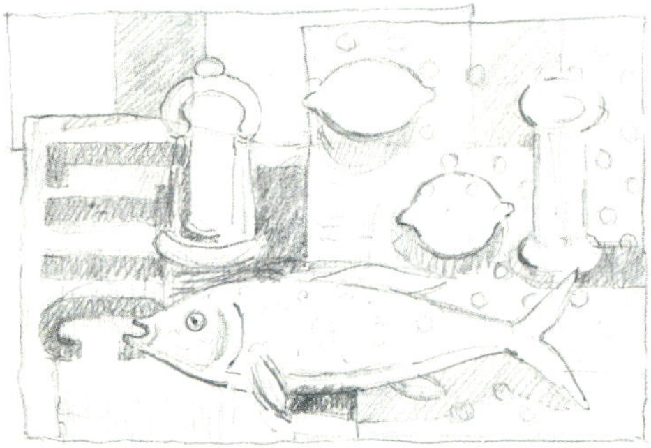

Composition à matériaux mixtes avec poisson et citrons

Inutile de contempler la toile blanche en vous demandant quels pinceaux utiliser pour commencer ; cette composition a débuté par un simple morceau de carton marron imprimé de lettres majuscules, collé dans le coin inférieur gauche. Au-dessus et autour, des panneaux de couleur ont été agencés – comme autant de pièces d'un puzzle. Leurs teintes de bleus et de rouges unis ont engendré une chimie visuelle intéressante par leur association avec les formes noires et allongées du lettrage.

Le papier de soie à pois a inspiré le thème d'une nature morte de cuisine. Son dessin régulier a été délibérément collé sur la moitié de la surface de l'image, afin d'utiliser la base blanche du papier pour d'autres couches. Les lavis de couleur diluée et les coups de crayon de couleur ont contribué à adoucir la blancheur austère du papier et à l'intégrer dans la composition, basée sur des blocs.

Le corps du poisson a été découpé dans du papier sur lequel on avait imprimé des marques évoquant le dessin des écailles : de l'acrylique bleu de cobalt très diluée a été grossièrement appliquée sur une feuille de plastique, produisant une surface mouillée pleine de gouttes, sur laquelle on a pressé une feuille de papier blanc. Les gouttes bleues se sont parfaitement imprimées, donnant une parfaite illusion d'écailles.

Des lavis translucides de jaune de cadmium laissent apparaître les pois à travers la peau des citrons, mais les ombres bleu de Prusse leur donnent l'apparence d'objets tridimensionnels. Salière et moulin à poivre ont été dessinés autour des mots imprimés, en différentes langues, « sel » et « poivre ».

Une aide à l'expression

Plus vous utiliserez les techniques à matériaux mixtes, plus vous prendrez conscience de leur potentiel. L'emploi de matériaux ou objets variés pour couvrir la surface rehausse les images créées et suggère mille thèmes à développer. Certains matériaux peuvent même être collés directement sur un tableau, se substituant à l'objet décrit. Un morceau de carton texturé, par exemple, peut parfaitement représenter le grain du bois, alors qu'une tentative d'imitation de ce dernier produirait un résultat moins convaincant. La manière dont différents types de peinture et matériaux se recouvrent et s'interpellent est essentielle dans la création d'images à matériaux mixtes, et le résultat toujours surprenant.

Résolution de problèmes

Bien que vous maîtrisiez désormais les complexités de la couleur à l'huile et à l'acrylique, et la préparation nécessaire pour que toutes deux s'appliquent sans problème sur le support, il se peut que les choses ne se déroulent pas comme prévu. Il est bon de considérer ces petits problèmes d'une manière positive : certains sont parfois à l'origine de techniques nouvelles et non conventionnelles, capables de vous fournir cette texture que vous cherchiez désespérément à obtenir ! Et même si ce n'est pas le cas, vous aurez au moins appris à mieux connaître les matériaux que vous utilisez.

Même les peintres les plus accomplis sont parfois perplexes face au comportement irrégulier de leurs matériaux. C'est un peu comme dans une recette de cuisine : un malheureux petit ingrédient en trop ou en moins peut provoquer un désastre culinaire.

Suivez les remèdes prescrits, et si par hasard vous avez mal évalué les quantités, et que la préparation ne donne pas un résultat totalement satisfaisant, il y a toujours un moyen de sauver la mise, au moins en partie.

Craquelures de l'huile

Vous avez apprêté et encollé votre toile, puis ajouté un agent siccatif à d'épaisses couches d'huile en empâtements, espérant réduire le temps de séchage. Mais vous découvrez que les couleurs à l'huile sont desséchées par le volume d'agent que vous avez ajouté, et que la peinture craquelle. Pas de panique ! Pourvu qu'elle ait correctement adhéré à la surface apprêtée, elle devrait rester stable sur la toile.

Voyez les choses du bon côté et dites-vous que ce réseau de fines craquelures donnera à votre tableau l'aspect vieilli d'une toile de maître. Cela n'arrive pas seulement avec une peinture épaisse. Si vos huiles sont excessivement diluées, l'excès de dilution peut produire une peinture pauvre en liant, qui craquelle et s'écaille. Pour l'empêcher de s'effriter, utilisez un enduit d'étanchéité ou un vernis flexible, adapté à la peinture à l'huile. Si le tableau comporte un certain nombre de couches, ces craquelures remplaceront très efficacement la couleur brisée.

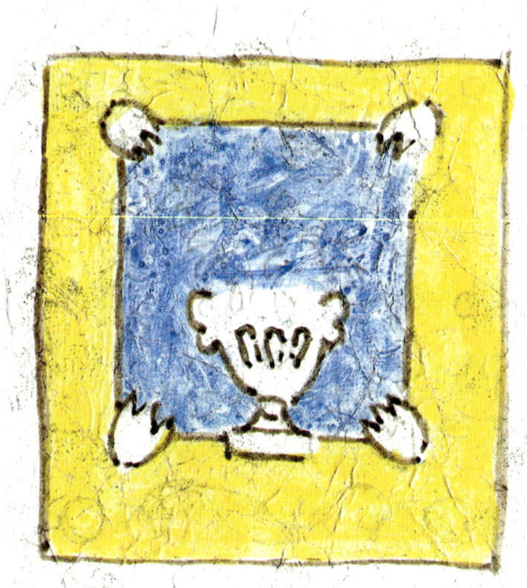

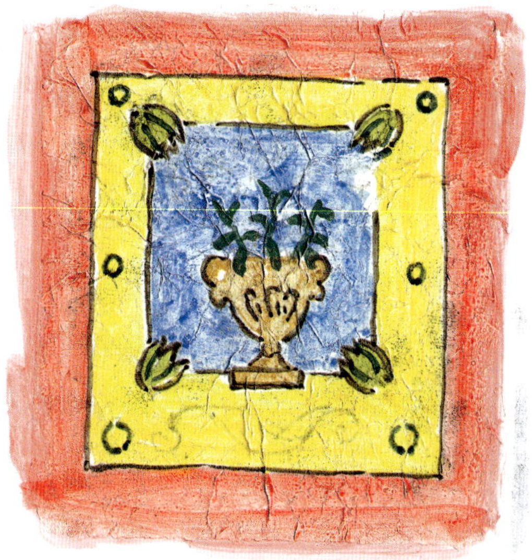

Une autre manière de créer cet effet de craquelures consiste à inverser le processus du « gras sur maigre », de sorte que la peinture est appliquée « maigre sur gras ». L'absence de flexibilité des couches supérieures de peinture les fait craqueler, et cet effet peut être fixé avec succès par des couches de vernis.

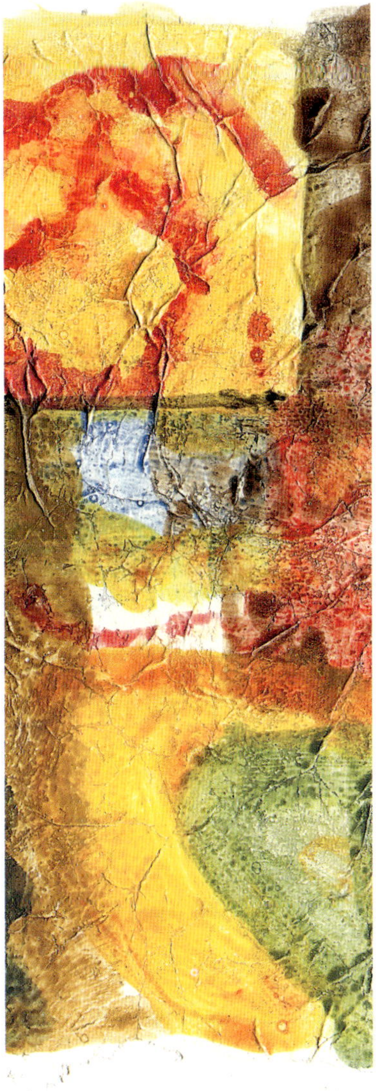

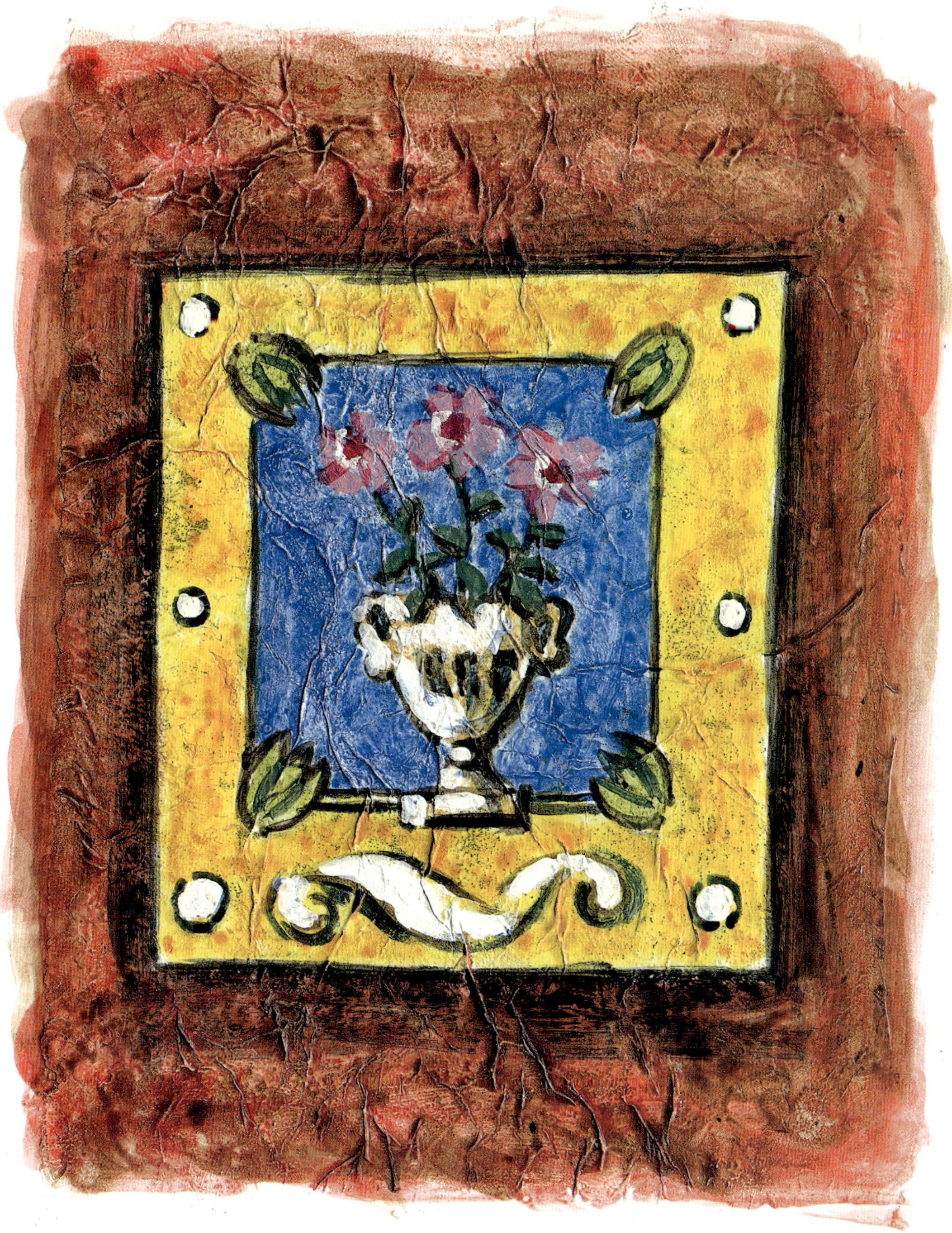

Corrections à l'acrylique

L'acrylique est très flexible, et il y a peu de risques qu'elle craquelle, mais comme elle sèche rapidement et adhère très fortement, il peut être difficile de corriger d'éventuelles erreurs. On rectifie généralement en peignant directement par-dessus, mais si vous avez créé un empâtement, la qualité de texture de la zone modifiée peut détonner par rapport au reste du tableau. Dans ce cas, vous devrez découper la zone et la remplacer. Vous remplirez ensuite les contours avec une peinture épaisse pour rendre les joints invisibles. Ni vu ni connu !

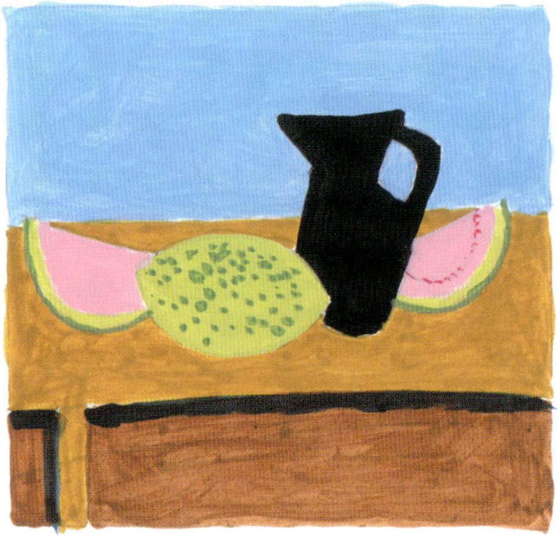

Vous réalisez que vous avez commis une erreur dans un tableau à l'acrylique déjà sec ? D'abord, essayez de peindre par-dessus l'erreur. Malheureusement, cela ne résout pas toujours le problème, parce que la forme ou la texture d'origine restent parfois visibles.

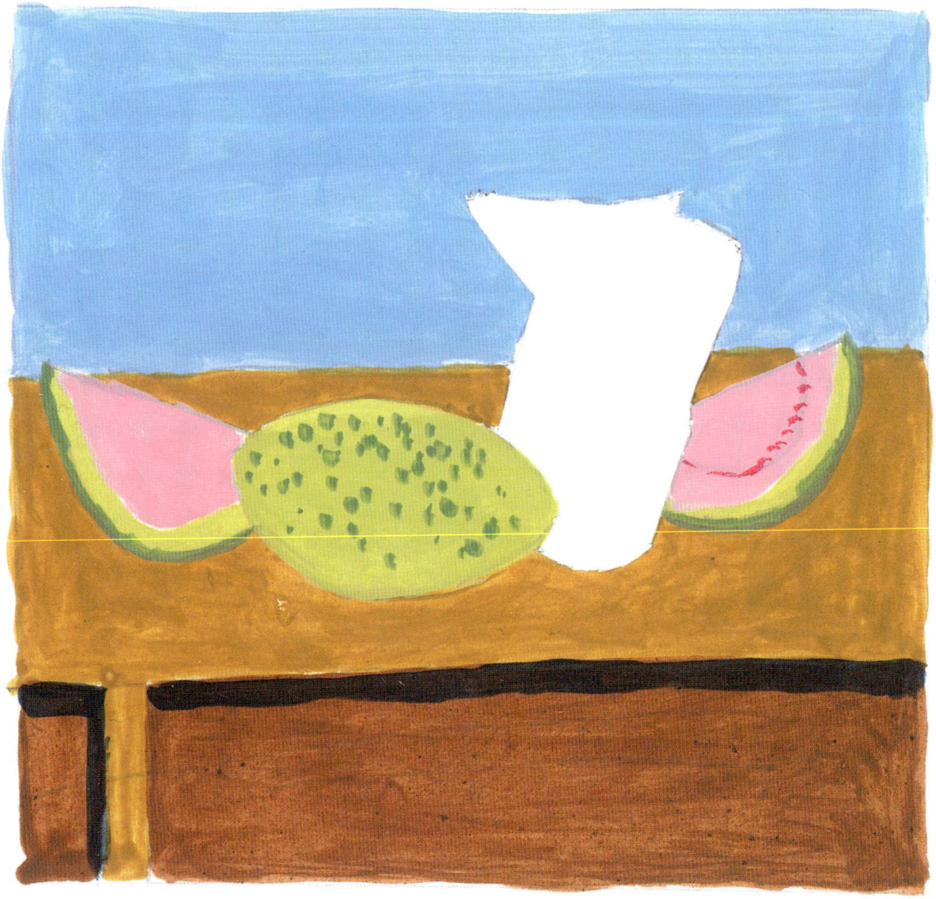

Pour y remédier, découpez proprement la zone concernée au scalpel, en prenant soin de ne pas laisser ce dernier déraper et entailler d'autres zones.

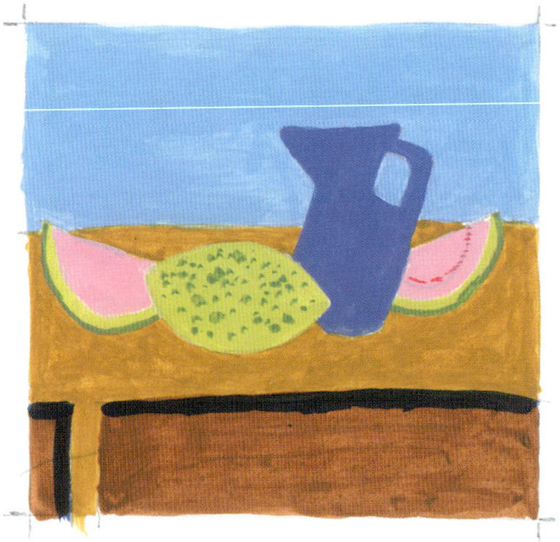

Collez un morceau de papier ou de carton vierge dans l'espace obtenu. Fixez cette forme par-derrière à l'aide de ruban adhésif à forte adhérence. Vous pouvez maintenant retravailler la zone.

Grattage de la peinture à l'huile

L'avantage de la peinture à l'huile réside dans son séchage lent, de sorte que si vous venez à douter d'un détail particulier – ou du tableau entier – il est aisé de gratter la peinture à l'aide d'un couteau à palette. Une fois la zone essuyée avec un chiffon imbibé de térébenthine, elle sera prête à être repeinte.

Considérez les erreurs comme des opportunités de développer de nouvelles techniques qui apporteront profondeur et originalité à vos compositions.

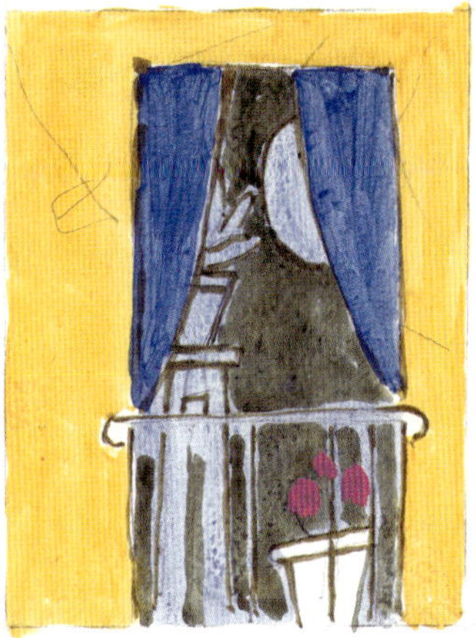

Il peut être difficile d'ôter complètement la couleur. Si cela se produit, intégrez la peinture rebelle comme base pour votre nouvelle version.

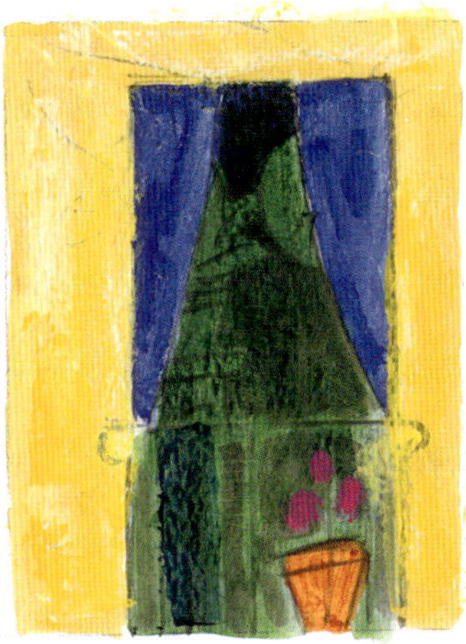

Appliquez généreusement de nouvelles couches de couleur sur les zones grattées; certains contrastes et mélanges intéressants peuvent alors se produire.

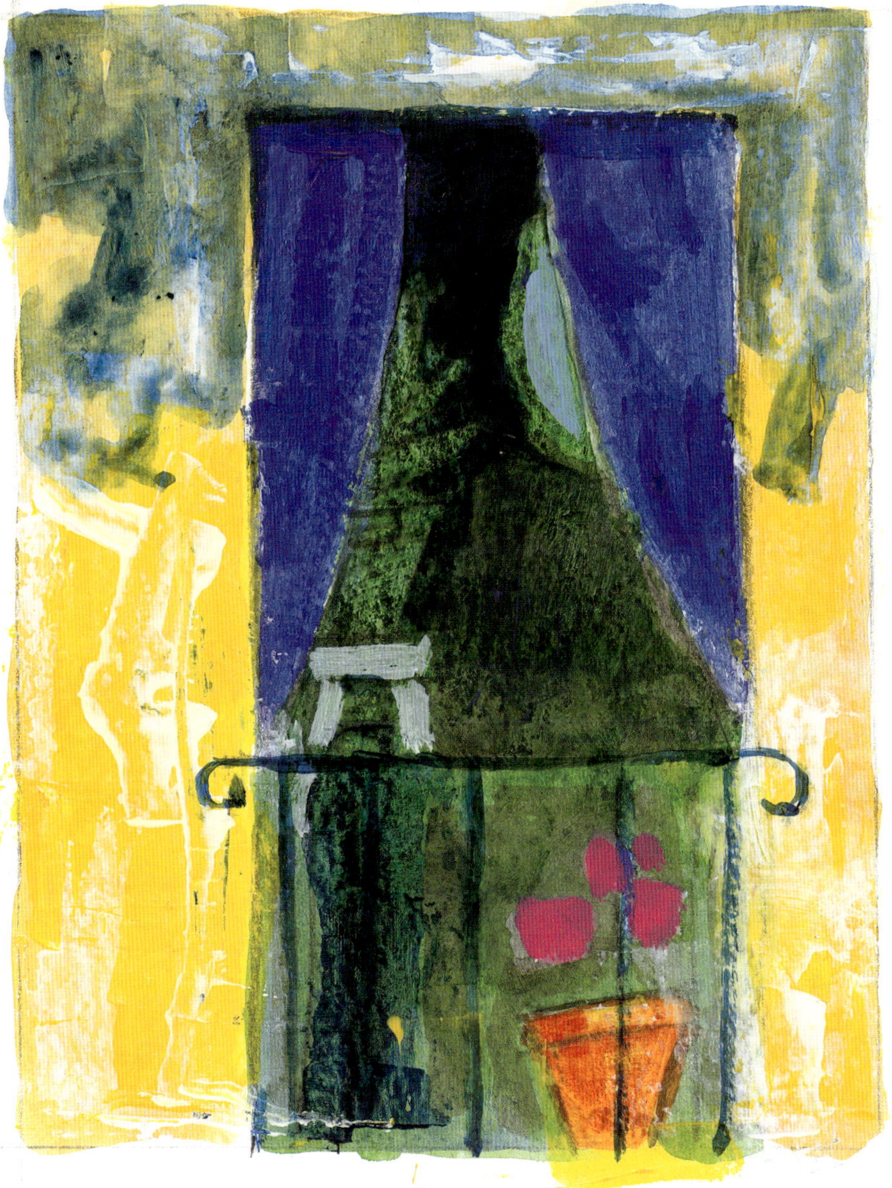

Ajoutez d'autres couches avec différents pinceaux et instruments qui laisseront apparaître les textures grattées.

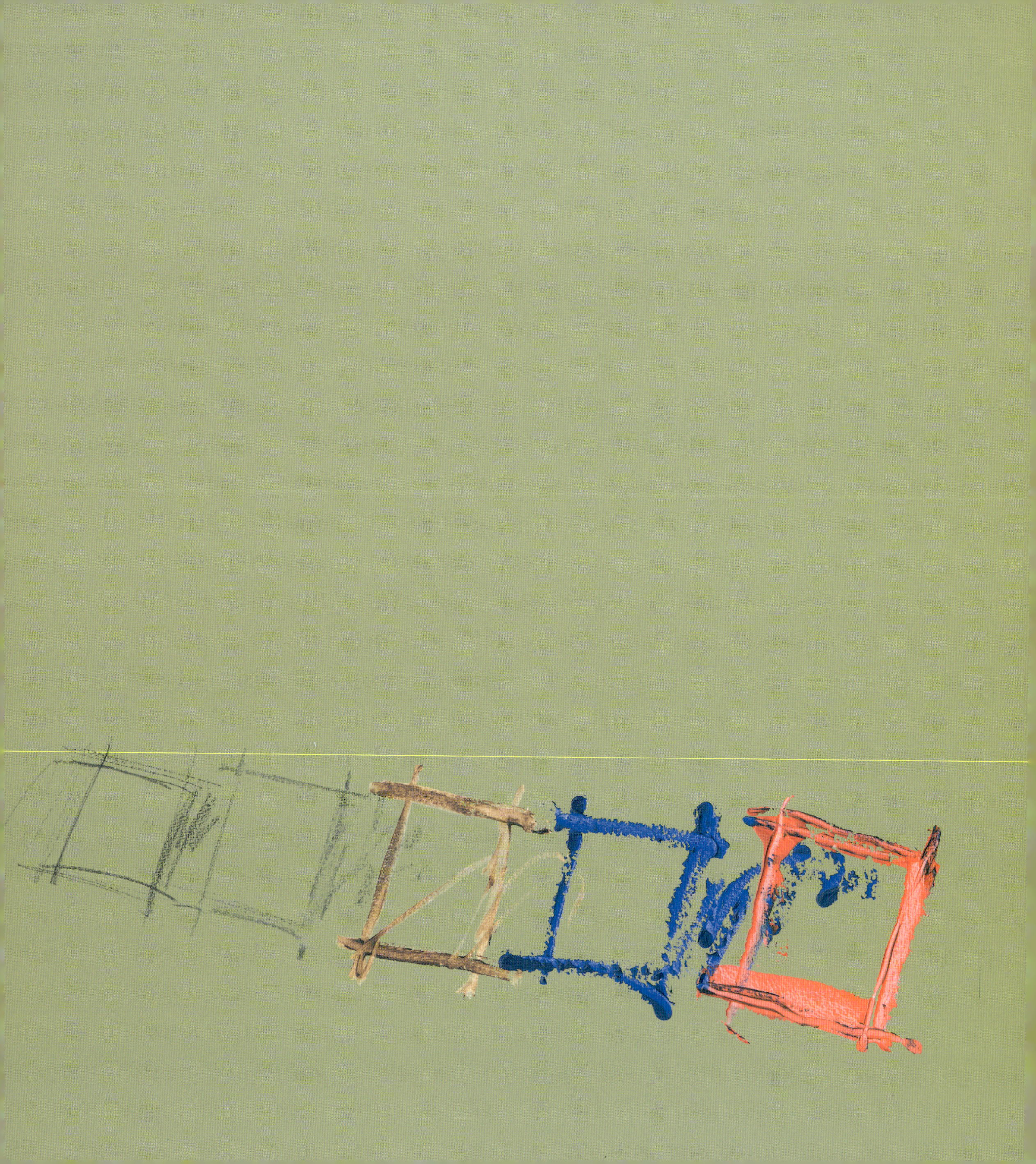

La création

Organiser son atelier

Tout le monde n'a pas la chance de disposer d'un grand atelier ou d'une vaste pièce baignée par la lumière naturelle. Essayez cependant de vous aménager un espace confortable, bien exposé, à l'abri de l'animation de la maisonnée et surtout intelligemment organisé. Des outils, tubes de peinture et autres accessoires astucieusement rangés vous permettront de travailler avec méthode et efficacité. Si vous avez la chance d'avoir un atelier, il est important de réfléchir à l'emplacement et à la manière de stocker vos œuvres, afin de les préserver et de les garder à l'abri des variations de température.

Rangement du matériel de dessin et des pinceaux

Faites cohabiter les matériaux de même type, et éloignez ceux qui sont incompatibles. Par exemple, un fusain posé contre des crayons noircira les tiges de ces derniers, qui à leur tour saliront vos doigts et tout ce que vous toucherez. Rassemblez les fusains dans une petite boîte à couvercle pour les empêcher de se briser. Les pastels se conserveront dans une boîte tapissée de riz sec, qui les sépare et empêche les frottements de couleurs. Stylos et crayons se piquent dans des pots où vous pourrez aisément les piocher. Les pinceaux ne doivent jamais être rangés pleins de peinture ou reposant sur la touffe, car cela les déformerait de façon irrémédiable. Après usage, rincez-les soigneusement à l'eau ou à la térébenthine, essuyez-les avec un chiffon, puis nettoyez doucement les soies au savon doux et à l'eau tiède. Après un dernier rinçage à l'eau claire, laissez-les sécher dans un pot, tête en haut.

Rangement de la peinture

La manière de classer ses tubes est une affaire personnelle. Une de mes amies les dispose selon leur teinte et leur valeur tonale. C'est très esthétique, mais cela correspond surtout à sa manière de travailler, nette et méthodique. Francis Bacon (1909-1992), lui, possédait un atelier où régnait un chaos apparent, où pinceaux, chiffons et tubes en vrac jonchaient le sol, le recouvrant presque totalement. Un décor en total contraste pourtant avec ses toiles, rigoureuses et construites avec méthode. Néanmoins, avant de suivre l'exemple de Francis Bacon, mieux vaut ranger ses tubes de peinture dans des boîtes ou des tiroirs entre deux utilisations, en gardant seulement sous la main ceux dont on a besoin sur le moment.

CONSEIL

Assurez-vous toujours de bien refermer les tubes de peinture après usage. Si le pas de vis d'un tube est sale, ôtez la peinture excédentaire en le passant sous l'eau chaude. Cela permettra au bouchon de se visser correctement sur le tube.

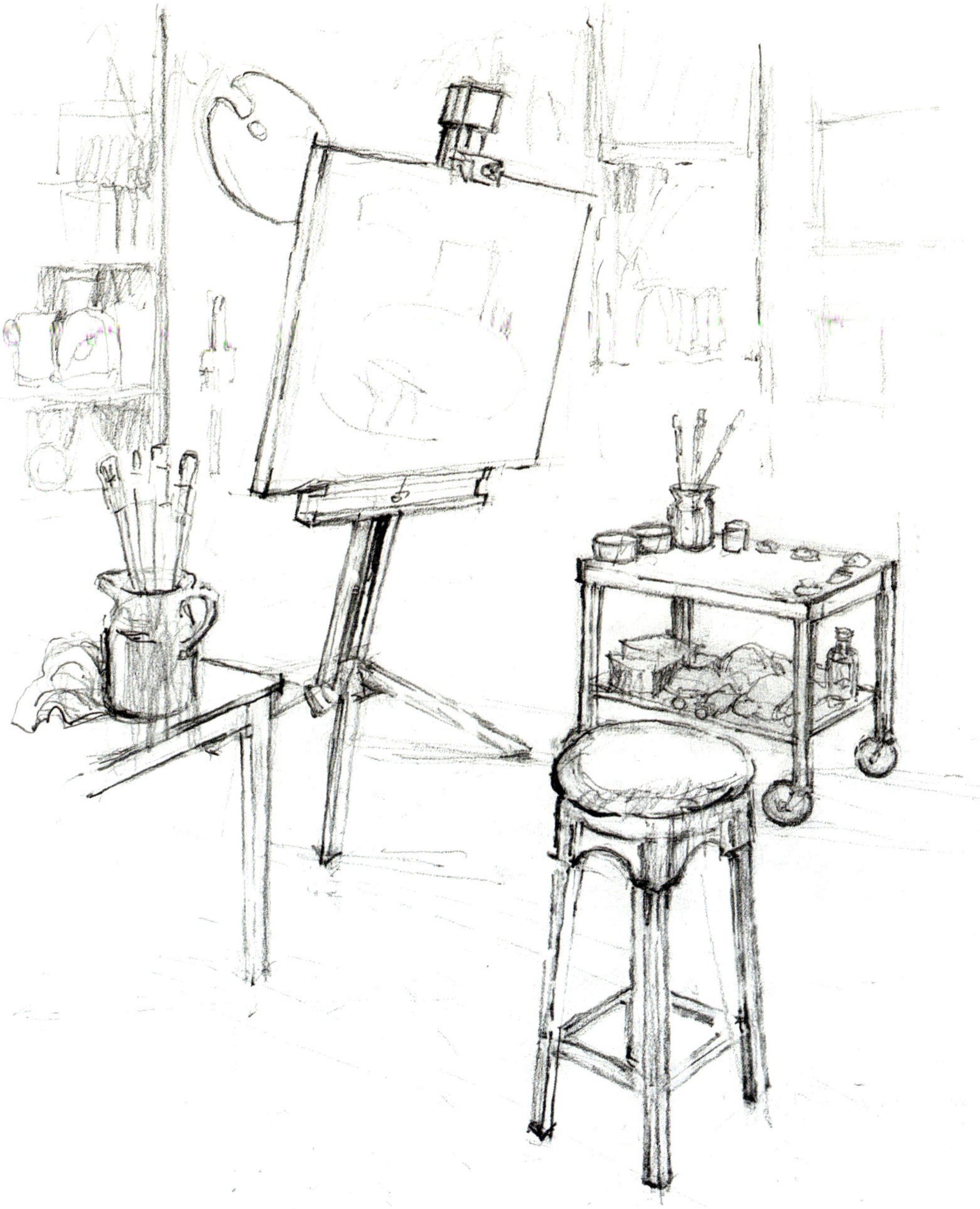

Rangement du papier

Un coffre à plans d'architecte constitue le rangement idéal pour le papier, mais cela coûte cher et prend beaucoup de place. À défaut, entreposez vos papiers bien à plat, dans un endroit sec, à l'abri de la poussière et de la lumière directe. Rappelez-vous que l'humidité fait se gondoler le papier, le rendant inutilisable. Le papier à aquarelle y est particulièrement sensible : l'humidité active des impuretés dans le papier, qui apparaissent sous forme de taches brunâtres incapables d'absorber la couleur.

Rangement des toiles et panneaux

L'humidité tend à déformer aussi les toiles et les panneaux de bois à peindre. Rangez-les debout dans un lieu sec. Pourquoi ne pas vous fabriquer un casier de rangement avec quelques baguettes de bois de 5 cm x 2,5 cm ? Un séchoir à linge sur pied ou un vieux casier à bouteilles font d'excellents séchoirs à tableaux.

Éclairage

Un éclairage correct est vital pour le peintre. Impossible de reproduire fidèlement les couleurs sans une source de lumière naturelle, ou du moins proche de celle-ci. La lumière doit être constante, sans variations causées par le soleil direct, ni ombres trop prononcées. L'idéal est une lumière régulière, obtenue face au nord dans l'hémisphère nord, et face au sud dans l'hémisphère sud. Lorsqu'une pièce ensoleillée est le seul choix possible, neutralisez la lumière en accrochant aux fenêtres de fins rideaux en voile de coton ou en gaze fine. Les ampoules ou néons simulant la lumière du jour sont une excellente source de lumière quasi naturelle pour travailler de nuit. Ils se distinguent par leur verre bleuté et s'adaptent sur tous types de lampes standards.

Travail préparatoire

Il est rare de s'asseoir devant sa toile et d'obtenir spontanément un bon résultat. Le secret ? Travaillez par étapes fixées d'avance, correspondant aux techniques appropriées. Un tableau doit avoir une intention, être soigneusement planifié, puis affiné au fil de son élaboration. Procédez avec logique et méthode, en résolvant pas à pas les problèmes visuels et en réglant les divers détails au fur et à mesure. Votre chef-d'œuvre final devrait alors vous combler et vous surprendre par la force qui s'en dégage.

Esquisse et photographie

Prendre la mesure d'une scène constitue une part essentielle de la préparation d'un tableau. Quand c'est possible, esquissez de rapides croquis pour vous familiariser avec la scène. Si vous n'en avez pas le temps, ou que le mauvais temps ne le permet pas, utilisez un appareil photo. Un cliché étayera solidement vos premiers coups de crayon. Utilisez la double page d'un carnet de croquis pour commenter vos traits et jeter en vrac vos idées créatives. Ne comptez jamais sur les couleurs d'une photo ; prenez note des teintes et des dégradés quand vous les observez *in situ*.

Mes esquisses d'un marché en plein air mettent en valeur différentes observations et aident à organiser le tableau final. Ce dernier était un compte rendu délibérément rigoureux de la scène vécue, en accord avec l'esprit des premiers croquis.

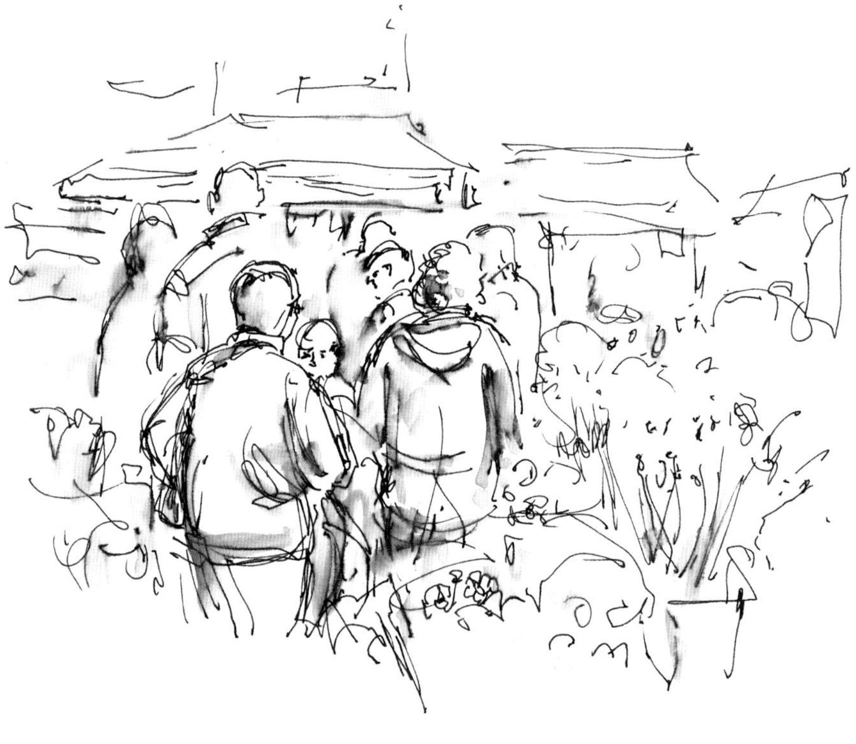

Commencez par détecter une zone d'activité intéressante. Dans cette esquisse, j'ai été attiré par les gestes animés d'un petit groupe entourant le stand d'un fleuriste. Mon stylo à pointe fine parcourait nerveusement le papier, traçant des points et les joignant au fur et à mesure, pour se concentrer finalement sur les personnages du centre de l'image. Je leur ai donné une approche tonale par l'addition d'un léger lavis d'eau, qui a fait couler les traits dans un ton d'encre diluée. Peu de détails périphériques étaient nécessaires – une vague esquisse suffit à indiquer fleurs et stands de l'arrière-plan –, notre esprit sachant très bien ajouter lui-même ce qui manque.

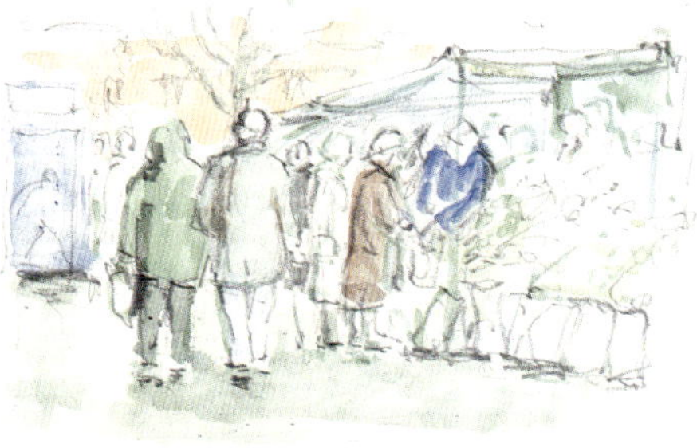

La première d'une série de rapides études de composition au crayon et à l'acrylique m'a aidé à déterminer l'équilibre des tons et des couleurs. J'ai décidé de garder une palette froide et diluée pour conserver l'impression de spontanéité de la première esquisse à l'encre. J'ai réservé les couleurs plus fortes pour les personnages centraux, en choisissant ensuite des teintes atténuées pour situer le contexte.

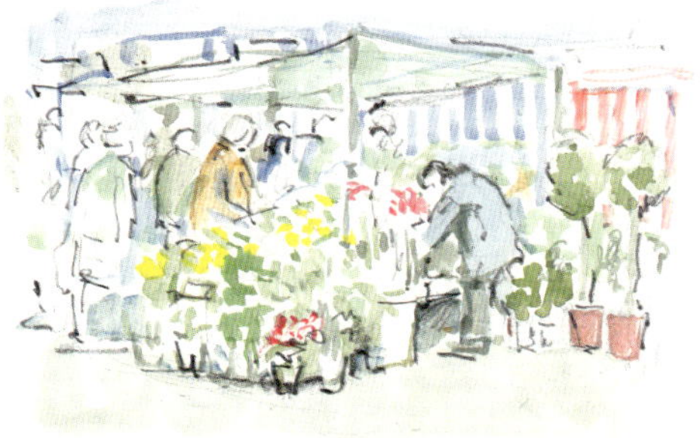

L'intérêt suscité par les rayures décoratives des bâches des stands a inspiré l'image suivante. Leur structure contrastait agréablement avec les feuillages, plus informes et plus organiques, qui à leur tour contrastaient avec la pose du personnage penché, en train de choisir des fleurs.

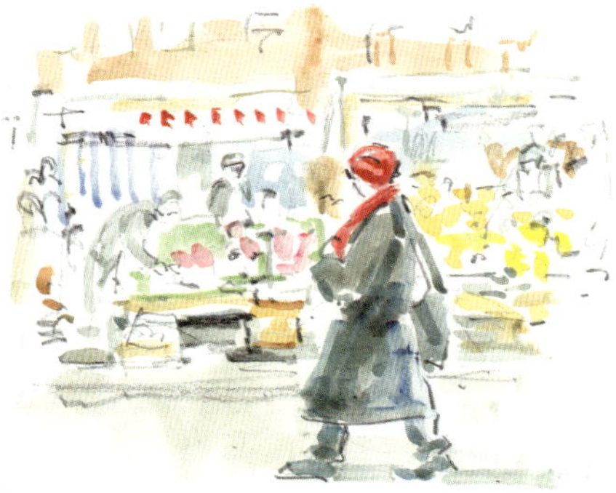

L'impression d'isolement donnée par la silhouette d'une femme à chapeau et écharpe rouge contraste particulièrement bien avec l'animation de l'arrière-plan, librement suggérée à grand renfort d'acrylique jaune, ocre et gris-bleu. Le contraste des tailles procure à la scène plus de profondeur dans l'espace.

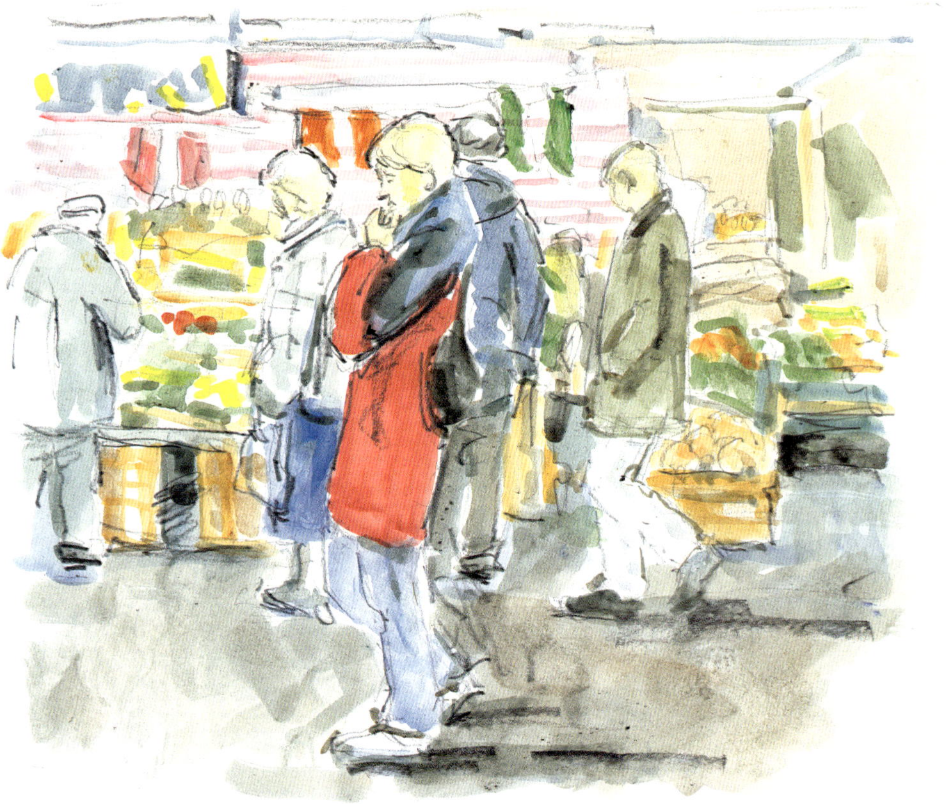

Pour le tableau final, j'ai développé comme thème principal le procédé du personnage agrandi tiré de l'esquisse précédente, mais en ajoutant plus de détails et avec un emploi plus contrôlé de la couleur dans les personnages d'arrière-plan. L'impression d'intense activité est traduite par les membres en mouvement et les ombres directionnelles allongées qui s'étalent derrière eux. La position décalée des personnages qui se déplacent a accentué cette illusion de mouvement et a permis d'établir un point focal fort, qui déborde du centre de l'image.

Commencer un tableau

Encore débutant, vous serez amené à faire des compromis. Soyez lucide, visez un objectif correspondant à vos compétences. En attendant de réaliser votre chef-d'œuvre, misez sur un tableau bien planifié offrant un sujet intéressant et témoignant d'un maniement sensible de la couleur et de la forme. Ce sera déjà une base fort honorable. Les grands artistes ne s'abandonnant pas uniquement à leur inspiration ou à leur talent ; leur génie procède d'une combinaison de facteurs, les plus importants consistant à affiner et à cultiver leur savoir-faire. Aussi, commencez par travailler les techniques exposées dans cet ouvrage.

Les exercices sont fondamentaux pour développer ses compétences, c'est pourquoi il est bon de leur consacrer régulièrement du temps, chaque jour sinon chaque semaine. Une bonne technique vous permettra non seulement d'acquérir un solide savoir-faire en peinture, mais aussi de cultiver une approche personnelle. La régularité est la clé du succès. Être capable de communiquer ses pensées créatives, en utilisant bien les matériaux, s'avère très libérateur. La satisfaction que vous éprouverez face à vos réalisations devrait vous donner une grande assurance. N'attendez pas la journée parfaite pour peindre ; les conditions idéales (météo clémente, lumière régulière et éléments de composition harmonieux) sont rarement réunies.

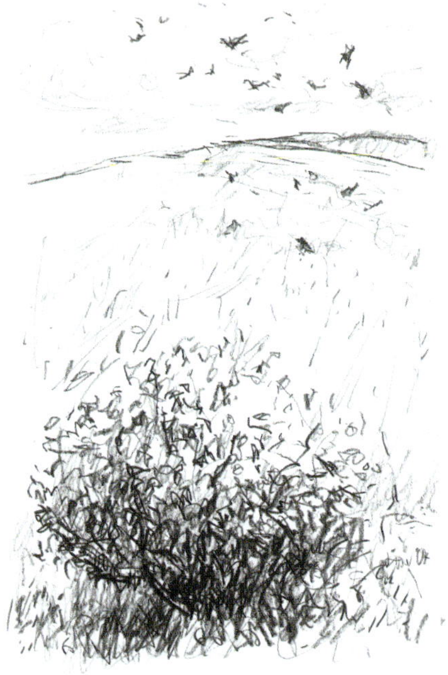

Choisir un sujet simple

J'ai choisi ce sujet pour son étonnante simplicité. Après avoir installé un chevalet portable et une planche à dessin, j'ai d'abord passé dix bonnes minutes à regarder attentivement, évaluant la scène que j'avais sous les yeux et réfléchissant à la manière dont j'allais la reproduire. Délaissant le format « paysage » traditionnel (horizontal), j'ai opté pour un format « portrait » (vertical) afin de mettre en valeur le magnifique buisson scintillant comme un rubis.

Pour planifier la composition, j'ai réalisé une rapide esquisse de travail au fusain sur du papier à dessin. Toute la profondeur et la « présence » du buisson se porteront sous ses branches ombragées ; les deux tiers supérieurs du tableau étant travaillés au pinceau plus léger et plus aérien.

Ensuite, j'ai dessiné sur le panneau toilé déjà apprêté les principaux éléments avec un mélange sec d'huile ombre brûlée et bleu phtalo (un sépia constitue une bonne alternative à ce mélange), utilisant un pinceau plat à tête ronde n° 8 en soies de porc.

Le travail a été effectué partiellement sur place, puis achevé plus tard dans la journée en atelier. Le ciel a été barbouillé et brossé librement à l'aide de bleu de cobalt et de blanc dilués. Les nuages blancs ont surgi en ôtant la peinture mouillée avec un chiffon doux et propre. La majeure partie de l'image est constituée par un champ d'herbes sèches non coupées. Je l'ai peint à petites touches courtes d'ocre jaune, en ajoutant un rien de rouge de cadmium par endroits, en suivant les ondulations du paysage. Le buisson a été construit par couches successives de touches rouge de cadmium, violet et bleu de Prusse pour créer des ombres intenses. Les corneilles apportent la touche finale – clin d'œil aux derniers tableaux de Van Gogh –, donnant texture, rythme et vigueur à la scène.

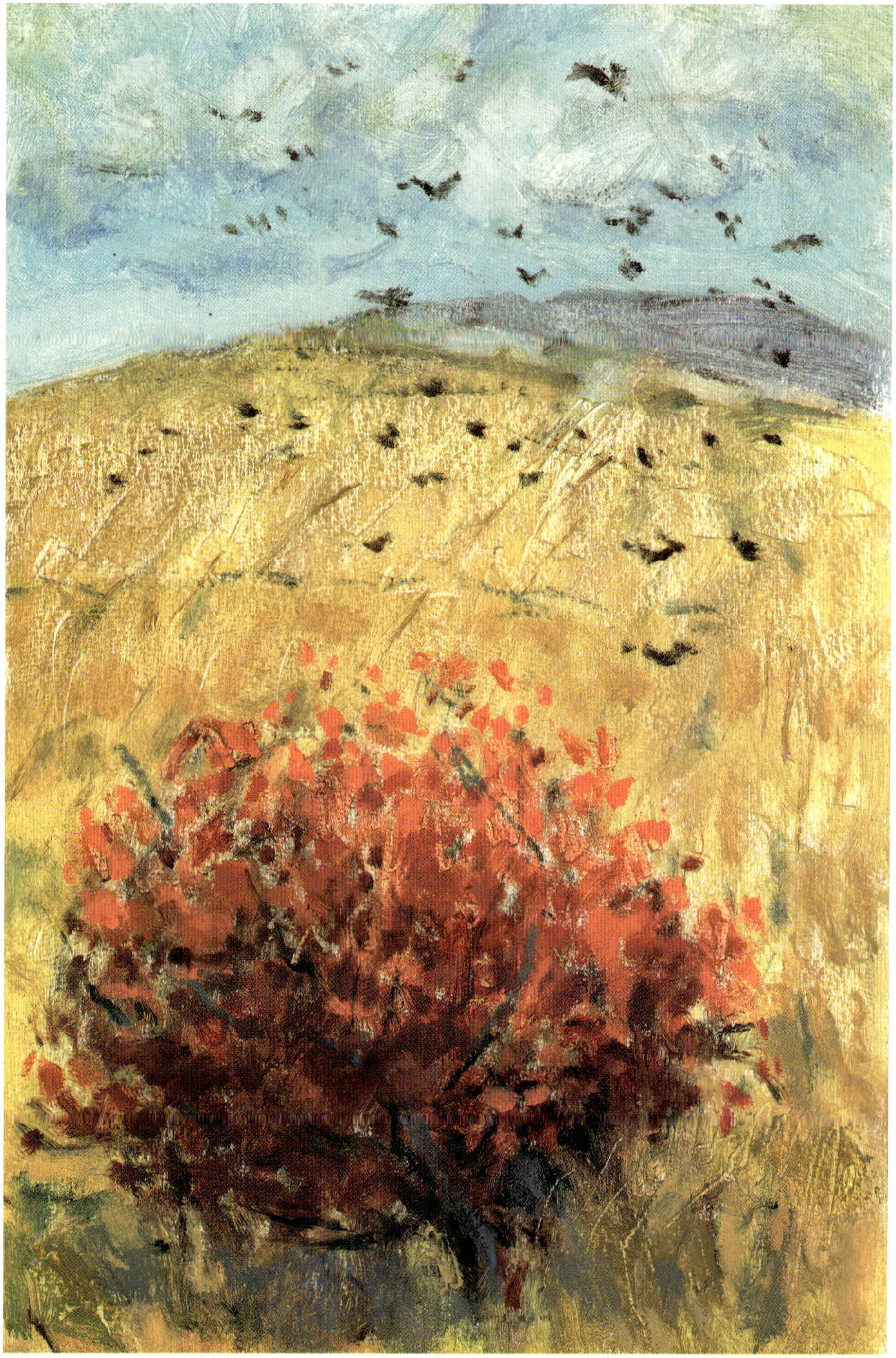

Composition et équilibre

L'art de disposer formes et couleurs dans un espace pictural est appelé « composition ». Il n'existe pas de règles concernant le placement de ces éléments ; l'intuition jouant un rôle important dans ce processus. On sent ce qui est à sa place dans un espace donné ; de même que nous avons une conscience aiguë de la position incorrecte d'un objet lorsque cela se produit.

Une bonne composition établit des rapports harmonieux entre divers éléments afin de faire passer un message. Pour créer une composition qui attire l'œil, formes et couleurs doivent toutes s'associer d'une manière dynamique, en retenant l'attention du spectateur. Une couleur intense dans une partie de l'image peut paraître déséquilibrée, jusqu'à ce qu'elle soit contrebalancée par une forme mise en valeur ailleurs. L'ordre dans la composition donne une impression d'équilibre, mais une symétrie trop parfaite peut paraître dénuée de vie. Une image divisée en deux moitiés égales, bien que techniquement acceptable, s'avère des plus ternes. Une règle utile consiste à diviser les images en tiers. Ces zones ou « plans » fonctionnent mieux lorsqu'ils sont inégaux – mais rappelez-vous qu'un élément qui occupe les deux tiers d'une image semblera naturellement la dominer. Mais ces règles picturales, purement indicatives, ne demandent qu'à être transgressées : entre les mains d'un artiste chevronné, un objet placé au centre d'une image peut avoir une position idéale, tout comme un horizon coupant un paysage par le milieu !

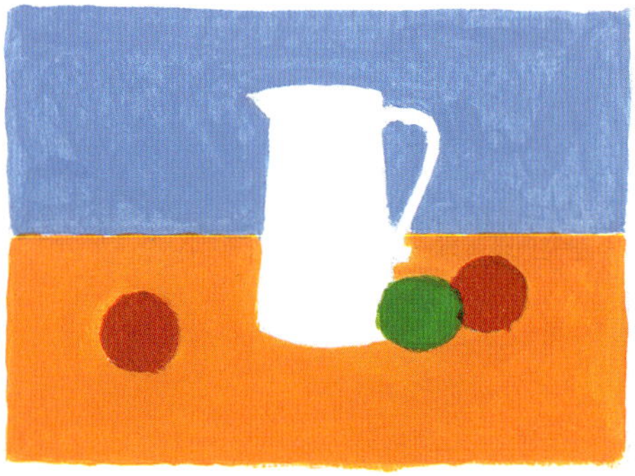

Cette ligne d'horizon centrale, à la jonction des deux couleurs d'arrière-plan, exige un placement créatif des autres éléments. Le pot à lait centré est équilibré, mais assez prévisible ; seul le positionnement des trois balles dérange la symétrie. La balle rouge isolée sur la gauche détourne l'attention du centre de l'image, créant une tension visuelle entre les deux zones.

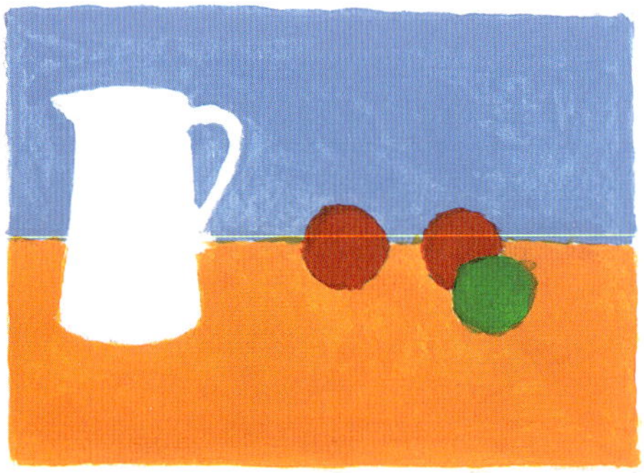

Lorsque le pot est déplacé à l'extrême gauche de l'image, il devient le point focal et entame une division en tiers du tableau. Pour contrebalancer cet accent, les trois balles sont placées au centre droit de la composition. Ici aussi, une « narration secondaire » est établie – l'une des balles rouges écartée du groupe exige à son tour notre attention, en raison de son placement asymétrique.

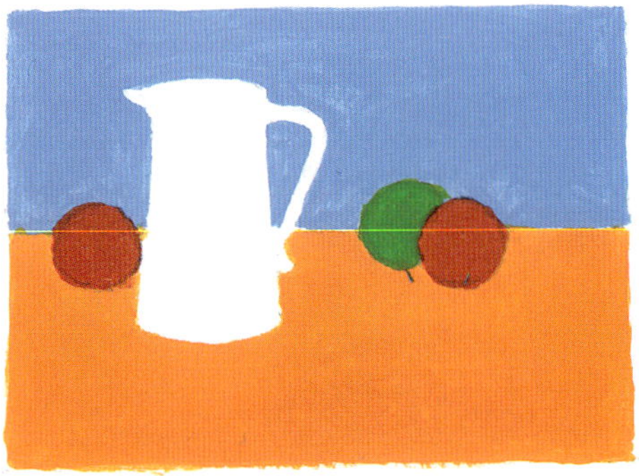

La troisième composition place de nouveau le pot à gauche, mais plus éloigné du bord de l'image, ce qui rend la composition moins risquée, plus équilibrée. Le pot et une balle rouge forment un couple, non loin des balles rouge et verte qui se chevauchent à droite, répartissant ainsi la tension dynamique de façon plus harmonieuse.

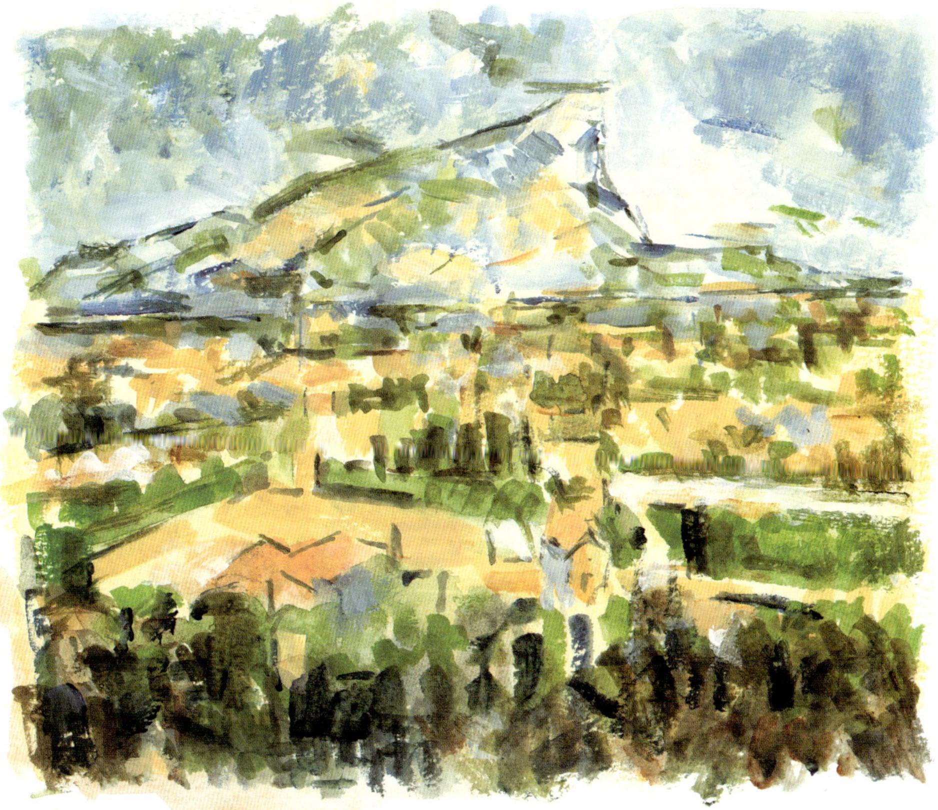

D'après Cézanne

Souvent considéré comme le père de la peinture moderne, Paul Cézanne (1839-1906) était fasciné par la structure des images, essentiellement inspirées de sa chère Provence. Il explora la façon dont les couleurs et les tons révèlent subtilement les formes sous-jacentes et leur structure, telles qu'elles existent dans la nature. La méthode qu'il employa fit de lui un précurseur du cubisme. Ses coups de pinceau épousaient la forme des arbres, des bâtiments, dirigeant l'œil vers des points de fuite situés au-delà de la toile. Comme le montre cette version simplifiée de La Montagne Sainte-Victoire vue des Lauves, *la simple palette de verts, de bleus et de jaunes utilisée par Cézanne sert à appliquer la théorie de la «perspective aérienne» : plus les détails sont éloignés, plus ils se décomposent en coups de pinceau pâles et bleutés, créant l'illusion de la distance. La composition est nettement divisée en sections horizontales, et les routes blanches tracent des divisions naturelles dans le dessin complexe des lignes diagonales et horizontales, elles-mêmes contrebalancées par les coups verticaux, fougueux et fondus d'un large pinceau plat.*

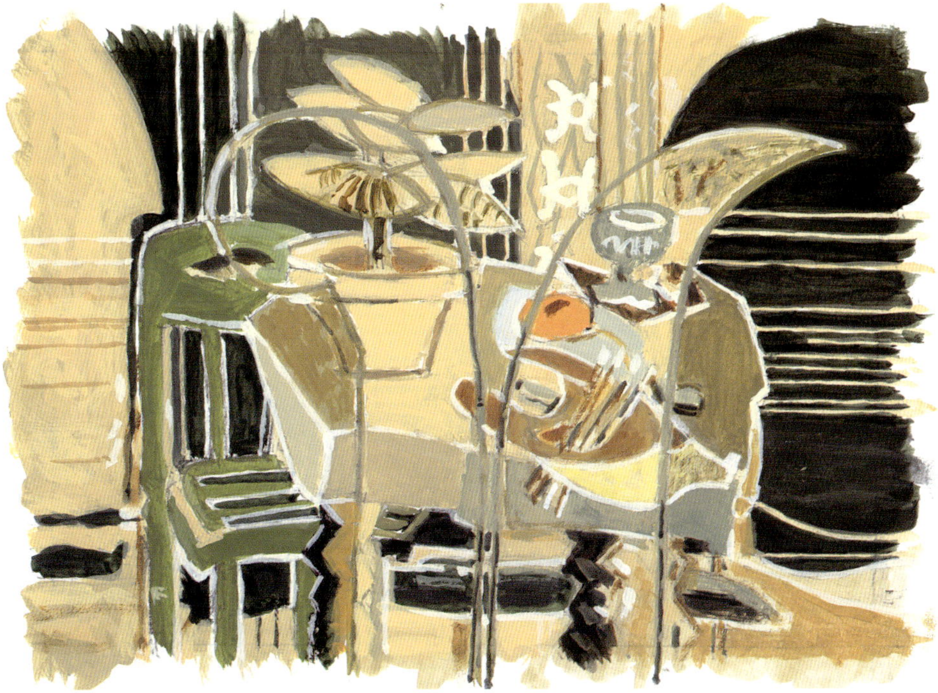

D'après Braque

Cette œuvre inspirée d'un célèbre tableau du cubiste Georges Braque (1882-1963) est un bel exemple original de composition. Elle démontre que Braque avait atteint son but : représenter le mouvement dans une composition et autour d'elle. Il y parvint en faisant se chevaucher les formes et en utilisant une palette limitée et assourdie. Les couches d'objets superposés et d'«images dans l'image» défient la notion établie selon laquelle un tableau n'a qu'un seul point focal. La forme en "V" est relativement centrée, mise en relief par la grande tache noire sur le côté droit; et l'œil est rapidement ramené vers les détails compliqués de la table, à l'intérieur du "V".

La lumière et ses variations

En essayant de créer l'illusion de la réalité, nous devons considérer de plus près la nature de la lumière. Elle affecte directement la tonalité d'une image, les ombres des objets reproduits, les couleurs utilisées pour transmettre ses reflets et l'impression générale d'espace. La lumière est aussi éblouissante qu'insaisissable ; elle transforme et varie elle-même selon un cycle quotidien bien déterminé, de l'aube au crépuscule.
La nature éphémère de la lumière a passionné des générations successives de peintres, soucieux de capter ses variations du bout de leur pinceau.

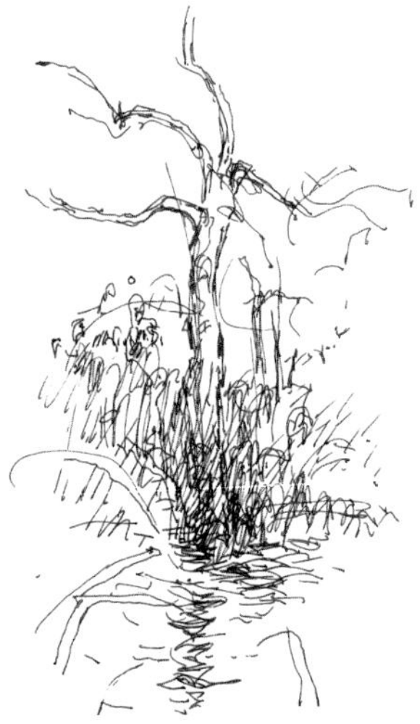

La lumière affecte fortement la surface et la texture des formes qu'elle inonde. Dans cette esquisse à l'encre d'une sombre scène hivernale, la lumière matinale illumine régulièrement tous les aspects de la composition. Les roseaux poussant autour du tronc sont aussi vivement éclairés que l'arbre lui-même. Seules les racines demeurent dans l'ombre.

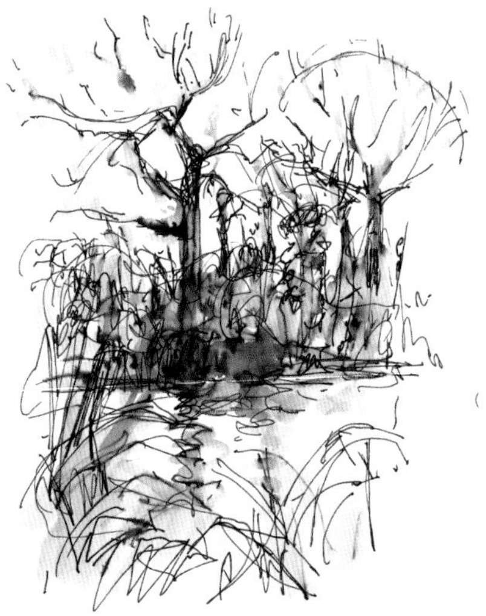

La lumière très réduite tombant sur la scène au crépuscule crée l'antithèse de la première esquisse. Les formes des arbres ressortent dans la lumière mourante comme des ombres chinoises sur un ciel de neige, laissant curieusement nets et apparents quelques détails, tels que la texture de l'écorce. Ce type d'étude confirme le fait que la lumière altère profondément l'apparence des objets, conférant ainsi à l'artiste la liberté de modifier la réalité de la scène, lui donnant un aspect et une signification nouvelles.

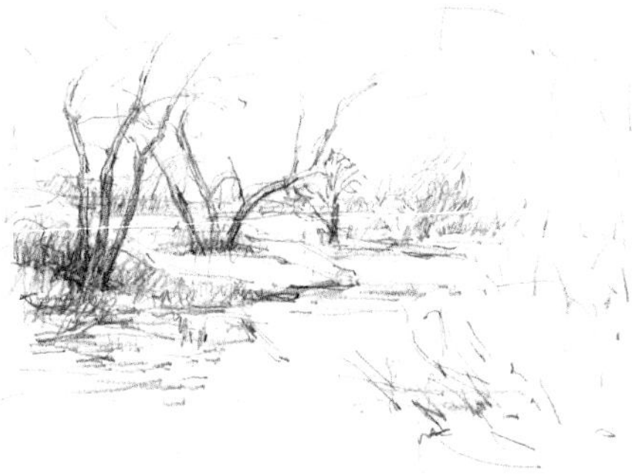

Un dessin au crayon plus élaboré de ce même coin isolé, près du coude d'une rivière sinueuse. La légèreté du trait et les tons gris peu contrastés évoquent cette fois un paisible décor printanier. En réalisant cette étude préparatoire, je me suis familiarisé avec la lumière de cette journée, avant de réaliser l'esquisse finale à l'acrylique et au crayon (à droite), dans laquelle j'ai supprimé tous les détails inutiles.

L'œuvre finale a été construite par pâles lavis de bleu de cobalt et de jaune de cadmium, fondus pour former un vert moyen à la surface de l'eau. Les arbres nus ont été tracés à l'ombre brûlée, puis celle-ci a été mélangée à du bleu de cobalt pour représenter les masses de feuillage de la rive. De pâles taches d'orange de cadmium dans le buisson du premier plan ont contribué à le réchauffer et à donner plus de profondeur à l'ensemble.

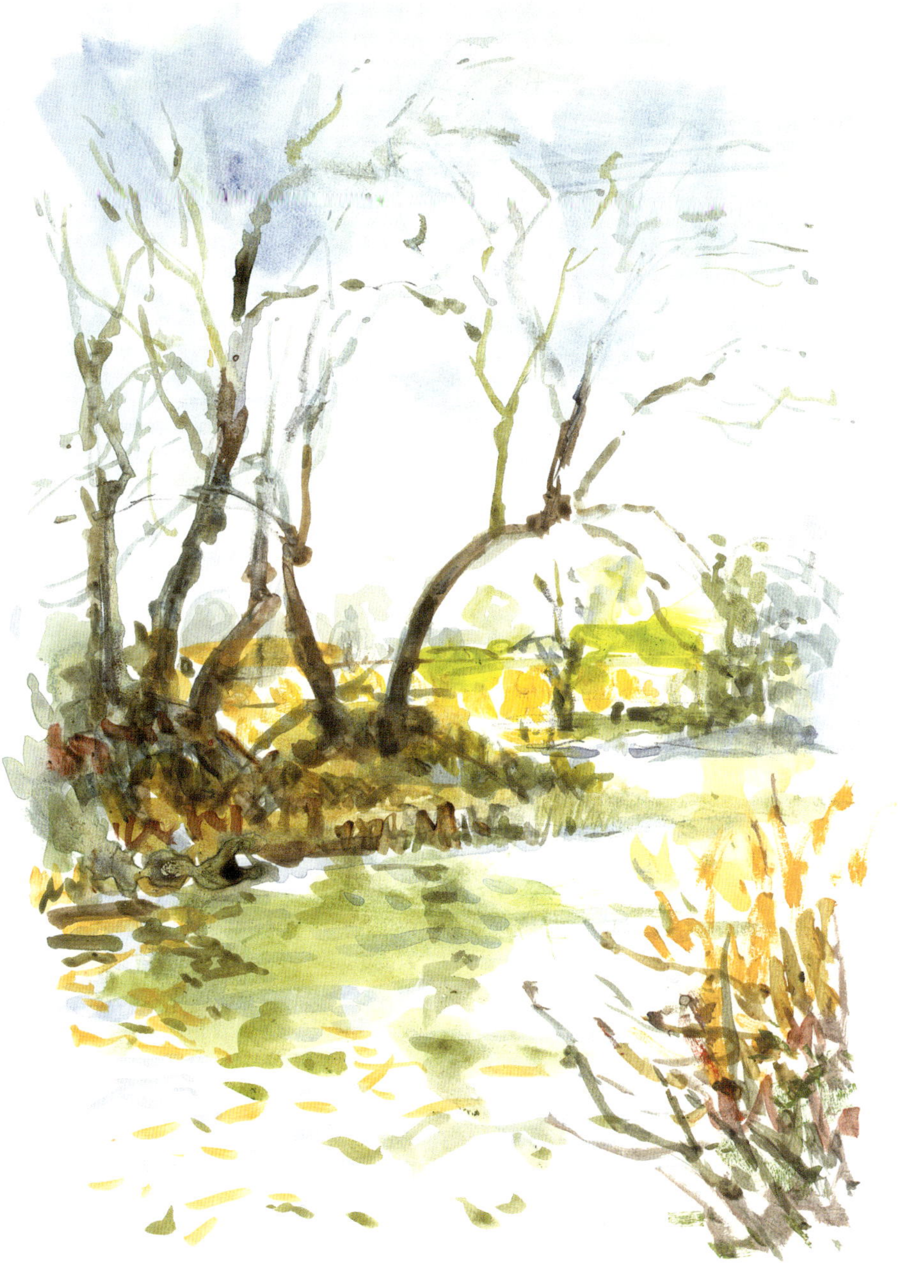

CONSEIL

Découpez une ouverture carrée ou rectangulaire au centre d'une feuille de papier vierge, et collez-la sur une fenêtre donnant sur une vue extérieure intéressante. Contentez-vous d'observer et de noter la lumière changeante et les caprices du temps à intervalles donnés de la journée, vus à travers votre viseur improvisé.

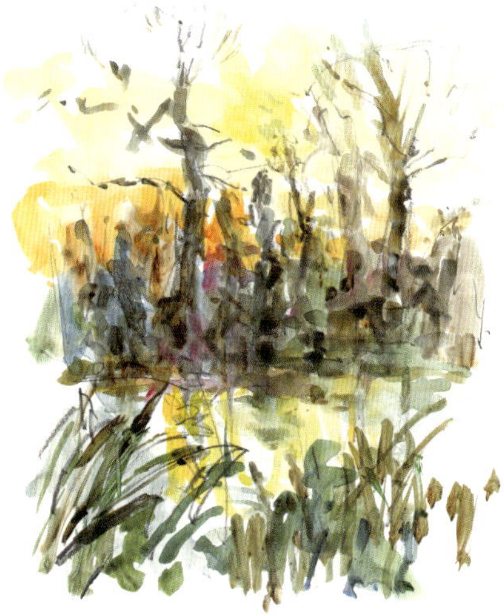

Avec l'expérience, vous découvrirez les couleurs qui conviennent le mieux aux différentes saisons et moments de la journée. Une palette hivernale typique inclut des gris violacés et des alternances de terre d'ombre naturelle et brûlée, que l'on applique en glacis pour leur donner un aspect sombre et fondu. Cette étude réalisée par une froide soirée d'hiver mise sur un contraste supplémentaire fourni par la chaleur du soleil couchant, en train de disparaître derrière la rive. Ici, rouge et orange de cadmium donnent à l'image une note rougeoyante, et animent de reflets lumineux les vaguelettes de la rivière.

Trouver l'inspiration en intérieur

Votre environnement proche recèle une foule de tableaux potentiels. À vous, artiste, de les déceler et de les interpréter à coups de pinceau et de touches de couleur ! Commencez donc par croquer des sujets familiers appartenant à votre quotidien. Les combinaisons de différentes formes, teintes et dessins sont infinies mais on les ignore souvent, tant elles semblent aller de soi. En ouvrant tiroirs et placards, de véritables trésors surgissent. Ils vous offrent des sujets d'étude pour une vie entière sans jamais avoir à mettre le nez dehors !

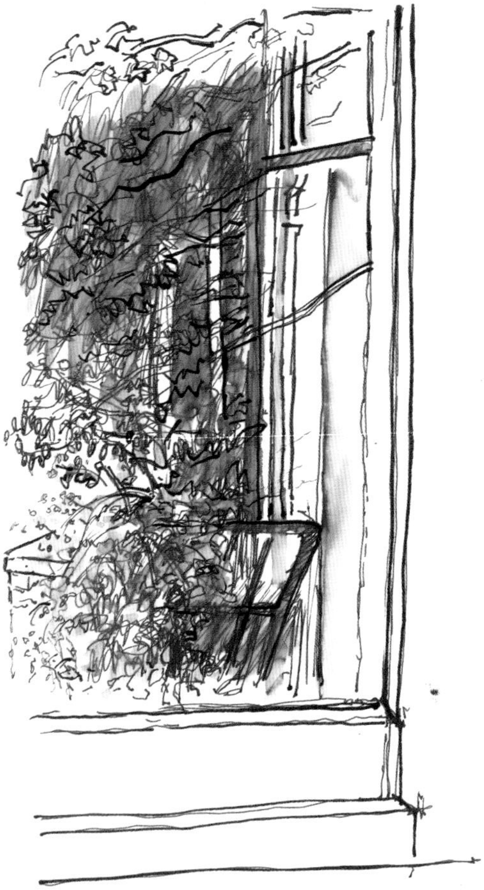

Utiliser les fenêtres

Les fenêtres sont des « viseurs » naturels qui peuvent vous aider à intégrer dans votre composition un certain nombre d'éléments clés. Elles fournissent également un dispositif symbolique auquel nombre de peintres ont eu recours. Pierre Bonnard (1867-1947), coloriste d'une grande sensualité, peignait souvent depuis les portes-fenêtres de son salon, ouvrant sur une luxuriante vallée méditerranéenne. Ce paysage contrastait nettement avec sa pièce presque nue, et suggérait une vie simple, voire austère, ainsi qu'un sentiment d'isolement.

Nature morte

Ce genre traditionnel est une source constante d'inspiration pour les artistes qui souhaitent perfectionner leur art. Forme, couleur, texture, expression des relations spatiales entre objets, et disposition harmonieuse des éléments au sein d'une composition sont autant de sujets propres à la nature morte. Il est intéressant d'étudier les maîtres du passé pour observer comment ils ont réagi à leur sujet. Les peintres hollandais et danois du XVIIe siècle, adeptes du réalisme, lancèrent une grande mode artistique : peindre en total contraste des pichets aux surfaces dures et réfléchissantes en contrepoint de fleurs et de fruits à texture douce et veloutée.

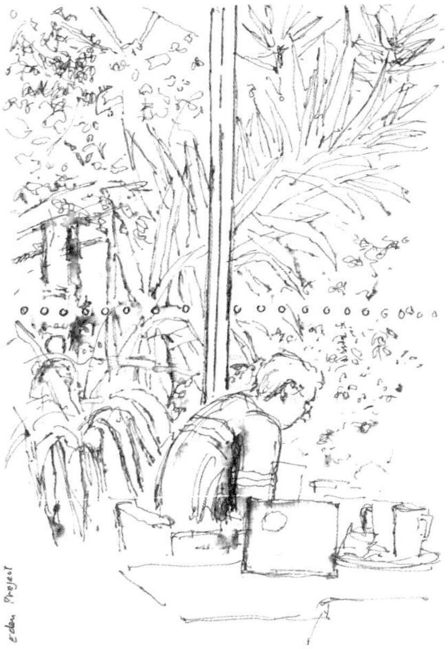

Un homme est assis à une table en train de boire un café, dans une vaste serre envahie de plantes tropicales. La juxtaposition du personnage et de la table, rendus minuscules par le feuillage luxuriant, souligne une manière originale de peindre un intérieur. Cette dissolution de la frontière entre univers intérieur et extérieur ajoute un intérêt considérable à un sujet artistique.

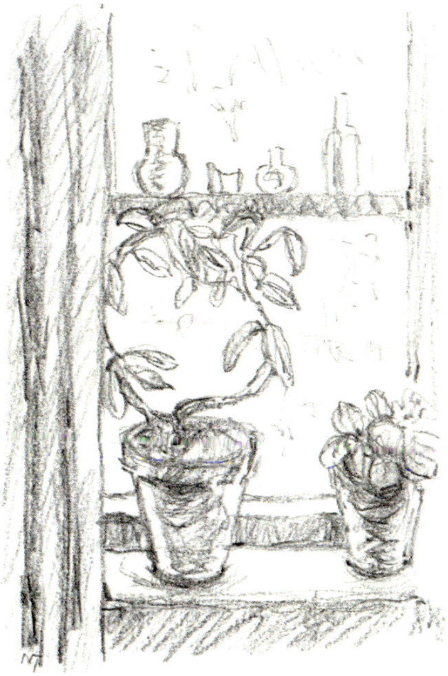

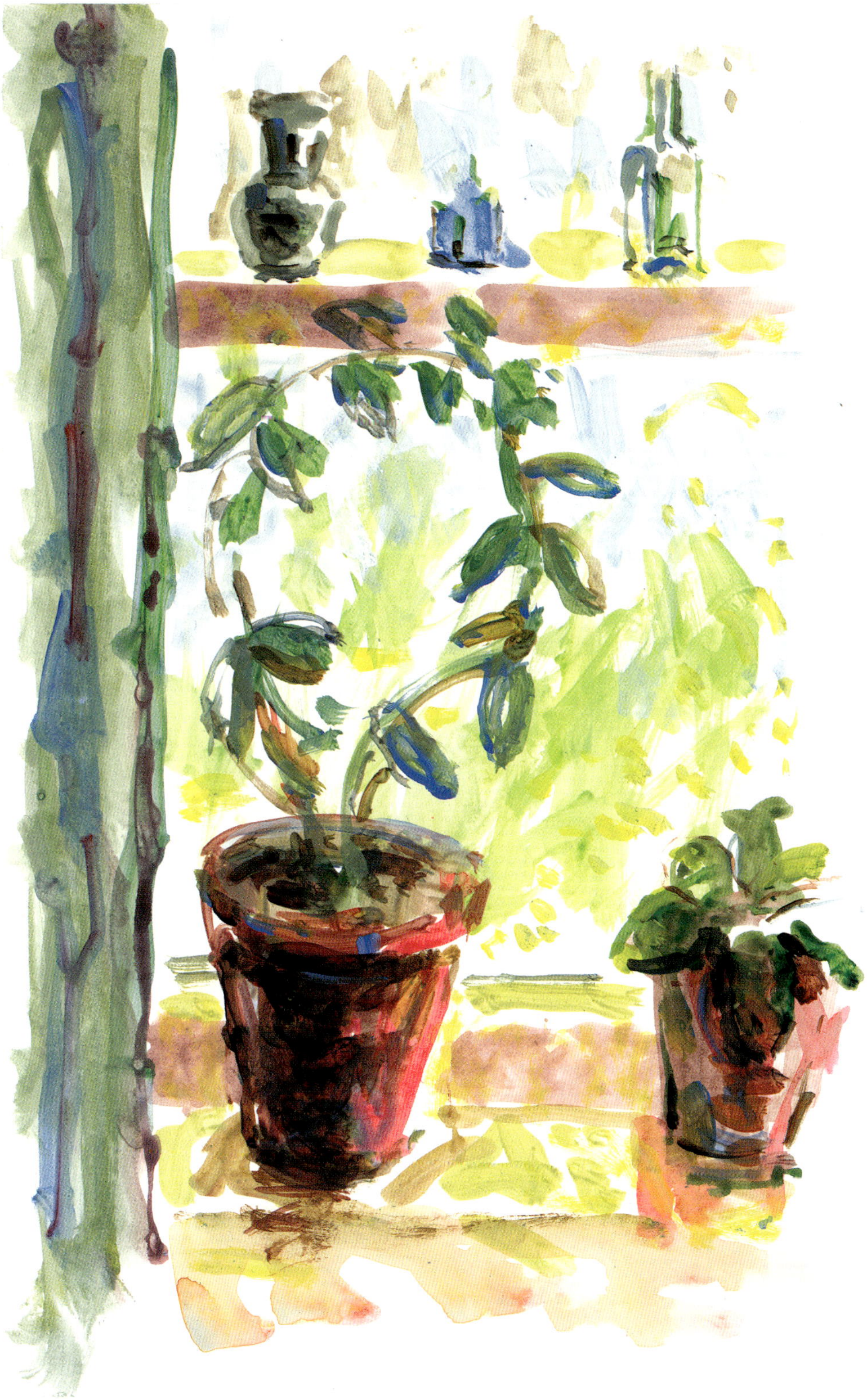

Un rebord de fenêtre éclaboussé de lumière, des flacons et des plantes en pot… Un sujet idéal pour une rapide esquisse à l'huile. Ce type de sujet est appelé nature morte « telle quelle », c'est-à-dire dans laquelle aucun élément n'est déplacé pour créer une composition formelle. Un dessin au crayon gras a d'abord été réalisé (ci-dessus), pour cerner les contrastes de tons créés par la lumière entrant à flots par la fenêtre. La palette de l'étude en couleurs (à droite) a été réduite à une poignée de teintes sobres : Sienne brûlée, ocre jaune, bleu de cobalt et vert émeraude. Les coups de pinceau sont rapides et spontanés, sans trop de chevauchements de couleurs afin de conserver l'impression de fraîcheur et de lumière. Les zones de papier non peint reflètent la lumière, parant l'esquisse d'une atmosphère claire et aérée.

Trouver l'inspiration en extérieur

Après avoir gagné en assurance, il est temps de sortir du cadre ! L'histoire de la peinture à l'huile comme à l'acrylique vous fournit nombre de suggestions, depuis les marines, scènes urbaines et paysages jusqu'aux études par temps maussade et aux tableaux éclatants de lumière. Vous allez devoir vous aventurer dehors pour croquer votre sujet. Une série de notes et de rapides études en couleur vous aideront à capter l'énergie et l'atmosphère de la scène, avant de passer à l'action, quitte à achever votre tableau en intérieur.

Un univers familier

Démarrez dans un lieu familier, tel que votre propre jardin. Des branches d'arbre biscornues, une clôture battue par les vents, une cabane délabrée remplie d'outils de jardin et de pots... Même le coin le plus banal d'un potager peut devenir magique quand la lumière rasante d'automne projette ses pâles rayons à travers le feuillage. Une fois familiarisé avec ces lieux, vous pourrez vous mettre en quête de sujets plus difficiles. Ouvrez l'œil en permanence, laissez votre curiosité visuelle s'éveiller, soyez à l'écoute de l'inspiration. Les détails extraordinaires de l'existence sont souvent cachés au milieu de choses ordinaires – réveillez votre curiosité d'enfant. Voyagez le plus possible, et imbibez-vous de la beauté d'autres cultures. Cela faisant, vous ne manquerez jamais d'idées de sujets.

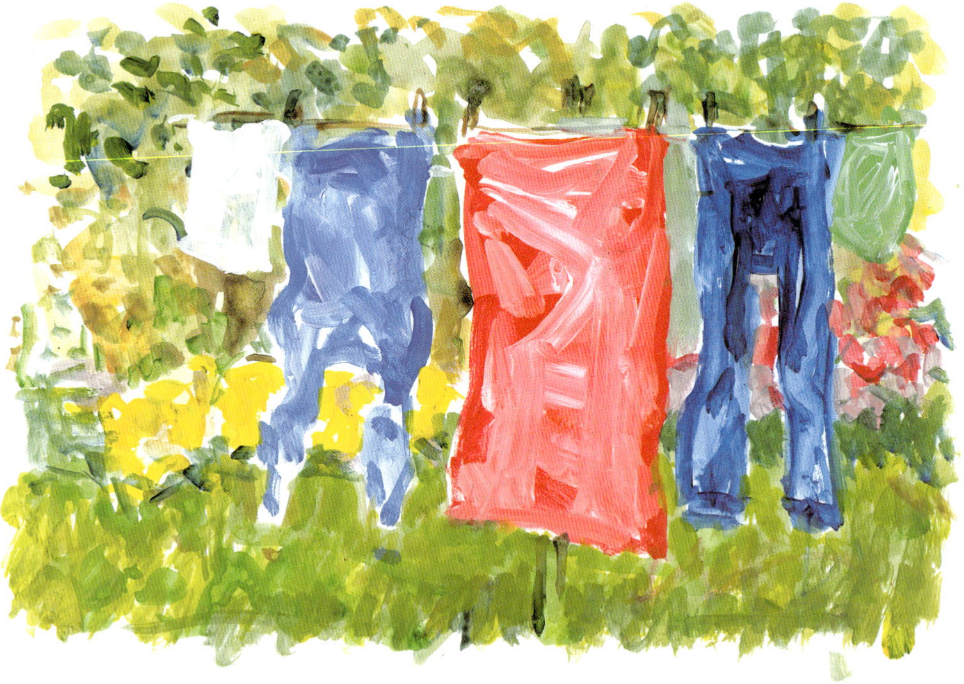

Cet étendage de linge dans un jardin prouve que vous n'avez nul besoin de faire des kilomètres pour dénicher des sujets vivants à exploiter. Cette esquisse spontanée à l'acrylique a été vigoureusement exécutée avec des pigments purs sur fond humide, à petits coups rapides de pinceau. Et l'on pourrait facilement creuser le filon en croquant mille autres scènes de jardin !

Paysages

Des montagnes brumeuses se hissant vers les nuages, des rivières sinueuses traversant des vallées boisées, des plaines sèches brûlées par le soleil... D'infinies possibilités s'ouvrent à l'artiste lorsqu'il réinterprète des formes naturelles.

Marines

Elles peuvent aussi constituer des sujets extraordinairement variés, d'un farniente estival sur la plage à une promenade le long d'une côte accidentée. La mer et ses caprices peuvent offrir des scènes vraiment spectaculaires, comme l'approche d'une tempête ou l'instant magique d'un coucher de soleil. L'architecture côtière (bateaux de pêche, ports et quais, jetées et digues, kiosques ou arcades) est également source d'inspiration.

Conditions atmosphériques

William Turner (1775-1850), John Constable (1776-1837) et Caspar John Friedrich (1774-1840) ont étudié la fabuleuse alchimie des variations de lumière. Les tableaux de Friedrich en particulier expriment un lien spirituel avec la nature, glorifiée à travers de vastes étendues marines, des chaînes de montagnes impénétrables et une banquise étrangement éclairée. Suivez leur exemple en choisissant un lieu et en notant les changements atmosphériques au fil de la journée par de rapides esquisses à l'acrylique. Pour corser la difficulté, lancez-vous dans un projet sur plusieurs jours et réalisez une suite de tableaux représentant le même lieu, en développant les techniques apprises.

Scènes villageoises et urbaines

L'effervescence et l'agitation de la vie citadine sont difficiles à reproduire en deux dimensions. Par une observation attentive, vous devrez mémoriser le mouvement à l'instant où il se produit. Travaillez à traits simples et directs. Appliquez vos couleurs par touches nettes pour capturer l'essence de la scène.

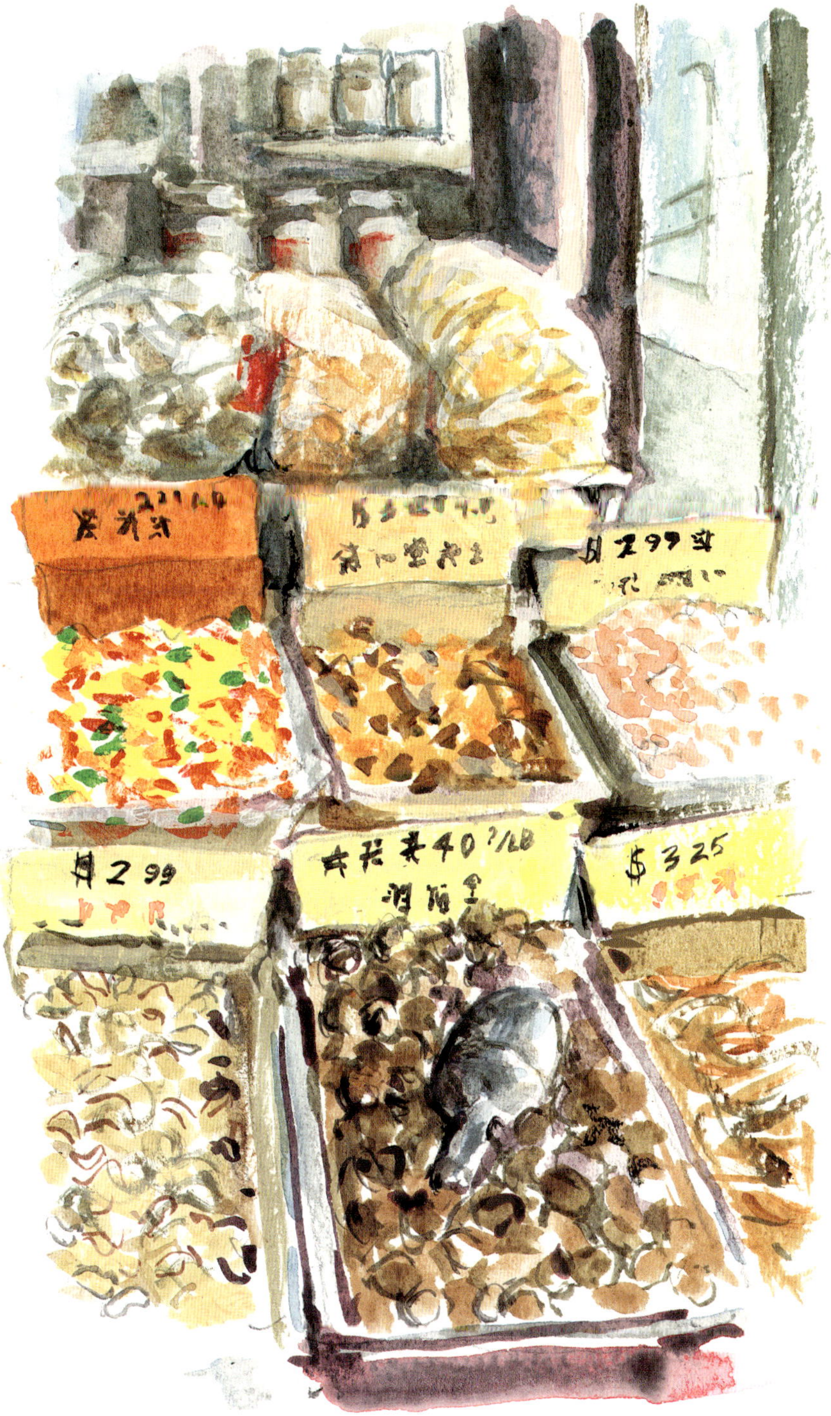

Les marchés constituent une excellente source d'inspiration pour le peintre urbain. Les étals offrent un florilège de couleurs qui excitent les sens et enflamment l'imagination, comme cet éventaire chatoyant d'herbes et d'épices chinoises.

Peindre sur le motif

L'acrylique comme l'huile conviennent à la peinture en extérieur, avec leurs avantages et leurs inconvénients. L'huile vous laisse le temps de réfléchir et de corriger, mais s'avère peu maniable si vous n'avez pas de housse protectrice pour votre toile humide. L'acrylique est excellente pour les esquisses sur site mais, par temps chaud, vos pinceaux seront secs avant même que vous ayez fini ! Travailler en extérieur présente d'autres écueils : lumière changeante, poussière parasite et caprices météorologiques. C'est pourtant une activité qui en vaut la peine.

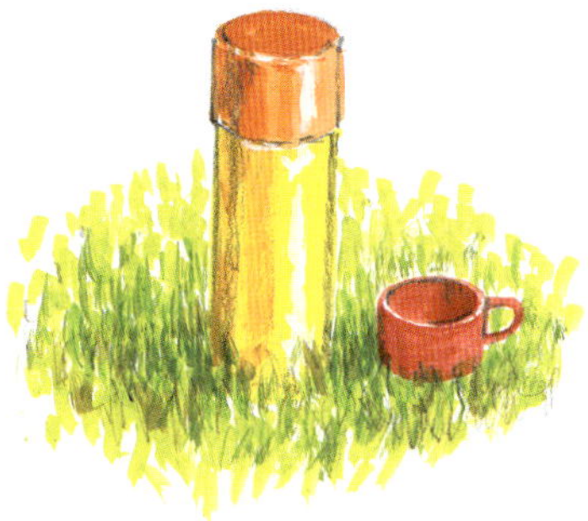

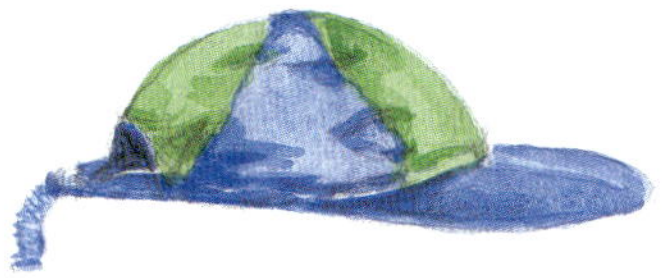

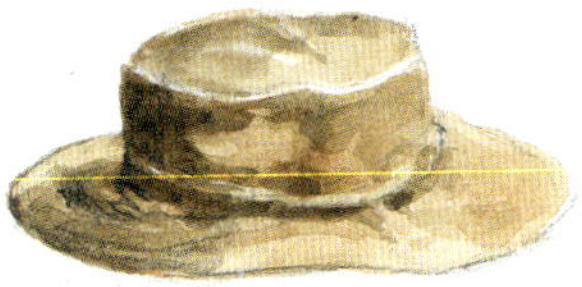

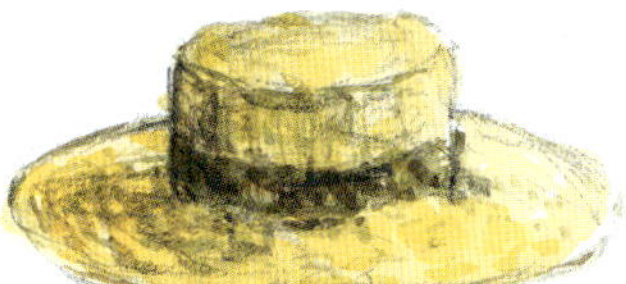

Conservez une réserve de panneaux ou de toiles apprêtés à l'avance dans un format maniable (jusqu'à 40 cm x 50 cm). Rangez correctement les pinceaux à plat ou tête en haut, dans un sac de toile spécial à compartiments ou un tube en carton. Investissez dans des blocs de palettes jetables en papier spécial en vente dans le commerce, ou couvrez votre palette en bois d'un film alimentaire, qu'il vous suffira de rouler en boule et de jeter à la fin de la journée.

Quel que soit le lieu où vous choisissez de vous installer, conformez-vous à la loi et respectez les propriétés privées. Dans le doute, renseignez-vous et si nécessaire, demandez la permission avant de commencer. Soyez courtois en toutes circonstances et ne vous mettez jamais dans une situation dangereuse.

***Vos chaussures** devront être adaptées au site. Si vous avez l'intention de vous promener dans la campagne, de robustes chaussures de randonnée avaleront les kilomètres en gardant vos pieds au chaud et au sec.*

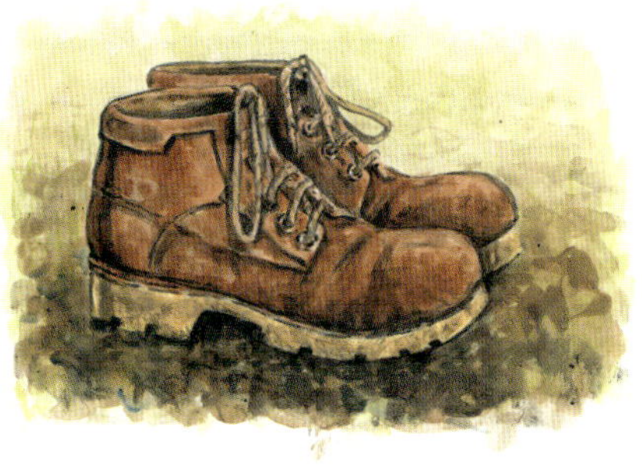

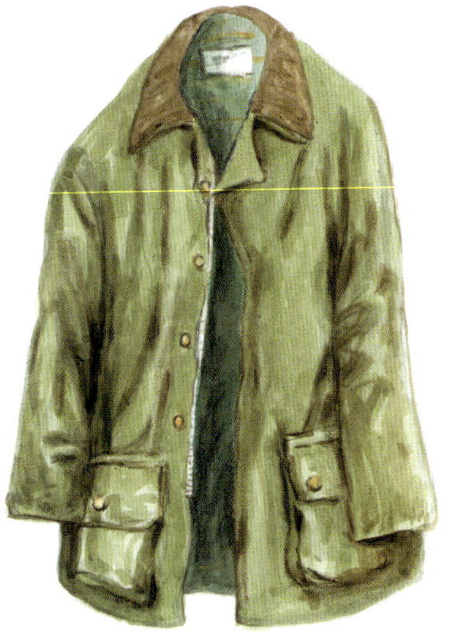

CONSEIL

Restez à l'ombre autant que possible. La lumière éblouissante du soleil gomme toute subtilité tonale et vous expose de surcroît à un coup de soleil ! Un parasol est toujours le bienvenu !

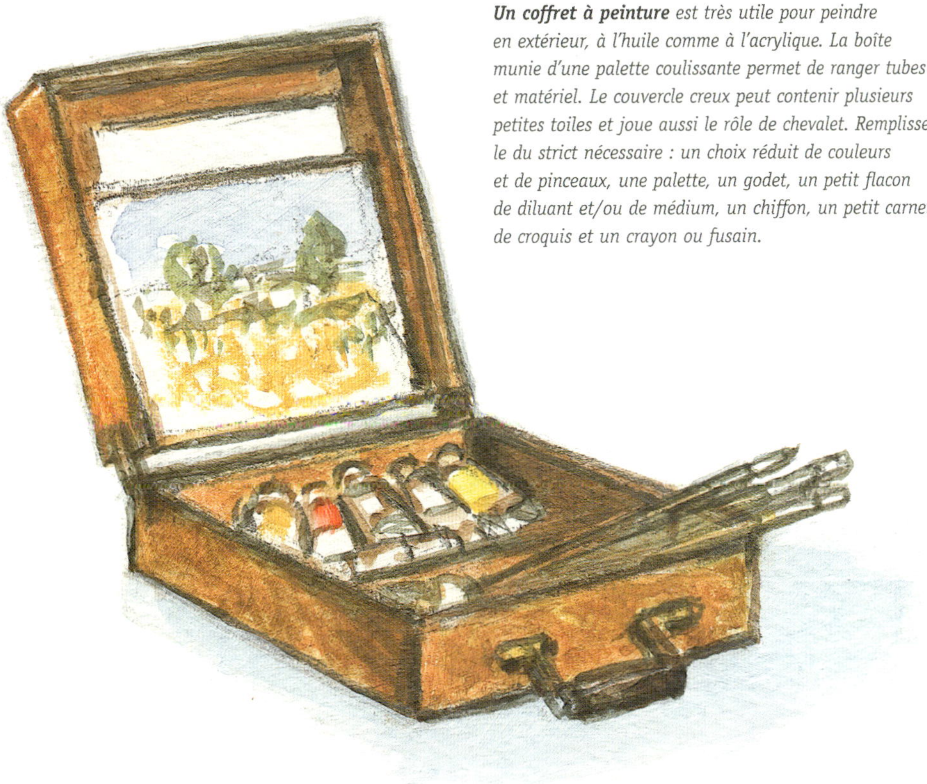

***Un coffret à peinture** est très utile pour peindre en extérieur, à l'huile comme à l'acrylique. La boîte munie d'une palette coulissante permet de ranger tubes et matériel. Le couvercle creux peut contenir plusieurs petites toiles et joue aussi le rôle de chevalet. Remplissez-le du strict nécessaire : un choix réduit de couleurs et de pinceaux, une palette, un godet, un petit flacon de diluant et/ou de médium, un chiffon, un petit carnet de croquis et un crayon ou fusain.*

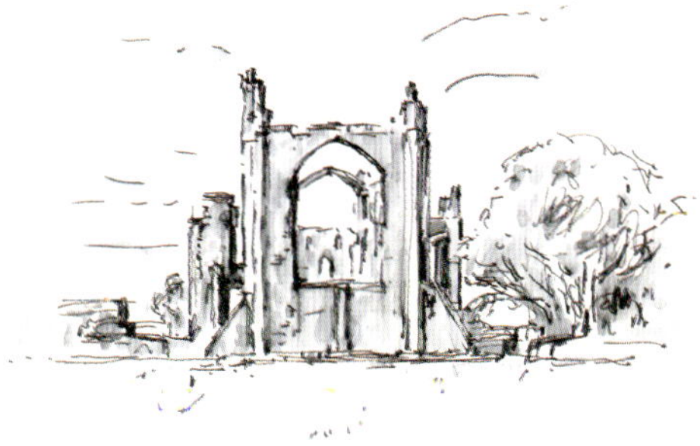

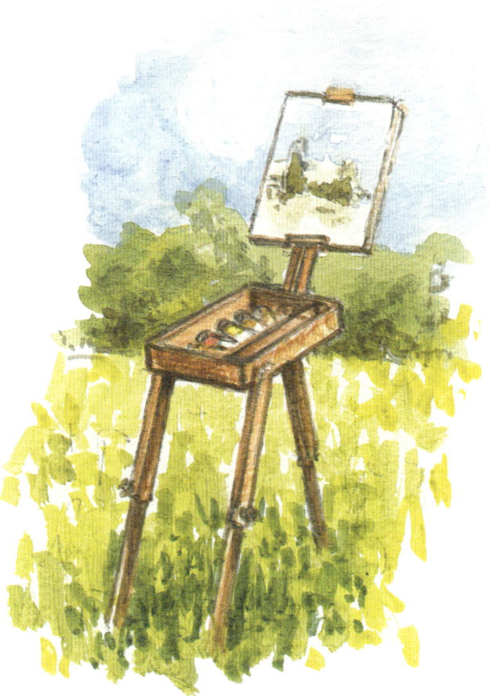

***Un bon sac à dos,** léger, étanche, doté de nombreuses poches compartimentées est idéal pour transporter votre équipement, de même qu'un pliant de dessinateur avec pochette incorporée. Mais ne prenez pas de sac trop grand : vous arriveriez sur place épuisé, en ayant mal au dos !*

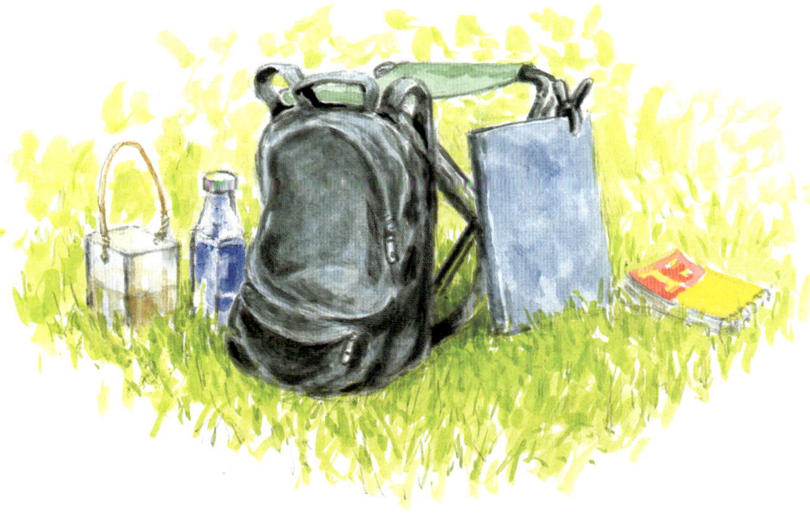

*Utiliser ou non **un chevalet** est une question de préférence personnelle. Certains artistes se contentent de poser leurs planches sur leurs genoux, tandis que d'autres préfèrent être debout, comme dans leur atelier. Un chevalet portatif se range dans une boîte (qui permet aussi de transporter la peinture) et se dresse sur trois pieds robustes. Un chevalet pliant à dessin, à trépied réglable, est moins robuste car très léger; cela peut poser problème par vent fort. Sur un terrain meuble, les pieds peuvent cependant être stabilisés avec des piquets de tente.*

Connaître les maîtres

S'il est vital de connaître les principes et techniques de base de la peinture, rien ne vaut, pour trouver inspiration et conseils, une étude des grands maîtres. Comprendre le contexte dans lequel ils ont développé leurs thèmes et choisi leur structure et leur composition, vous aidera à découvrir votre propre style.

Le mieux est de visiter galeries et musées pour être pleinement confronté à une œuvre, mais quand ce n'est pas possible, achetez livres et cartes postales ou empruntez des monographies dans une bibliothèque. Internet constitue aussi une excellente source d'information sur les artistes. Variez votre sélection ; plus vos influences seront diverses, plus vous aurez de chances de produire un travail intéressant grâce à un large éventail de matériaux et de techniques. Sur cette double page, quatre maîtres modernes sont évoqués, d'autres suivent. Mes esquisses ne sont pas des copies, mais de simples interprétations personnelles réalisées « à la manière de », avec quelques libertés de style. Elles ont beaucoup apporté à ma peinture en guidant mon approche de la création d'images.

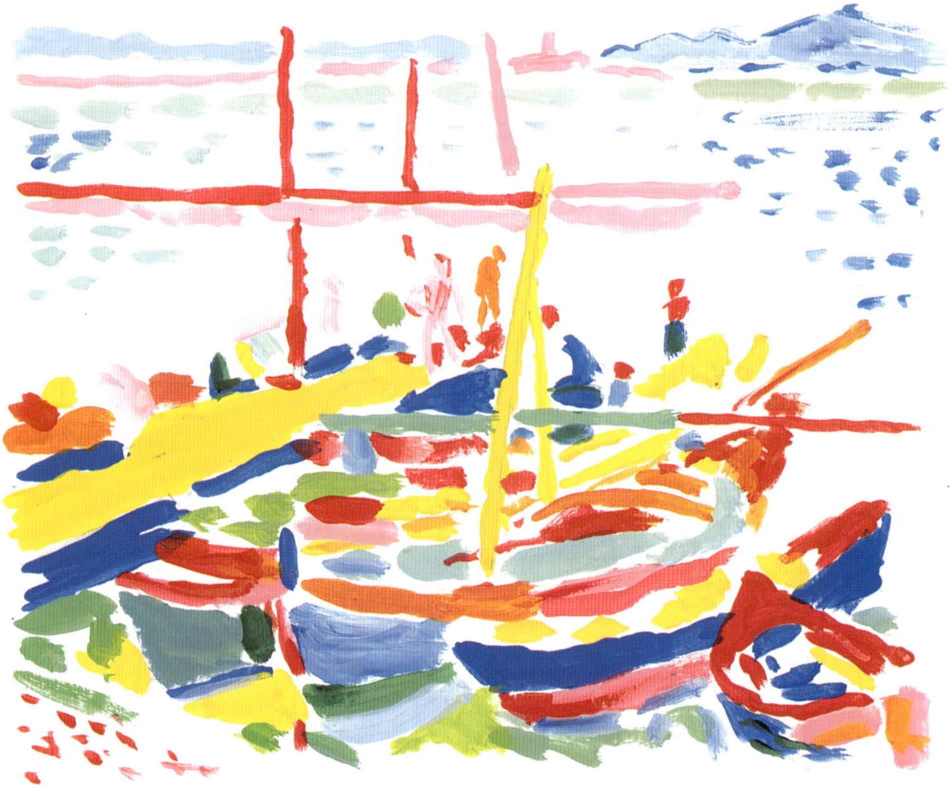

D'après Derain

Un style artistique novateur se nourrit toujours des mouvements précédents. Ainsi Paul Klee (1879-1940) et Wassily Kandinsky (1866-1944) furent tous deux fortement influencés par les fauves qui repoussèrent les limites de la peinture au début du XXe siècle. Leur emploi systématique de couleurs franches et de rythmes audacieux éclipsait pratiquement le sujet. Ce fut, pour ainsi dire, la première forme d'abstraction. André Derain (1880-1954), un des maîtres du fauvisme, réduisit sa vision des bateaux à des touches éclatantes de jaune, de rouge et de bleu ; simples fragments de couleur qui s'embrassent sur une vaste mer de toile brute et blanche.

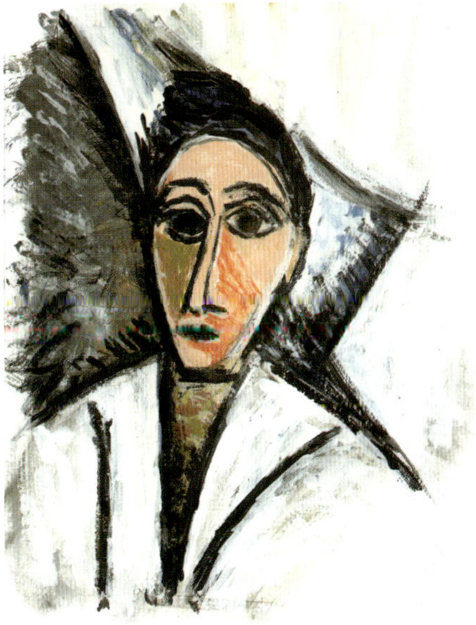

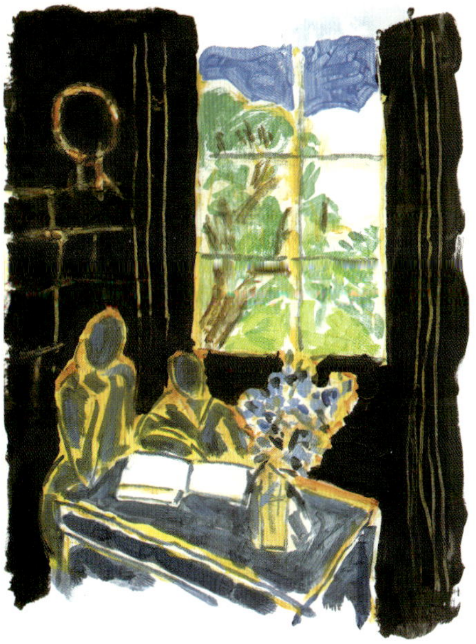

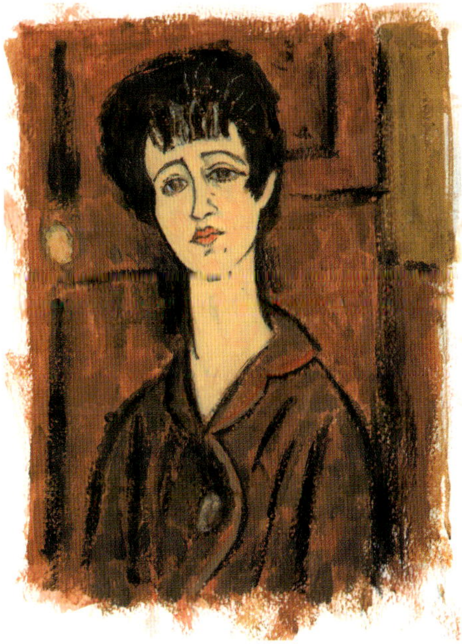

D'après Picasso
La longue et prolifique carrière de Pablo Picasso (1881-1973) eut une influence majeure sur l'art du XXe siècle. Cette imitation de son Buste de marin *souligne la direction qu'il prit alors ; elle constitue un ancêtre évident des silhouettes tourmentées de ses* Demoiselles d'Avignon. *Son parcours éclectique vers l'abstraction naquit d'une passion pour l'art ethnique en général, et pour les sculptures et masques africains en particulier. Nombre de ses premiers portraits présentent les lignes simples et fortes d'un masque sculpté. Picasso taillait ses sujets et modifiait leur apparence par un emploi de la peinture proche du dessin, révolutionnaire par rapport à l'approche plus lyrique de la peinture de l'époque.*

D'après Matisse
Henri Matisse (1869-1954) commença sa carrière en copiant les chefs-d'œuvre de Jean-Baptiste Chardin (1699-1779), avant d'être lui-même consacré maître de la peinture du XXe siècle. Comme Picasso, Matisse fit maintes fois évoluer son style au cours de sa longue carrière. Le silence habité des maisons *appartient à sa dernière période, dans laquelle il appliqua de larges touches souples de couleurs fortement contrastées à des compositions axées sur la forme. Matisse a utilisé ici la technique du sgraffite, griffant la surface de la toile pour représenter les éléments de l'arrière-plan. La lumière est évoquée par des contrastes de teintes, plutôt qu'en imitant les couleurs réellement perçues.*

D'après Modigliani
Amedeo Modigliani (1884-1920) fut fortement influencé par le cubisme, les couleurs de la Renaissance vénitienne et les formes longilignes des sculptures africaines primitives. Le Portrait de Victoria *exploite des formes simples et des rouges, bruns et ocres terreux pour créer un personnage gracieux, placé devant une étrange porte partiellement abstraite, à panneaux de bois. Les traits du personnage combinés avec des applications formelles de couleur réduite forment un portrait unique fort expressif. Il a d'abord teinté la toile d'ocre jaune pâle, avant d'élaborer des couches d'ombre brûlée et de rouge indien – la base ocre jaune étant laissée telle quelle pour décrire l'aspect simple et plat du visage. De rapides coups de pinceau sec chargé d'ombre brûlée sur le manteau complètent l'image.*

CONSEIL

Laissez la peinture d'hier et d'aujourd'hui influencer votre travail. Faites preuve de curiosité envers tous les sujets et toutes les méthodes pour interpréter le monde qui vous entoure avec profondeur et richesse.

D'après Pissarro

L'impressionniste Camille Pissarro (1830-1903) s'est évertué à capter les effets fugaces de la nature en piégeant les reflets de la lumière du jour sur son sujet à l'aide d'un mélange optique de petites touches de couleurs complémentaires. Les paysans au travail constituaient un de ses thèmes favoris. Ici, de douces touches de couleur pure appliquées sur la toile vierge semblent translucides, éclairant la scène d'une lumière solaire éthérée.

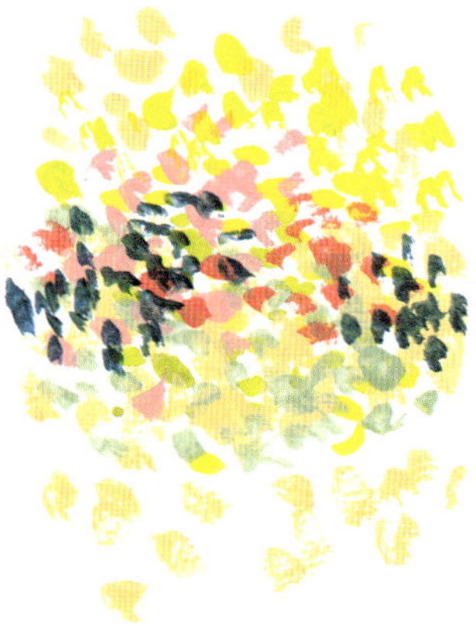

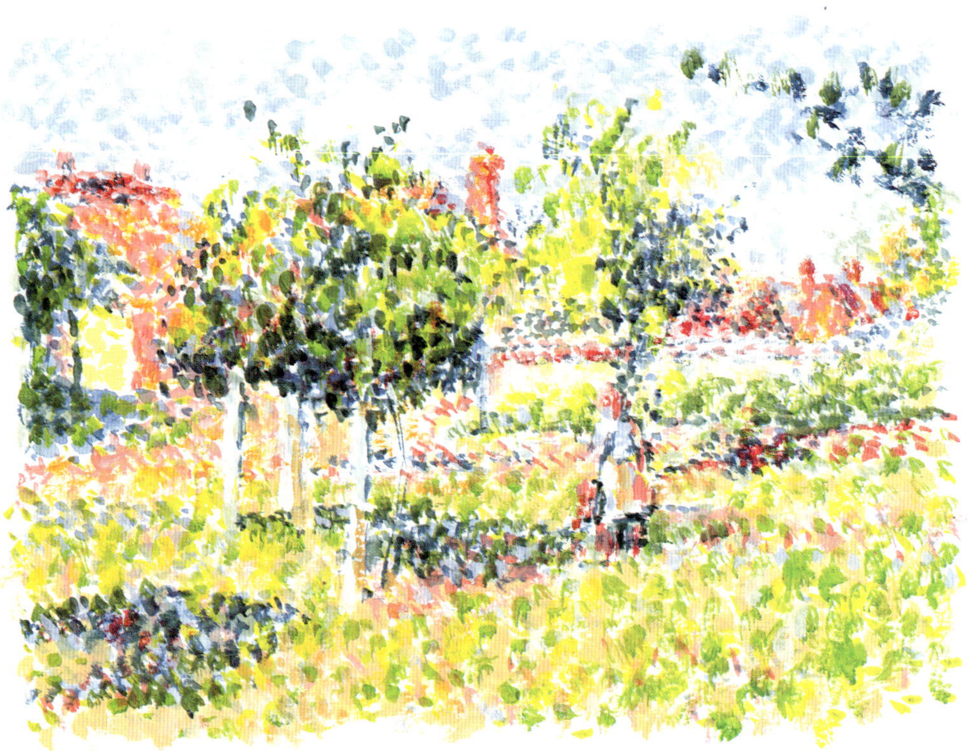

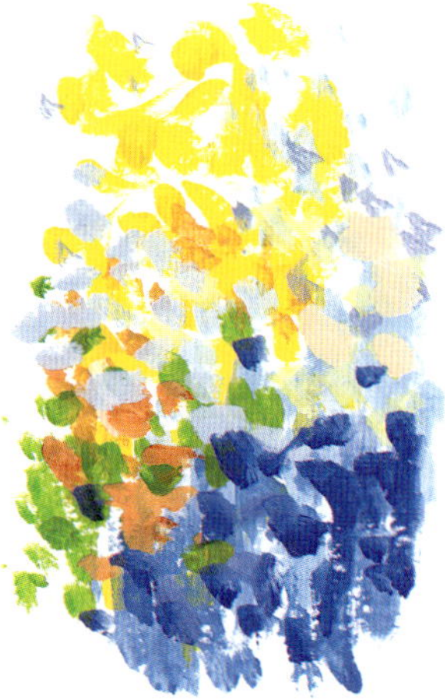

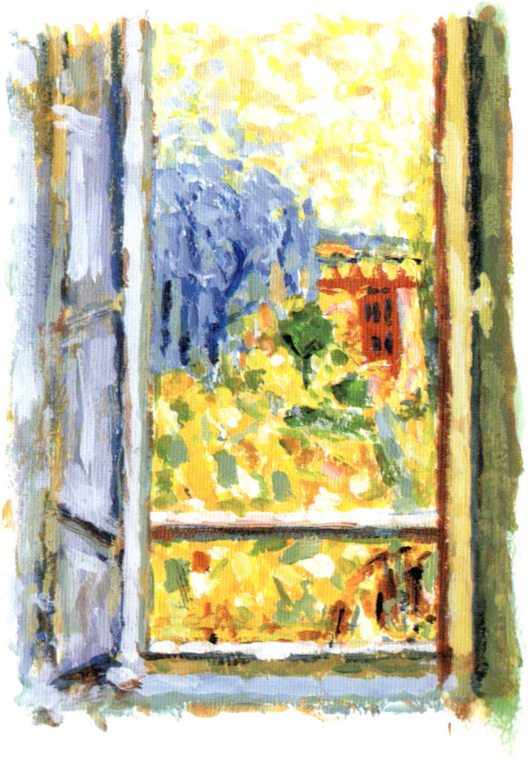

D'après Bonnard

Travailler de mémoire ou d'après une esquisse stimule l'imagination. Pierre Bonnard (1867-1947) a travaillé ainsi, en s'appuyant sur un souvenir plutôt que sur son sujet lui-même. Il a utilisé des couleurs complémentaires fortes et éclatantes pour évoquer le soleil brûlant et chatoyant du sud de la France. Bonnard ne suivait pas de procédé rigide pour appliquer la peinture, ce qui donnait à ses sujets un aspect imprévisible. Contrairement aux impressionnistes, il grattait d'abord des couches de couleur avant d'ajouter de nouvelles touches d'empâtement, et recourait également par endroits à des couches de glacis.

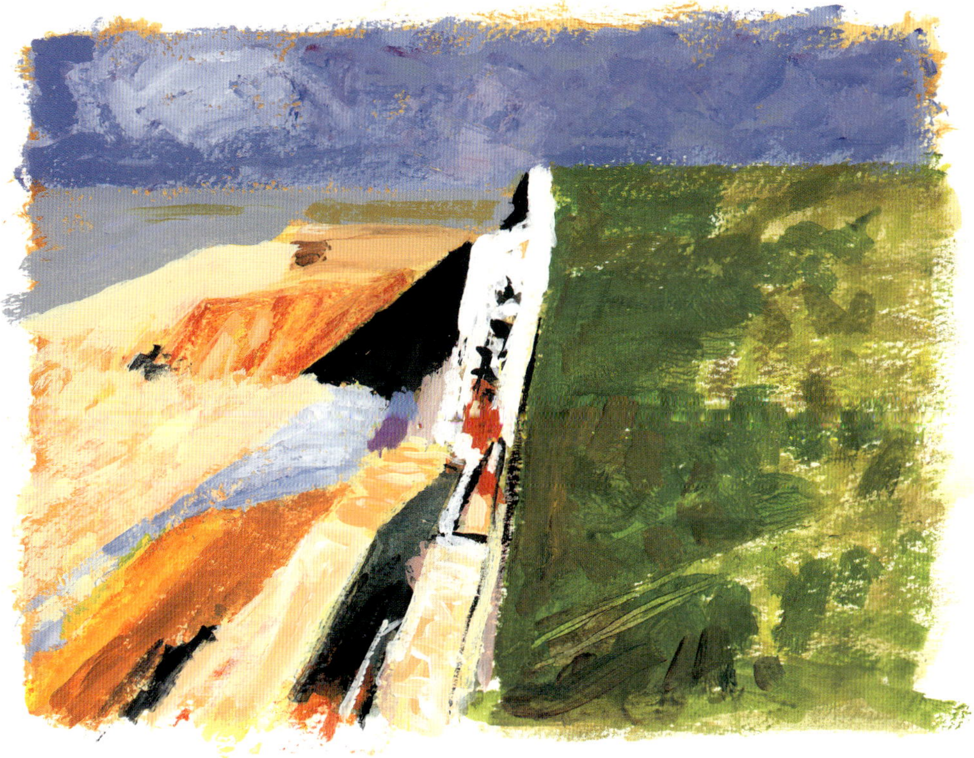

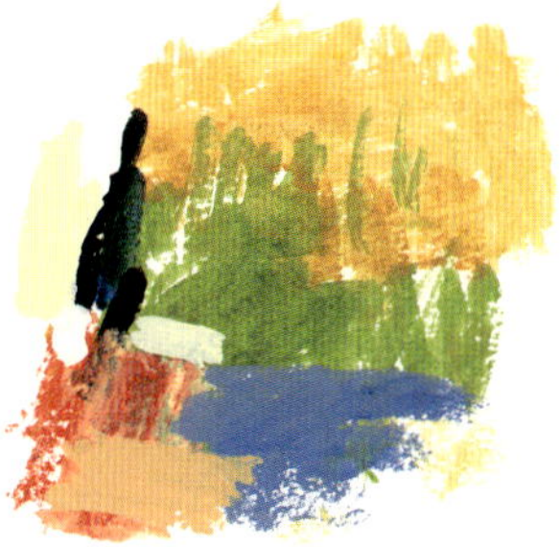

D'après Diebenkorn

Les éléments figuratifs d'un paysage ou d'une marine peuvent parfois apparaître comme des formes abstraites. C'est ce qu'a démontré le peintre californien Richard Diebenkorn (1922-1994), avec une grande sensibilité à la forme et à la couleur, ainsi qu'une compréhension innée de l'harmonie picturale. Ses objets sont à la fois nets et flous, car leurs contours sont simultanément distincts et indistincts. Les aplats de couleur, appliqués en nuances subtiles, se chevauchent doucement et s'enveloppent. Un emploi harmonieux de la couleur et la construction méticuleuse de ces zones « fondues » procurent au lieu une atmosphère émouvante.

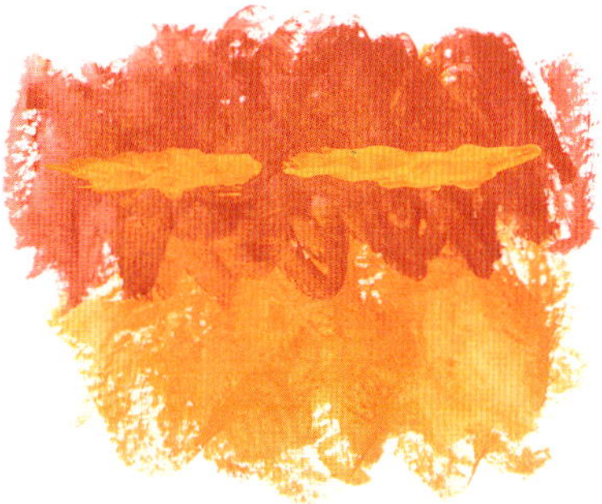

D'après Rothko

Les taches de couleur unies généreusement appliquées de cet artiste américain décrivent un espace peu profond, et une humeur sombre. Mark Rothko (1903-1970) construisait de simples rectangles caractéristiques – et généralement asymétriques – à partir de lavis successifs de couleur à l'huile diluée. Les contours sont délibérément brouillés, sur fond humide, et donnent à la toile une étrange résonance rougeoyante. Là où la bande jaune saturée recouvre une bande plus pâle de rouge délavé, l'illusion de flottement devient étonnamment puissante. La palette de couleurs atténuées en accentue encore l'impression, témoignant de l'efficacité de l'emploi limité de la couleur.

Le langage pictural

La peinture est un langage, au même titre que la musique, le théâtre ou l'écriture. C'est une alternative au langage parlé qui tisse notre quotidien. Si les faits ou les informations s'accommodent mieux de phrases simples et directes, les humeurs, sentiments et expériences sensorielles peuvent être traduits de façon plus subtile par une texture ou un jeu d'ombre et de lumière.

Coups de pinceau, barbouillages et touches peuvent exprimer la réalité tout en plongeant dans l'imaginaire, ils reproduisent l'instant, ou évoquent le passé. Avec la pratique, votre aisance devrait automatiquement glisser vers un style distinctif « d'écriture ». Étudiez les œuvres à l'huile et à l'acrylique des autres peintres : si tel élément de style vous plaît, il peut devenir votre touche propre. L'imitation est une excellente manière d'apprendre les secrets de la réussite des autres artistes.

Vous aurez du mal à acquérir un style personnel du jour au lendemain – pour certains, cela peut même être source d'une angoisse considérable – mais soyez sûr qu'avec la pratique et la réflexion, vous y parviendrez.

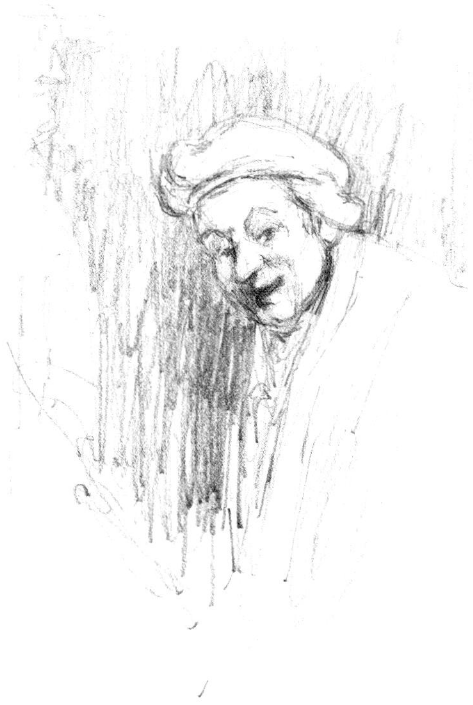

CONSEIL

Évitez de devenir un simple imitateur du style d'autrui en réfléchissant au sens que vous souhaitez donner à votre tableau avant de commencer. Ensuite, pensez aux divers éléments picturaux – couleur, ton, composition – ainsi qu'à la technique et à la manière dont vous pouvez les exploiter pour vous exprimer. Le style doit toujours passer après le contenu : ce que vous dites doit prendre le pas sur la manière dont vous le dites.

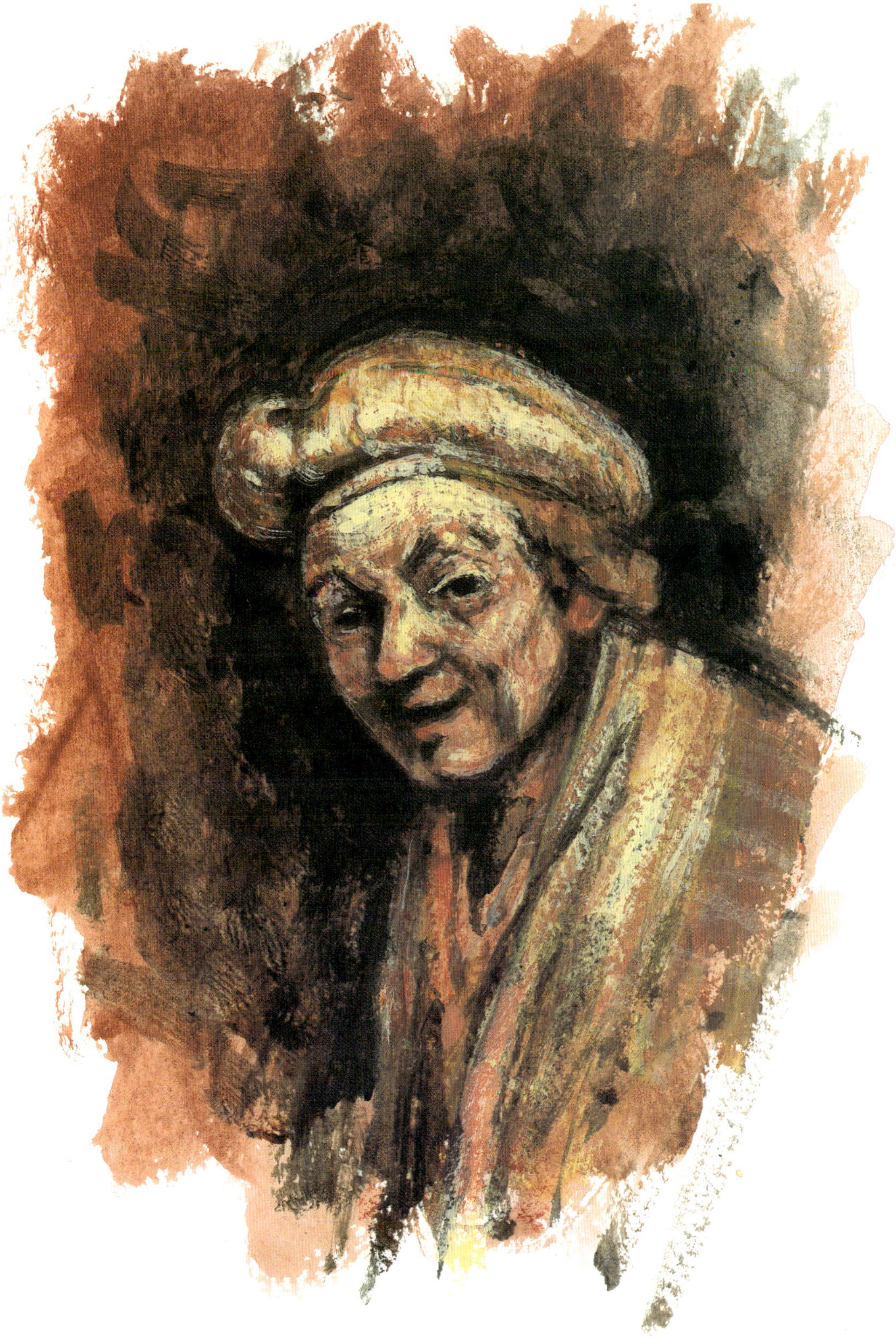

D'après Rembrandt

Le maître Rembrandt Harmenszoon Van Rijn (1606-1669) développa une technique révolutionnaire de peinture à l'huile. Son ample maniement de la peinture et la richesse de ses couleurs sont éblouissants. Au lieu d'imiter laborieusement les formes peintes, il les suggérait en associant de minces glacis et d'épais empâtements. Parfois, volutes et crêtes de peinture se dressent à la surface du tableau, reflétant la lumière et donnant ainsi une forte impression tridimensionnelle. La nature « suggestive » de son œuvre donne à ses toiles un effet inachevé, et l'emploi d'un épais fond brun comme base était très inhabituel pour l'époque.

Rembrandt était un maître du clair-obscur, entremêlant lumières douces et ombres intenses par touches suggestives et allusives, comme dans cette étude que j'ai réalisée d'après un autoportrait de 1662. Ses tableaux possèdent des significations profondes et universelles, qui nous stupéfient aujourd'hui encore. Son langage personnel clairement défini, et son ravissement purement sensuel face à l'aspect physique de la peinture à l'huile ont ouvert la voie à des générations d'artistes.

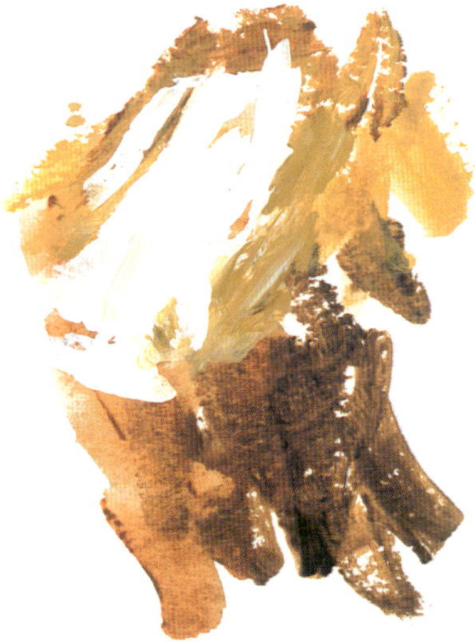

L'abstraction

Tout ce que nous voyons contient des éléments abstraits, en particulier lorsque certaines zones d'une scène sont isolées et agrandies sur la toile du peintre. Pour de nombreux artistes, l'abstraction constitue le but final d'un voyage créatif commencé dans l'art traditionnel. En explorant vous-même l'abstraction, vous comprendrez et accepterez plus facilement l'œuvre de ceux qui ont fait le choix de s'engager dans cette voie.

Il existe deux groupes distincts de peintres abstraits. Les premiers sont expressifs et émotifs, jetant sur leur toile de vigoureux coups de pinceau chargés de teintes chatoyantes. Les seconds sont davantage concernés par la construction logique et géométrique, recourant souvent à une palette restreinte et contrôlée. Paul Klee était expert dans ces deux domaines, de même que Wassily Kandinsky. Ces deux artistes introduisirent une discipline stricte dans leur travail en appliquant les structures musicales à celles de la peinture.

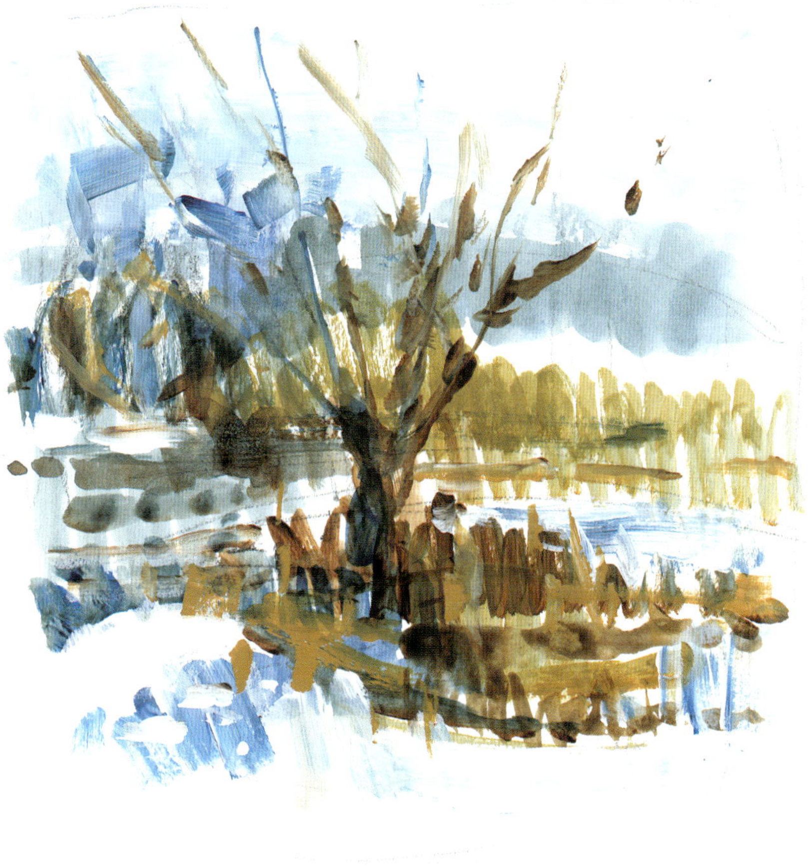

De rapides études à l'acrylique, réalisées alla prima *un jour de neige, ont fourni le point de départ de quelques esquisses abstraites. En regardant autour de moi, j'ai remarqué des fragments de glace brisée sous mes pieds, et de grands joncs d'un brun Sienne pris dans des plaques d'un blanc bleuté qui semblaient flotter à la surface du marécage. Les œuvres qui en résultent, constituent une exploration purement sensorielle de la couleur et de la texture ; abstraites, elles reproduisent pourtant avec une précision remarquable l'expérience vécue.*

EXERCICE

Découpez deux morceaux de carton en "L" et disposez-les pour qu'ils forment un carré. Maintenez-les assemblés avec des trombones. En modifiant la taille de l'ouverture, vous pouvez isoler de petites zones d'un sujet et découvrir de nouvelles possibilités, abstraites, de composition. Les tableaux de cette page sont des exemples de ce que cette technique peut apporter.

Développez-la en réduisant l'ouverture de votre viseur et en le ciblant sur une partie visuellement intéressante d'un tableau figuratif existant. Identifiez les formes et les couleurs élémentaires, et créez de nouvelles compositions. Développez le thème en modifiant les couleurs.

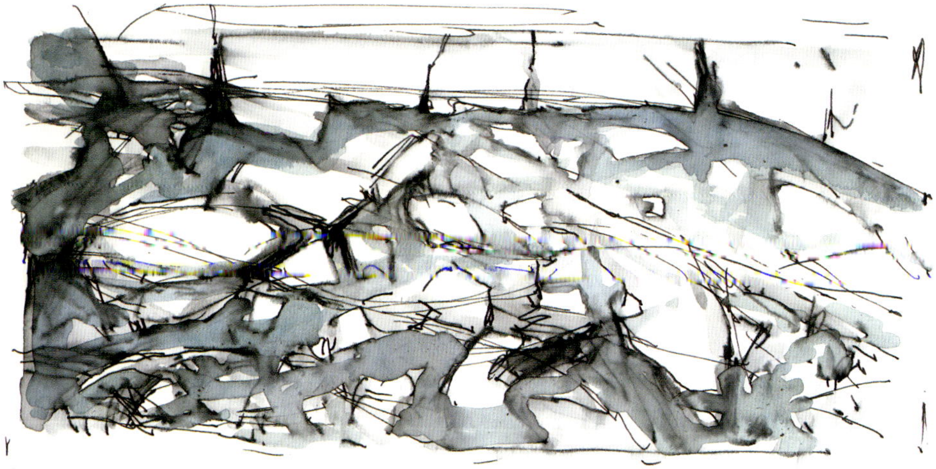

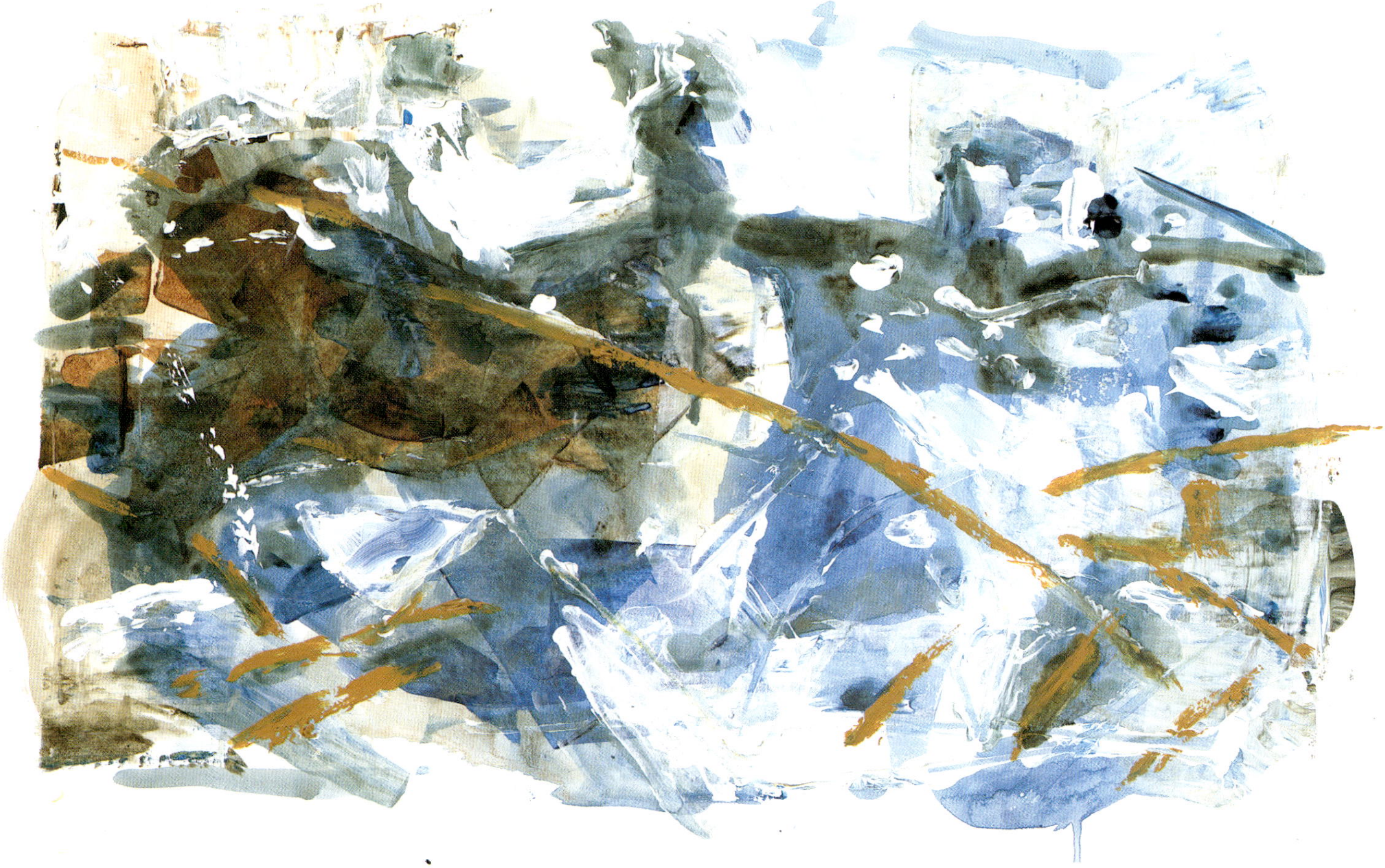

Le rythme

Quand on écoute de la musique, notre corps s'anime en écho au rythme et au tempo, et souvent sans même y penser, nous vibrons à l'unisson de la mélodie. C'est un peu la même chose en peinture. Le rythme est créé par une variété de coups de pinceau et les couleurs qui suivent le mouvement ou la forme des objets mis en scène, donnant au tableau ambiance et expression. Dessins, formes, lignes et teintes, souvent répétés, peuvent installer un écho qui retentit dans toutes les zones de la composition. Ces éléments, structurés comme un tempo musical ainsi que les cadences qu'ils créent, contribuent à animer l'image.

Un élément dynamique

Certains artistes misent tout sur le rythme, élément vital. Même lorsque la couleur est un composant fort, les tensions rythmiques insufflent de la vigueur à une composition. L'œuvre de Vincent Van Gogh (1853-1890) illustre parfaitement ce point. Ayant étudié le grand peintre baroque hollandais Pierre Paul Rubens (1577-1640), Van Gogh considéra soigneusement la richesse et la saturation de la peinture appliquée aux formes et à leur mouvement dynamique dans la géométrie de la toile. Les estampes japonaises, fort populaires à l'époque, influencèrent ses idées sur la précision et la structure. Il a donc incorporé ces qualités dans son œuvre pour développer son propre langage.

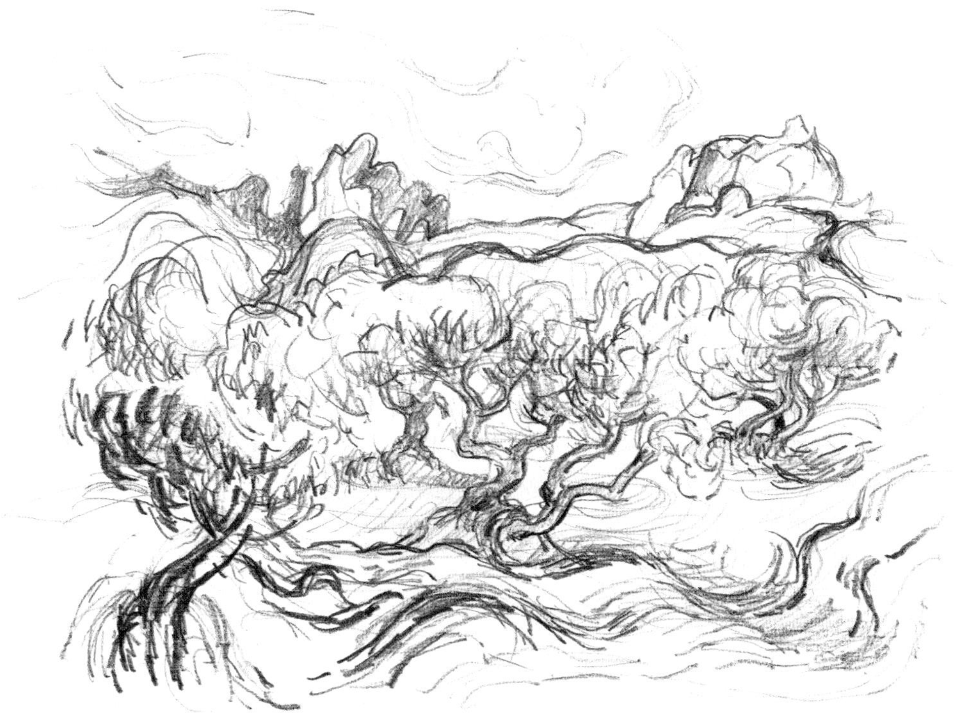

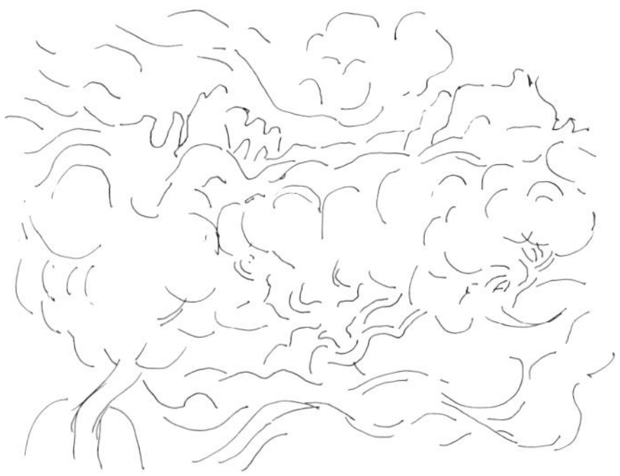

EXERCICE

Entrez dans le rythme

En pensant au rythme, choisissez vos maîtres favoris et décomposez leur œuvre en trois étapes, en commençant par de simples formes linéaires et en terminant par une esquisse à l'acrylique. Identifiez les rythmes qui contribuent à la réussite de l'œuvre et essayez d'imiter les coups de pinceau du maître et la consistance de sa peinture.

Pour illustrer cet exercice, j'ai voulu montrer l'aspect rythmique de l'œuvre de Van Gogh ; j'ai décomposé ses *Oliviers avec les Alpilles dans le fond* (1889), en supprimant la couleur pour se concentrer sur le mouvement. La première esquisse, un dessin à l'encre (à l'extrémité de la page de gauche), cible les principales masses avec les lignes directionnelles qui s'en dégagent, pour montrer l'équilibre et les contrastes de la composition.

La deuxième (page de gauche, au milieu) est une esquisse tonale plus dense, réalisée aux crayons 2B et 6B. Notez comme les masses principales ont été ombrées pour décrire les feuillages. Leur forme est essentielle pour le rythme général de l'image – Van Gogh a délibérément accentué et stylisé les branches noueuses et tordues, afin qu'elles fassent écho aux cumulus filant à travers le ciel. L'arbre du premier plan, à gauche, est aussi un élément important, car il impulse un mouvement vers la droite, provoquant un courant impérieux de traits ondulés. Les collines de l'arrière-plan reflètent ces formes et leur dynamique.

L'esquisse finale (ci-dessous) reprend ces éléments en utilisant un minimum de couleur, mais là encore, les tons sont obtenus par des traits audacieux et entremêlés, longs ou courts.

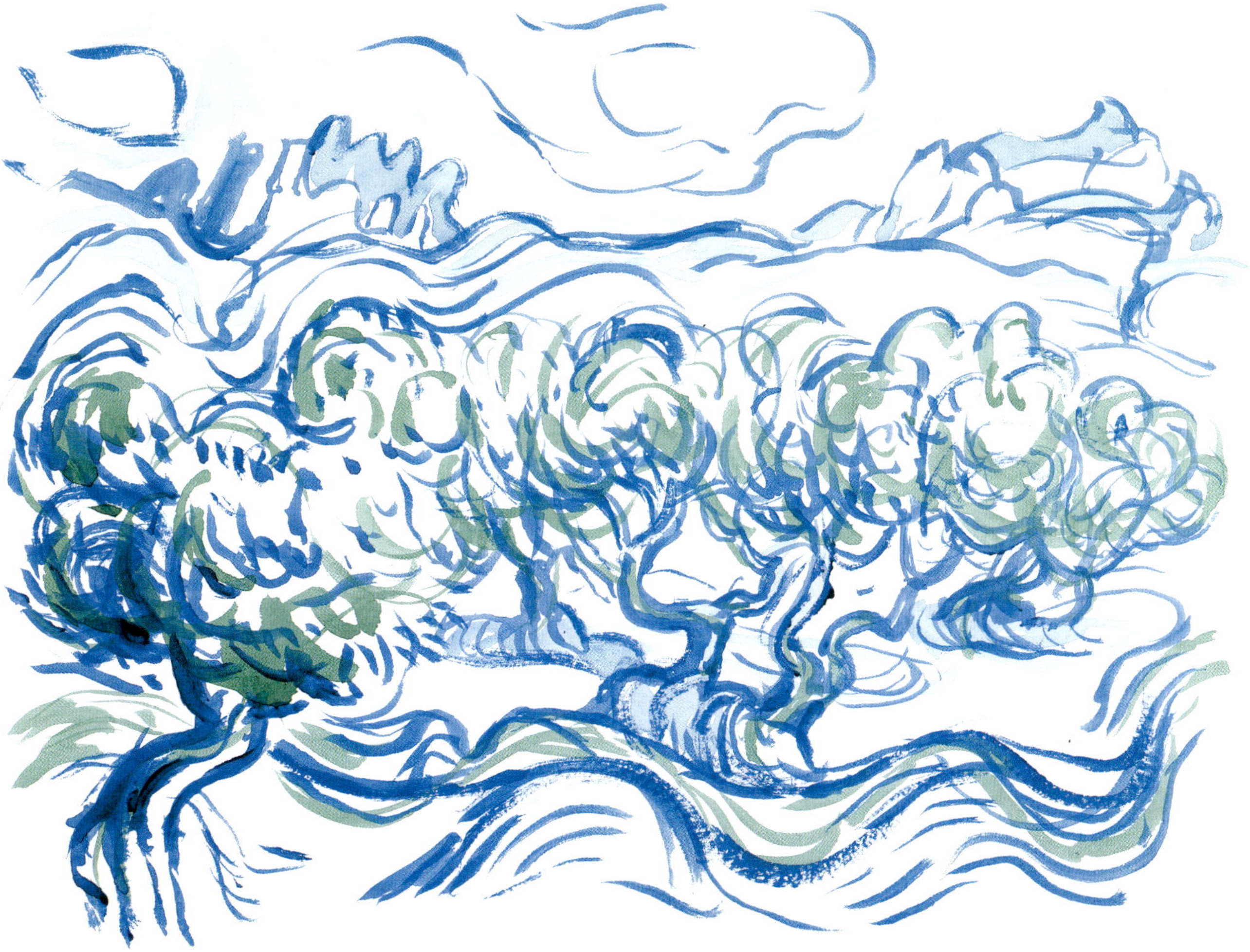

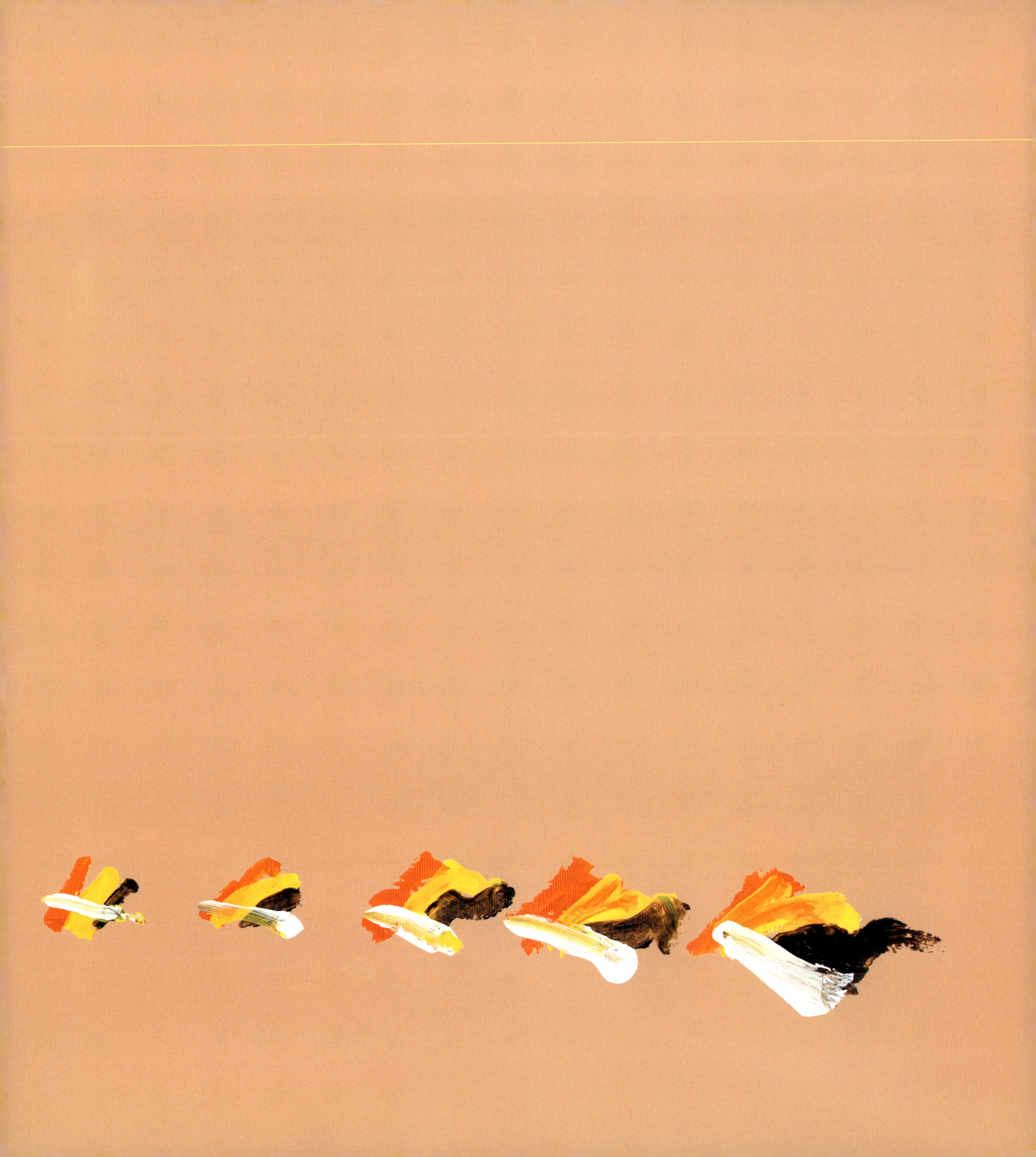

Cours avancés

Une scène villageoise

Cap au Sud

Lagrasse est un charmant village situé au cœur de la région vinicole de l'Aude. Son atmosphère tranquille en fait le lieu idéal pour dessiner et se détendre. Les couleurs intenses observées sous l'éclat du soleil cathare rappellent la palette « exubérante » développée par les coloristes fauves, dont Matisse et Derain, qui vécurent et travaillèrent sur les rivages de la Méditerranée au début du siècle dernier.

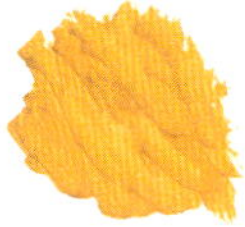

Ocre jaune

Bleu de cobalt

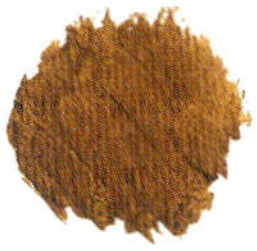

Ombre brûlée

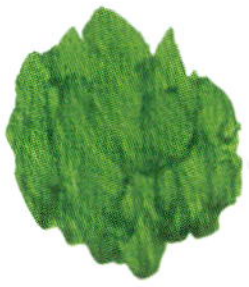

Vert émeraude

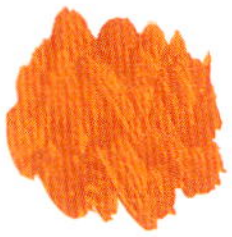

Orange de cadmium

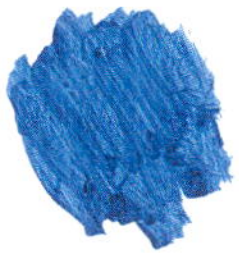

Bleu de Prusse

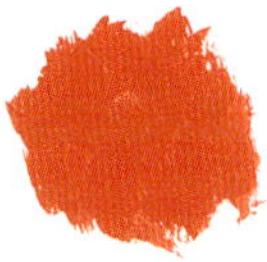

Rouge de cadmium

Blanc de plomb

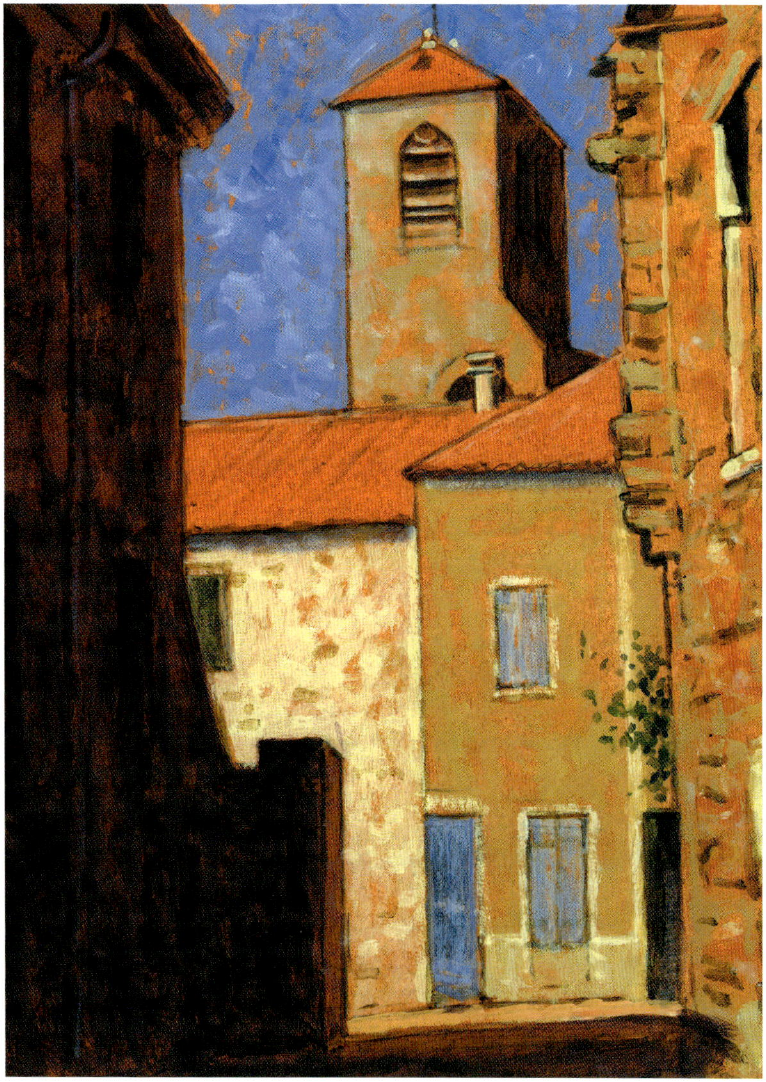

L'architecture, la pierre et la lumière ambiante se combinent pour créer une atmosphère particulière. Même les plus simples bâtisses peuvent fournir des indices sur la vie de leurs habitants ; bien qu'aucun personnage n'apparaisse dans cette image, une présence humaine est perceptible. Les bâtiments constituent un excellent point de départ lorsque vous réfléchissez aux éléments que vous voulez inclure dans votre tableau. Ils en définissent eux-mêmes les contours et les limites. Leurs formes régulières qui s'emboîtent aident à situer l'échelle, et des applications contrastées de tons et de couleurs créent l'illusion de la profondeur spatiale.

Après m'être promené dans le village, j'ai finalement choisi cet angle restreint pour sa simplicité, ses contrastes tranchés d'ombres profondes et de couleurs lumineuses, ainsi que les formes plates qu'ils engendraient. La lumière changeait rapidement au fil de la journée, jouant sur toutes les surfaces réfléchissantes, et il était intéressant de noter à quel point elle s'intensifiait en saturation et en chaleur au fur et à mesure que le temps s'écoulait. La tâche la plus difficile, et de loin, fut de prendre un cliché mental au moment le plus beau, de noter ces sensations sur le papier et de résister à la tentation de le retoucher.

Tandis que la journée avançait et que l'air se rafraîchissait progressivement, le rouge intense vira au pourpre, le jaune au doré, et le tableau fut terminé dans l'apothéose du soleil couchant estival.

Techniques utilisées

Pinceau sec *(page 39)*
Glacis *(page 40)*
Empâtements *(page 42)*
Couleur brisée *(page 60)*

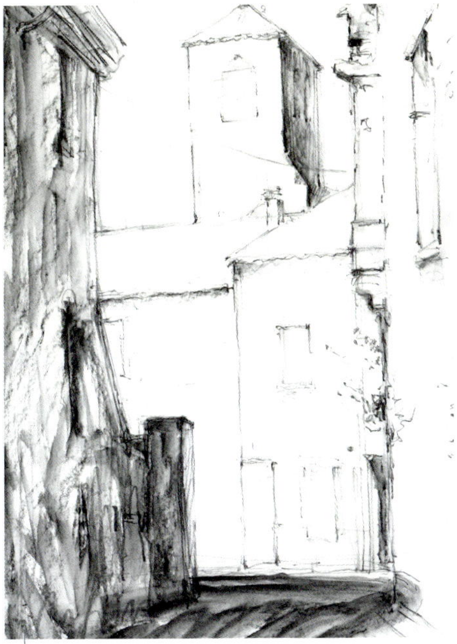

1 ***Esquisse tonale initiale***
Pour me familiariser avec le décor et élaborer les accents de la composition sur le plan tonal, j'ai réalisé un croquis assez rapide dans mon carnet à dessins avec un crayon tendre (6B) soluble dans l'eau. Les formes accentuées ont été esquissées, et les plans ombrés rapidement fondus avec un pinceau rond n° 6, humide, en poils de martre.

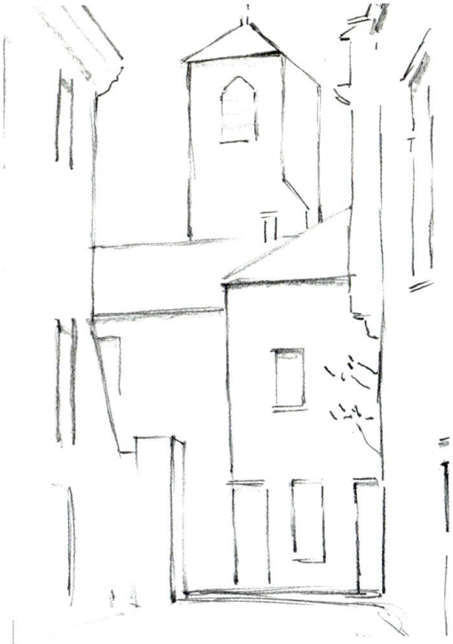

2 ***Esquisse préparatoire au trait***
Le processus de simplification ou de « relecture » est essentiel dans toutes les formes d'art. Résister à la tentation d'inclure des détails inutiles est une leçon difficile à apprendre, mais elle facilite le travail du peintre. Le fusain est idéal pour les dessins préparatoires car les traits indésirables peuvent s'effacer au chiffon sec. J'ai gardé cette première esquisse au trait aussi simple que possible en n'utilisant que des formes définies et géométriques, mais en prêtant une attention particulière aux angles des toits et des murs, qui étaient d'une importance vitale pour bien respecter la perspective.

4 *Ébauche et dessin*

À présent que j'avais « saisi » le lieu, il était temps de transférer les informations de mes esquisses sur papier. J'ai choisi une surface pressée à froid, dont la texture moyenne se prête bien aux lavis fluides. L'application de coups de pinceaux secs sur cette surface fait apparaître une texture grossière. Après avoir mélangé ombre brûlée et rouge de cadmium à de l'eau, j'ai appliqué un fond de lavis dilué sur toute la surface avec un pinceau plat à tête ronde n° 10 en soies de porc. Les coups de pinceau larges mais contrôlés ont été exécutés par bandes horizontales d'un côté à l'autre, et de haut en bas. Les lavis ne sont pas parfaitement unis, mais cela n'avait pas d'importance car le but de cette ébauche était de réchauffer le décor. Une fois le lavis sec, la scène a été dessinée à coups de fusain légers et nets.

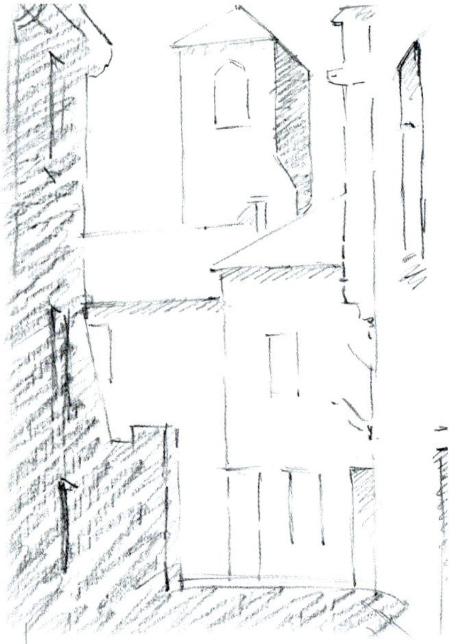

3 *Embellissements et ajustements*

Il peut être utile d'hachurer légèrement les principales zones d'ombre comme préparation au lavis à la couleur acrylique. Bien que ces traits supplémentaires n'aient qu'un objectif temporaire, ils aident à cibler la composition future et à clarifier les profondeurs de teintes qui seront appliquées en glacis à l'acrylique. Notez comme le « cadre » accentué du bâtiment au premier plan entraîne le regard directement au centre de l'image.

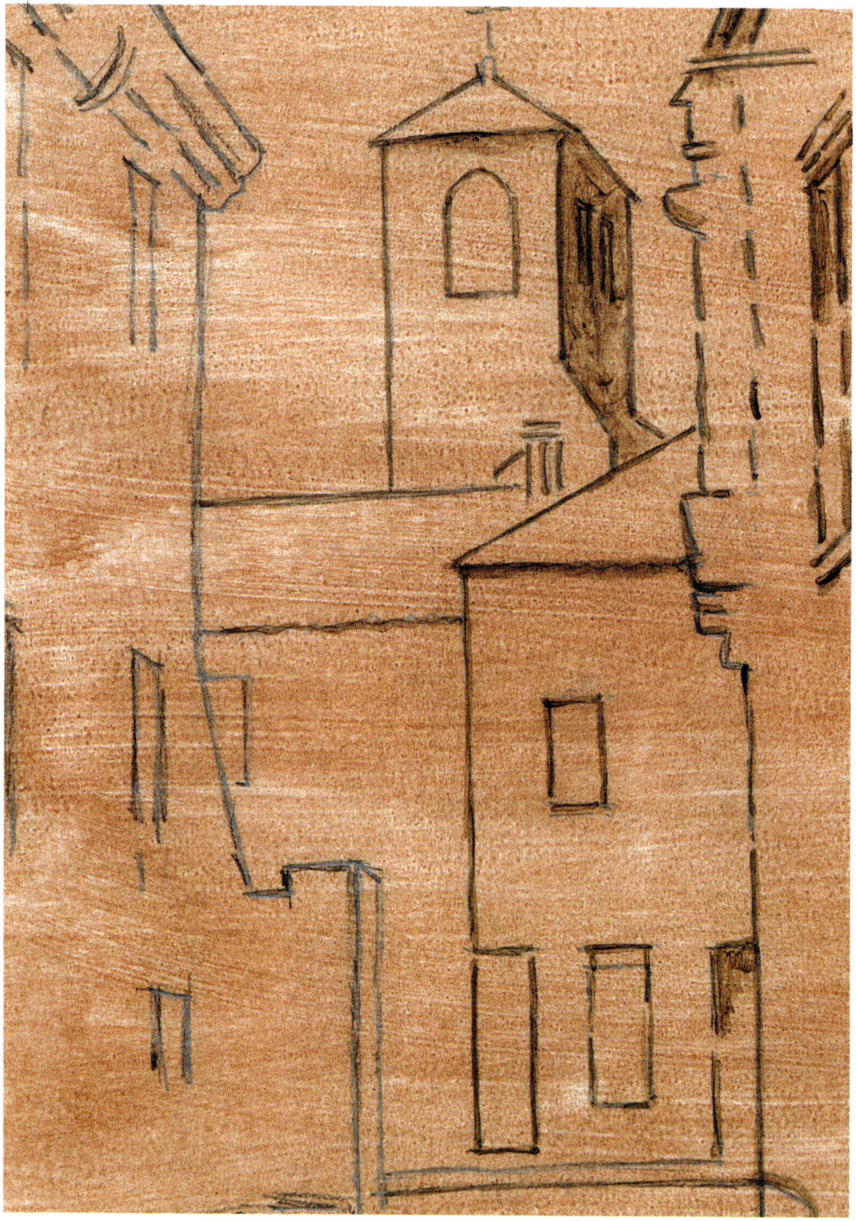

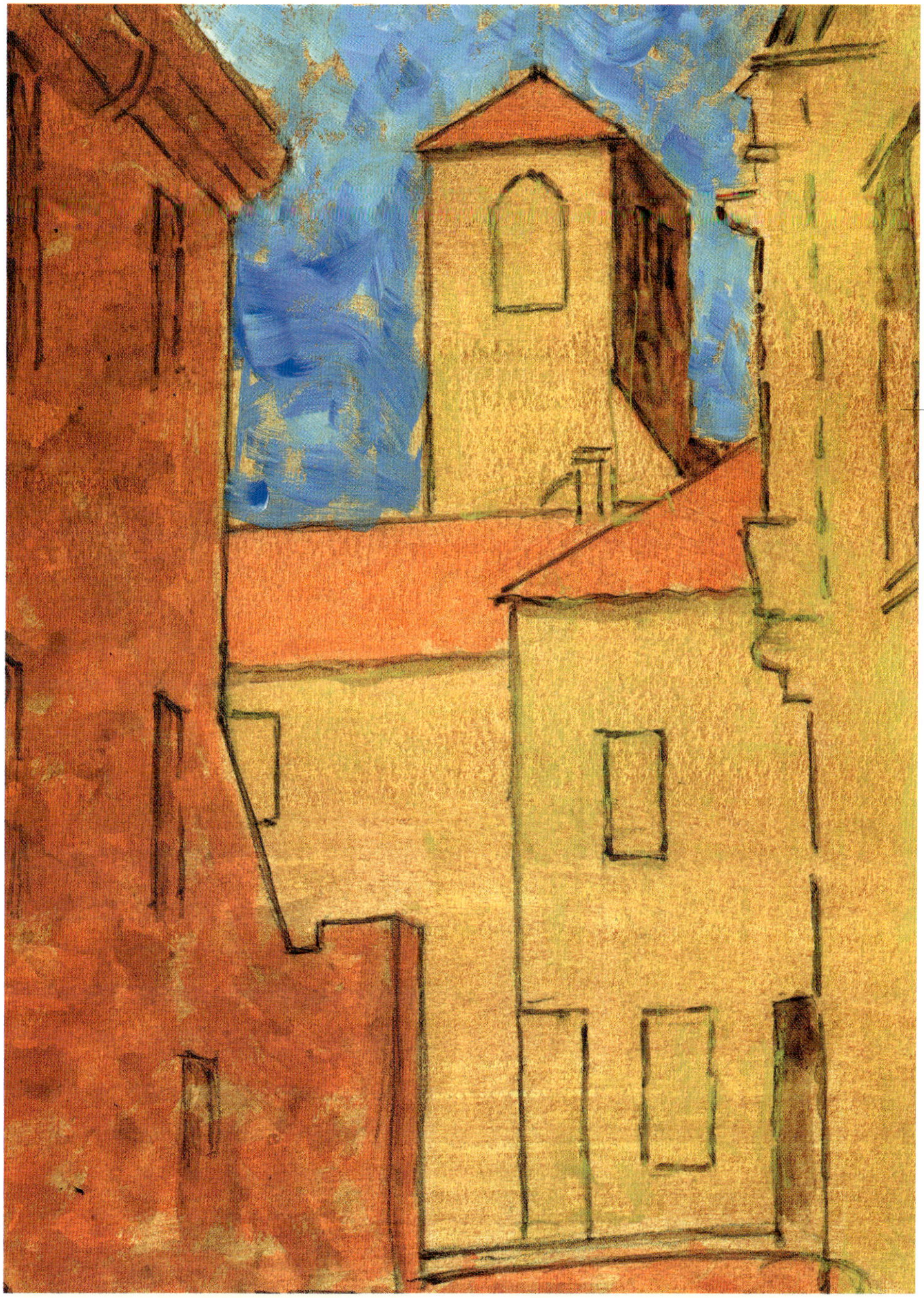

5 *Application de la couleur*

J'ai construit un réseau lâche de couleurs en utilisant des lavis fins, et d'autres plus épais, d'acrylique diluée, brossés avec un pinceau plat relativement large, en soies de porc. Pour le contour plus sombre du bâtiment du premier plan, j'ai employé un mélange chaud et intense d'ombre brûlée et de rouge de cadmium, que j'ai laissé s'interrompre de façon irrégulière sur toute la surface. Quand d'autres couleurs sont ajoutées, les couches inférieures apparaissent et créent une sensation de lumière. Le ciel a été peint à touches plus sèches d'empâtements, en mêlant du bleu de cobalt à de petites touches de bleu de Prusse. Les toits ont été appliqués en bloc avec un mélange de rouge et d'orange de cadmium.

Touches finales

Pour foncer les zones situées dans l'ombre, une couche supplémentaire de bleu de cobalt et de rouge de cadmium a été brossée sur le premier plan et sur la chaussée. L'étape suivante était l'addition des derniers détails avec des pinceaux plats en soies de porc n° 2 et n° 4. Un soupçon de vert émeraude mélangé au bleu de cobalt était parfait pour les volets et la porte, et les simples détails de la maçonnerie et des encadrements ont été dessinés au pinceau sec, chargé de bleu de Prusse ou de blanc. Des glacis supplémentaires d'ombre brûlée et d'ocre jaune couvrent la tour et les murs pour leur donner plus de profondeur et un fini réaliste. Enfin, d'autres ajustements ont été apportés au mur le plus clair afin qu'il contraste heureusement avec les murs adjacents.

Paysage 1

Oliviers

Les scènes complexes peuvent être difficiles à peindre, alors que le sujet le plus simple est souvent le plus éloquent lorsqu'il est reproduit avec une bonne technique et un emploi judicieux de la couleur. Tout élément de votre environnement est porteur d'un potentiel ; n'importe quel objet peut faire l'objet d'un tableau digne de ce nom.

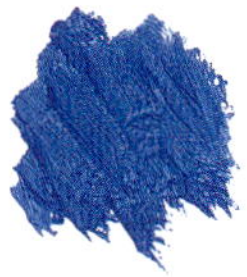

Bleu outremer

Blanc de plomb

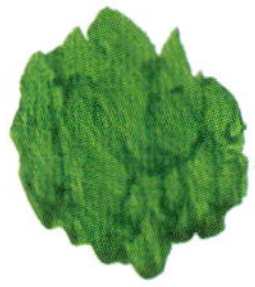

Vert de Hooker

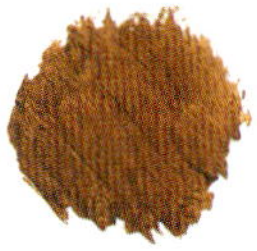

Ombre brûlée

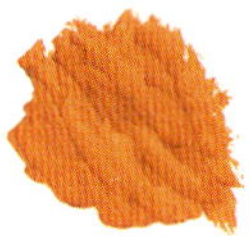

Sienne brûlée

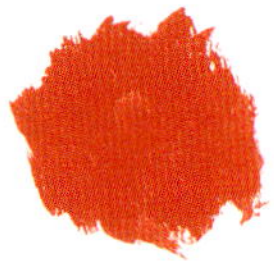

Rouge de cadmium

Jaune de cadmium

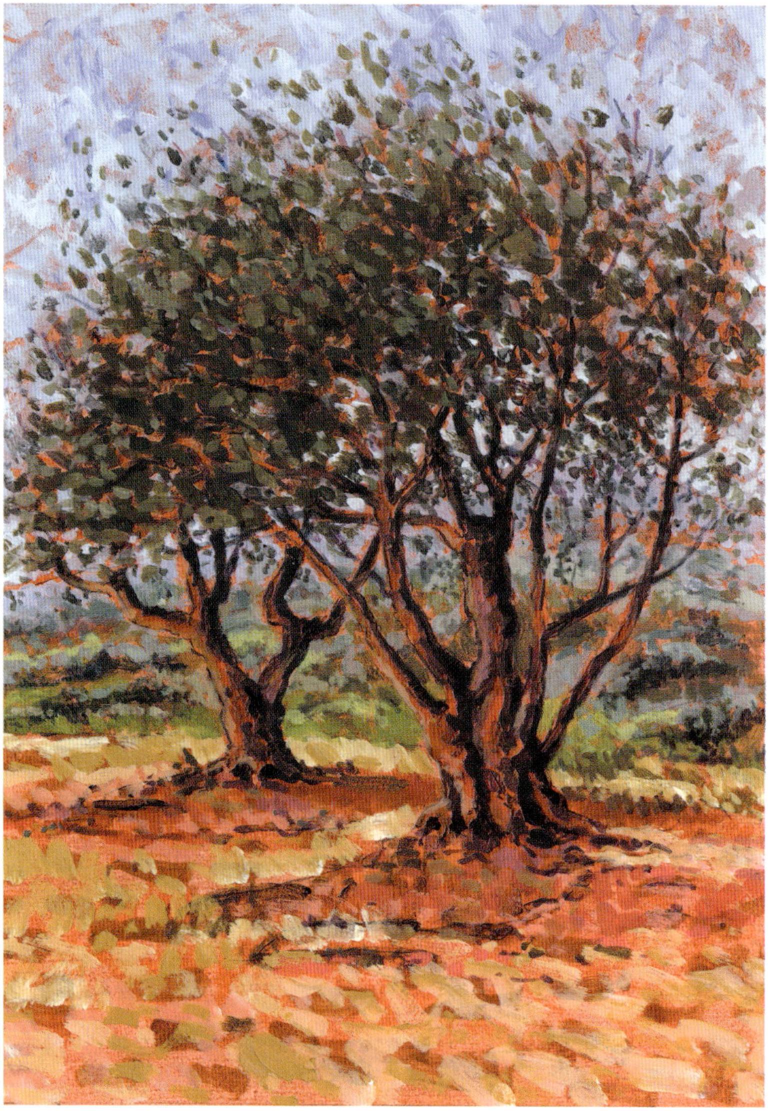

La chaleur de la journée et la lumière estivale intense suggéraient une étude à la manière des fauves, ces peintres qui ont créé des œuvres d'un éclat stupéfiant en opposant entre elles des couleurs pures. À son zénith, le soleil était éblouissant, et seule l'ombre des branchages doucement courbés, apportait un peu de repos au regard. La stimulation optique causée par la terre ocre gorgée de soleil et le feuillage luxuriant m'ont fourni les contrastes utiles à mon interprétation d'une journée d'été torride.

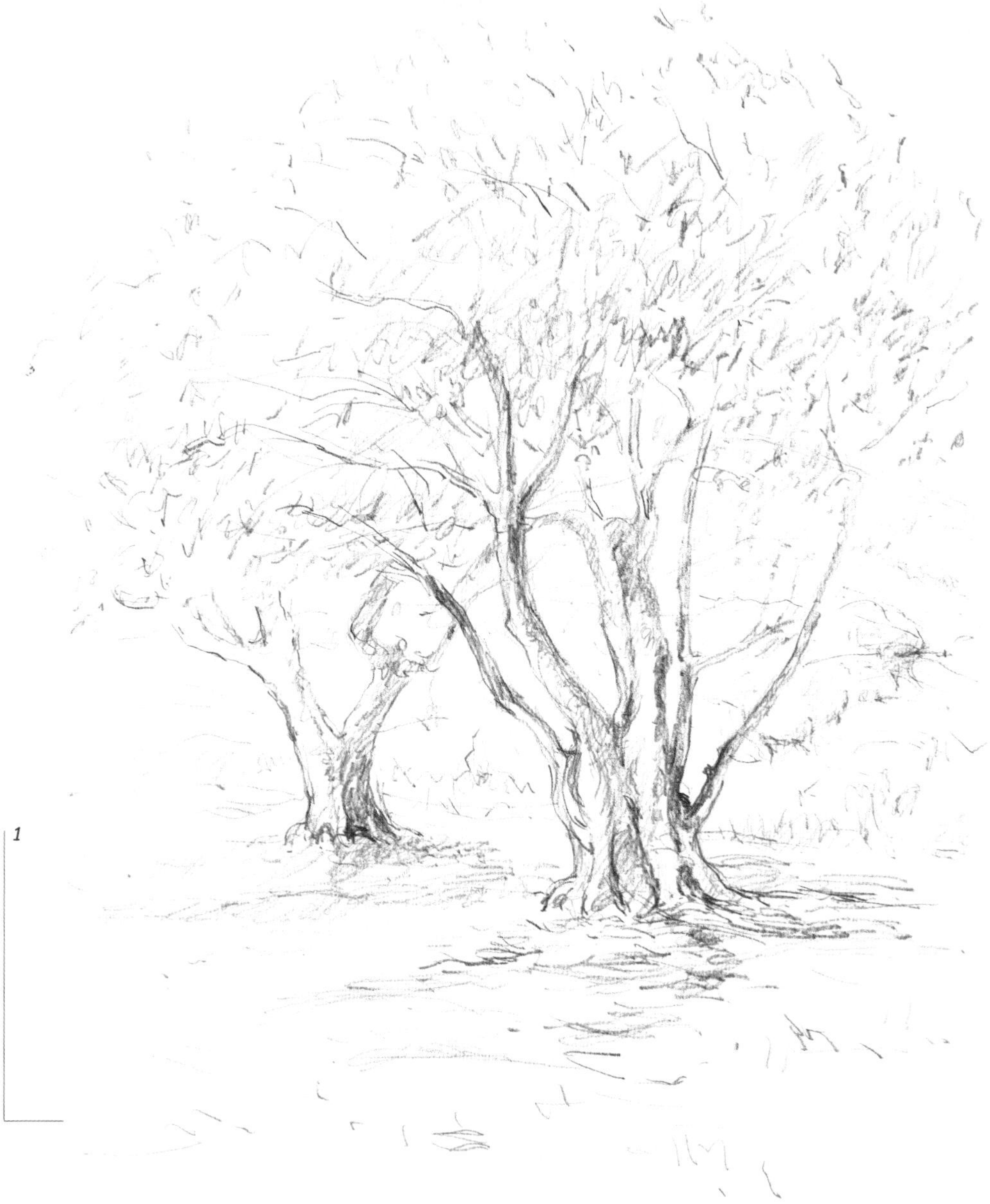

Esquisse initiale au crayon 1

Ayant décidé l'effet que je souhaitais obtenir, je me suis concentré sur les deux oliviers du verger, qui devaient fournir le thème principal. Leurs positions respectives étaient parfaites pour une étude en gros plan d'un format portrait. Le plus grand des deux arbres, qui s'étendait en éventail au-dessus du plus petit, donnait une impression de profondeur spatiale. Cette esquisse au crayon 2B contenait toutes les informations tonales nécessaires à la peinture du tableau.

CONSEIL

Même quand vous peignez un sujet vif et coloré, essayez de restreindre votre palette à huit couleurs maximum. Parmi ces huit, choisissez-en seulement quatre dominantes. Moins les couleurs sont nombreuses et plus vos tableaux seront harmonieux et unifiés. Sur le plan pratique, cela signifie également moins de nettoyage et de rangement, une fois le travail terminé.

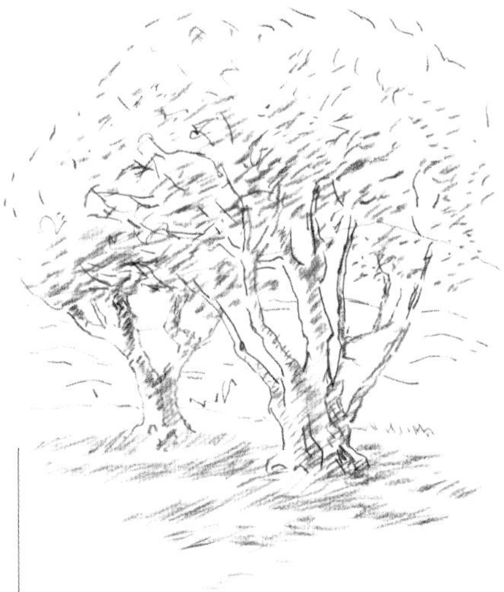

2 ***Esquisse tonale***
Il était nécessaire de simplifier la première esquisse en taches courtes et rythmées avant d'entamer le tableau proprement dit et de choisir les techniques appropriées. Même dans un matériau sec et monochrome, le sens des touches et leur application minimale sur les surfaces éclairées créent une forte impression de luminosité.

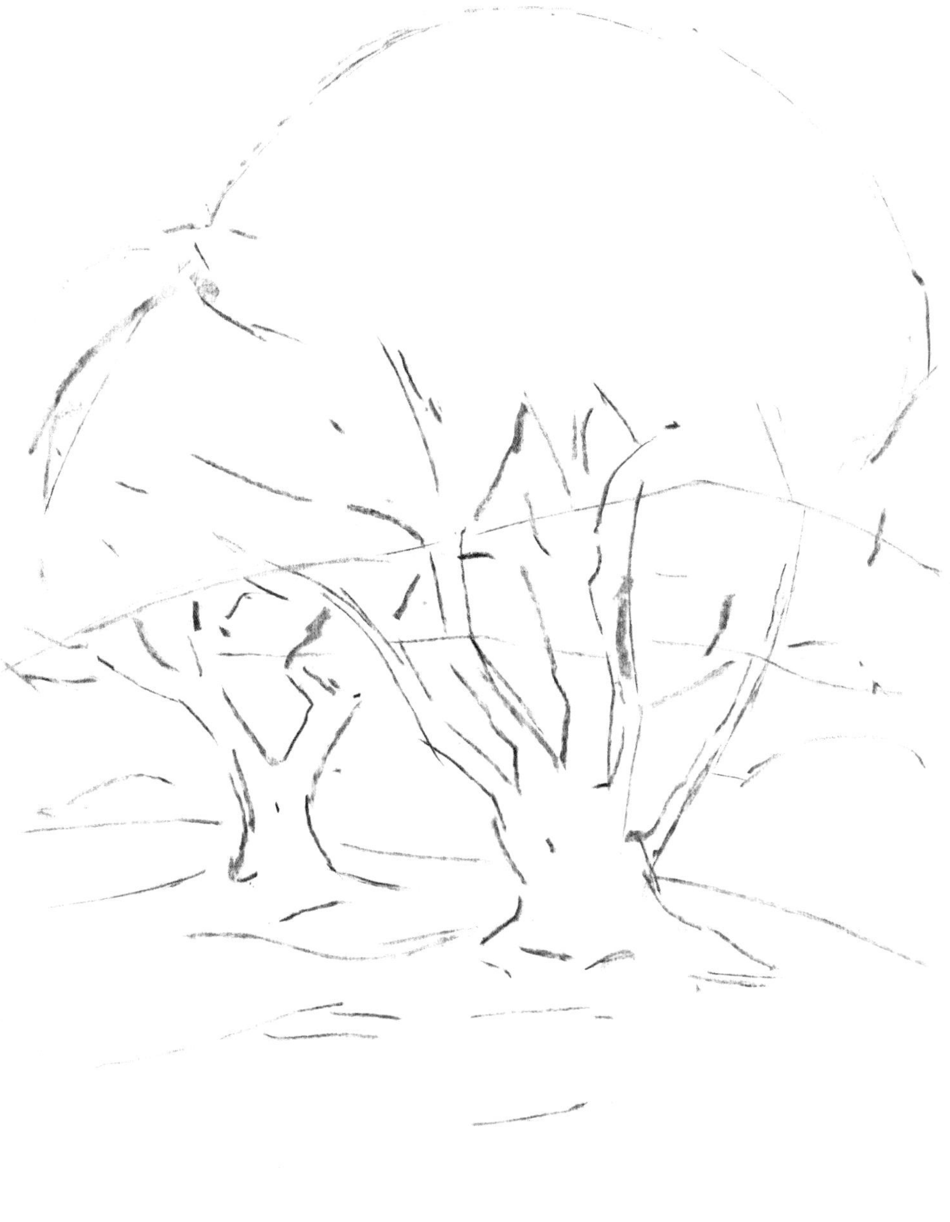

Contours au fusain 3
L'étape suivante réduisait encore les traits, via une composition tracée sur une toile apprêtée avec un fusain tendre. Un contour léger et précis des arbres a été centré dans la zone à peindre, de sorte que leurs branchages s'étalent d'un bord à l'autre.

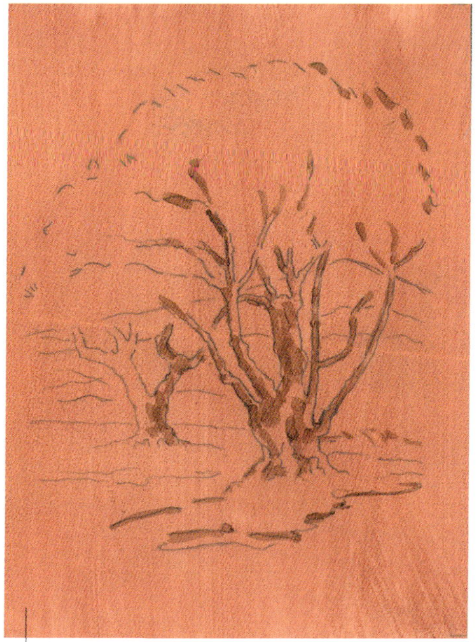

4 ***Ébauche***

Des couleurs à l'huile, rouge de cadmium et Sienne brûlée, ont été mélangées sur la palette puis diluées pour créer un fond atténué sur toute la surface. L'aspect coulant de cette sous-couche a créé un léger dessin ondulé sur la surface, dessin que l'on laissera apparaître à travers les couleurs lors des étapes suivantes.

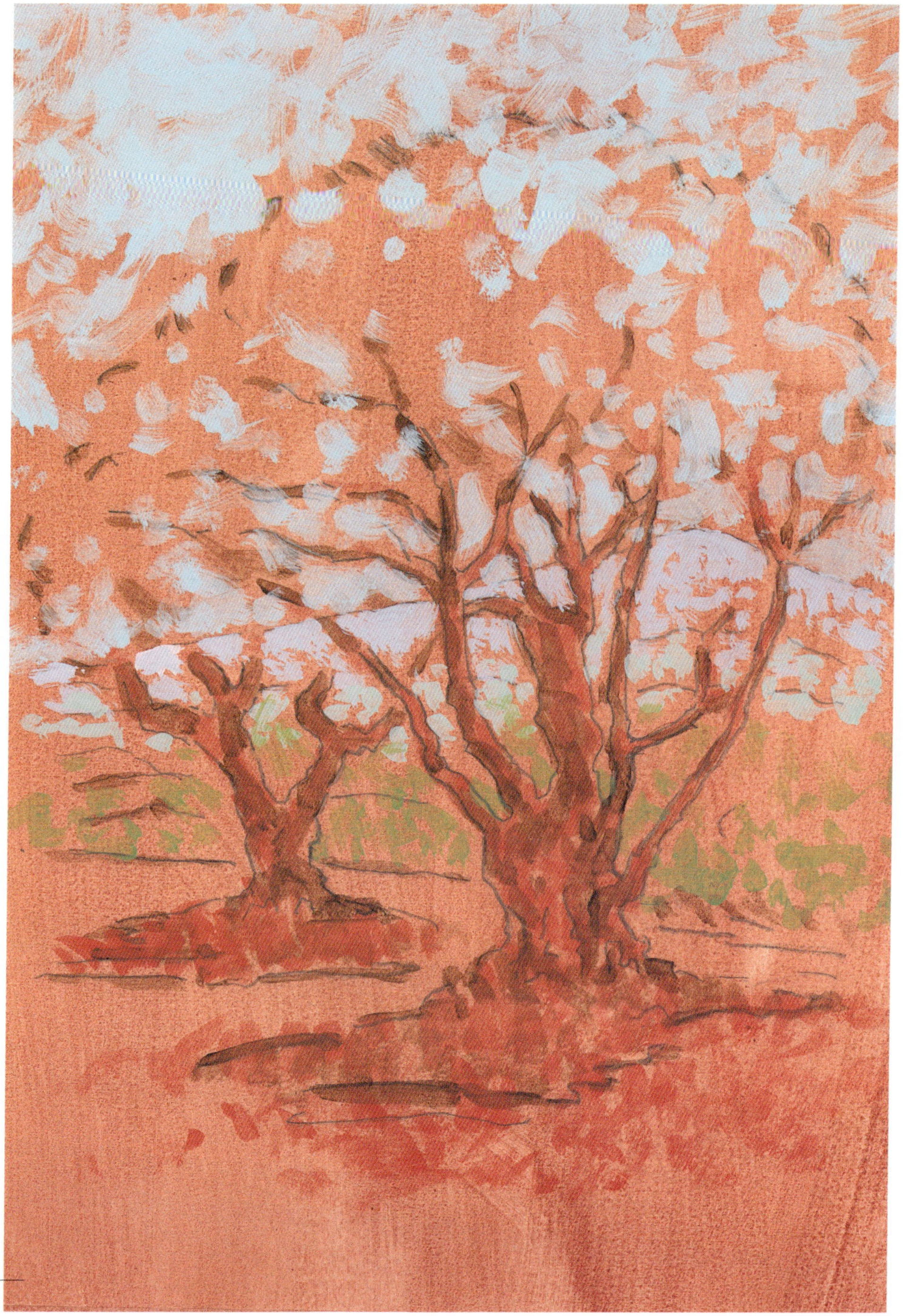

Couleurs de base 5

Bien que le rouge intense du ciel soit irréel, j'ai délibérément peint des touches de blanc et d'outremer sur cette base chaude pour provoquer une réaction complémentaire. Des touches plus lourdes du mélange de rouge de cadmium et de Sienne brûlée marquent les troncs et les branches pour traduire leur solidité. Recourant à la technique du pinceau sec, j'ai marqué les prairies de l'arrière-plan par de grands coups de pinceau rond n° 6 trempé dans du vert de Hooker, additionné de jaune de cadmium pour l'éclaircir.

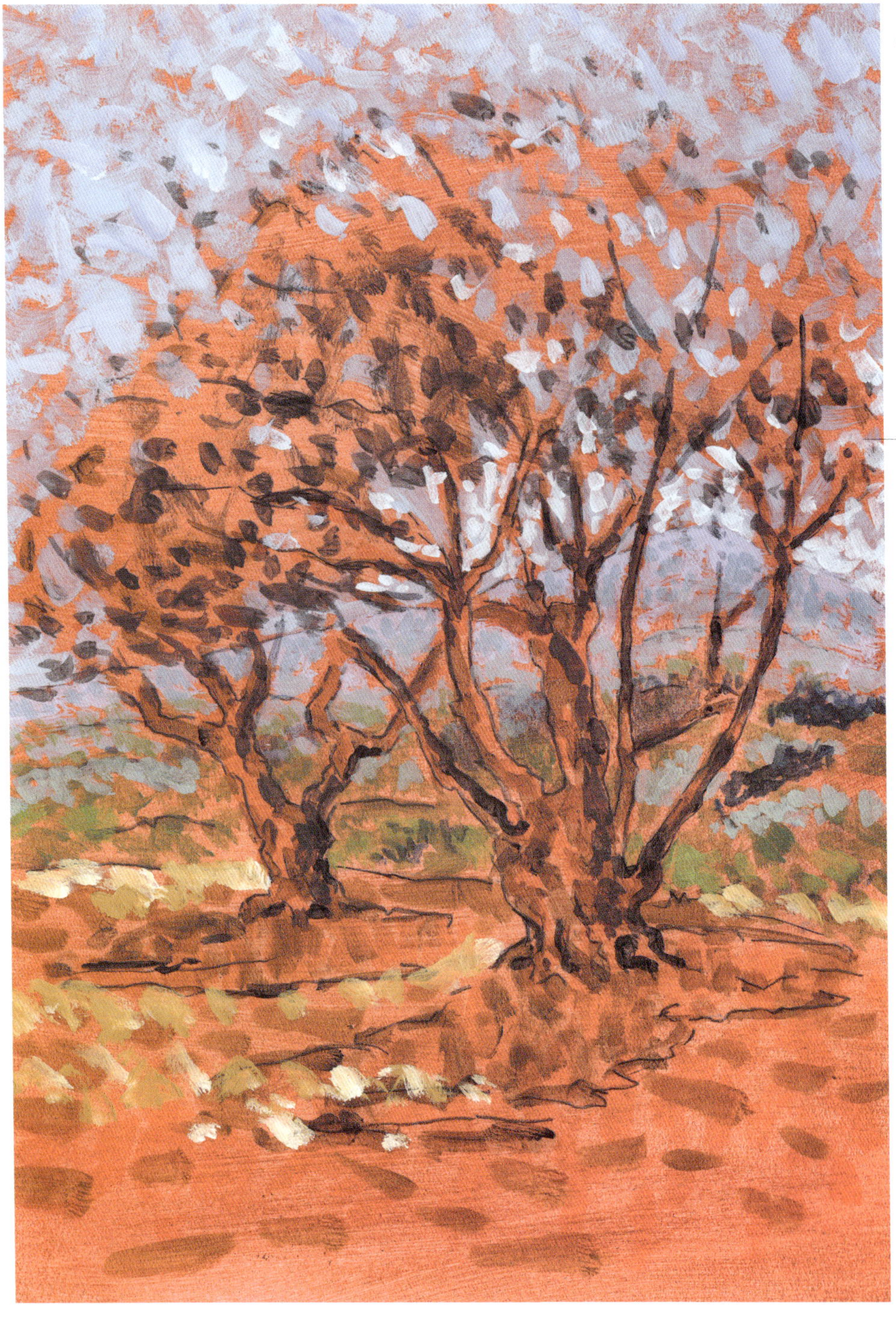

6 Application des couches

Ce type de tableau exige une certaine dose de réflexion préalable : j'ai laissé une grande quantité de rouge apparaître à travers le ciel bleu, particulièrement dans la zone délimitée du feuillage, parce qu'il allait représenter les tons les plus clairs. J'ai également ajouté des tons plus foncés à cette étape, en les appliquant par petites touches sur le côté inférieur du feuillage, à l'aide d'un pinceau plat à tête ronde de taille moyenne, chargé d'ombre brûlée. L'arrière-plan a été intensifié avec du bleu ajouté au vert pour foncer les zones d'ombre et créer de nouvelles ondulations dans le paysage. Pour ramener le regard vers les arbres et ajouter de l'éclat à la scène, des petits cailloux ont été introduits au premier plan par touches rapides de jaune crémeux, sur fond humide.

Techniques utilisées

Ébauche *(page 46)*
Couleur brisée *(page 60)*
Fondu *(page 54)*
Travail opaque *(page 42)*
Empâtements *(page 42)*
Pointillisme *(page 39)*
Peinture sur fond humide *(page 54)*

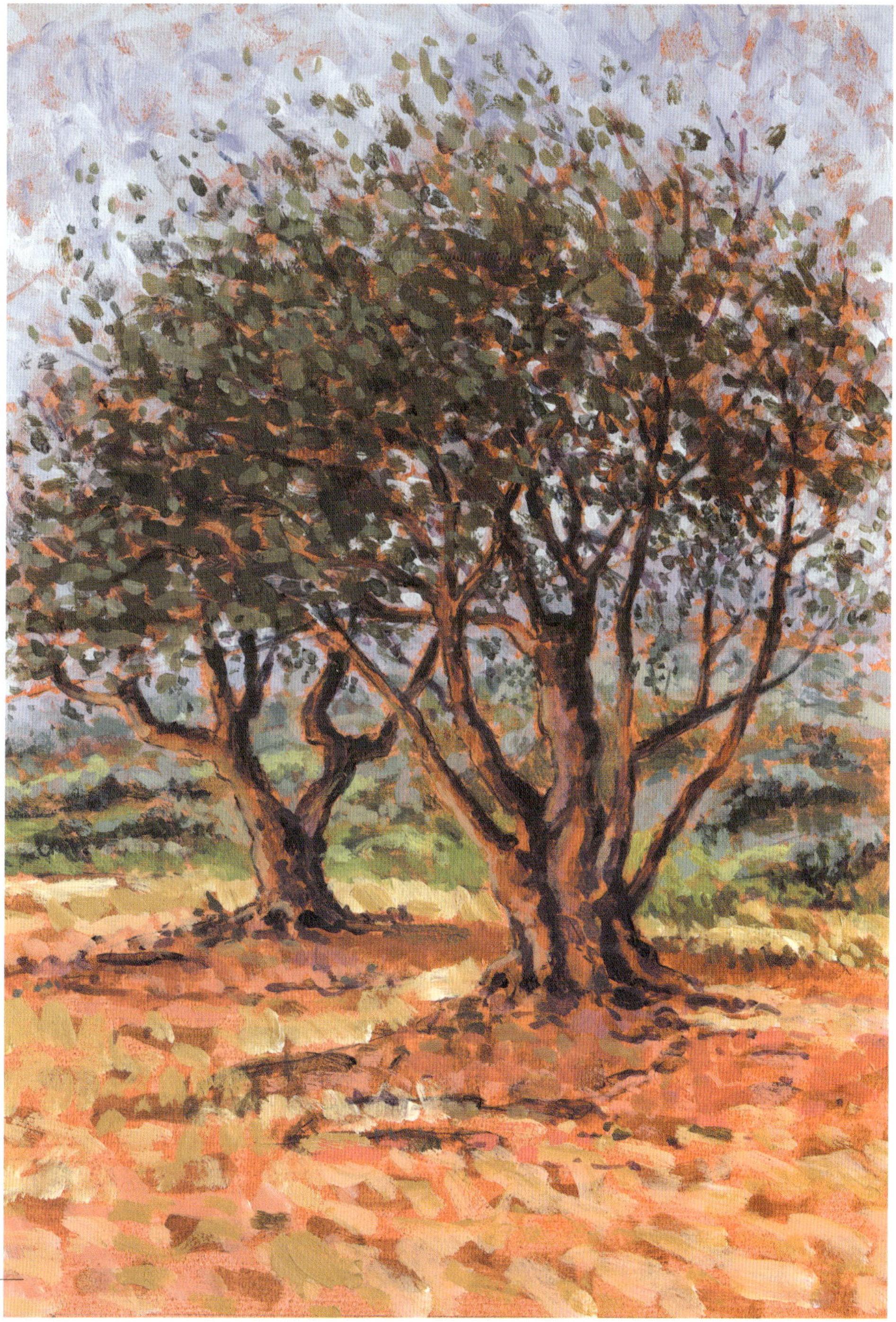

Touches finales 7
L'élaboration finale pour resserrer la composition a eu lieu en atelier, une fois le tableau sec. Le regardant avec un œil neuf, je lui ai apporté les modifications nécessaires. J'ai eu le sentiment que le feuillage des oliviers manquait de densité et j'ai donc ajouté de très petites touches imitant la forme étroite de leurs feuilles. J'ai utilisé de l'outremer, du vert de Hooker et de l'ombre brûlée, mais aussi de minuscules taches de violet dans les zones les plus sombres du feuillage et des branches. N'oubliez pas de laisser du rouge apparaître à travers le feuillage, ou vous tuerez l'effet désiré ! J'ai ajouté d'autres coups de pinceau au premier plan pour suggérer une terre aride et craquelée. D'épaisses bandes de jaune crémeux ont été déposées derrière les arbres pour rehausser le contraste et donner une plus grande impression de profondeur.

Lumière changeante

Reflets dans une fenêtre

La surface réfléchissante d'une fenêtre se prête merveilleusement à l'exploration des teintes et des tons particuliers aux scènes nocturnes, vues sous un éclairage artificiel. Les contours de votre toile délimitent déjà le cadre rectangulaire de la fenêtre, de sorte qu'il est inutile de recourir à une autre méthode de cadrage ou de visée. La superposition de reflets en provenance de l'intérieur entrant en collision avec ceux du dehors produit un festival étincelant de touches colorées.

Observer les surfaces réfléchissantes sous une lumière changeante est une chose, essayer de les peindre en est une autre ! Quand vous passez devant une fenêtre à la lumière du jour, votre vision des reflets change selon la quantité de lumière qui frappe la vitre.

De nuit, la lumière vient des deux directions ; l'éclairage intérieur et celui des réverbères étant souvent aussi forts l'un que l'autre. L'affaire se corse quand des objets proches de la fenêtre (à l'intérieur comme à l'extérieur) se reflètent avec plus d'intensité. C'est le cas par exemple d'une pièce aux murs remplis d'objets brillants, tels que miroirs ou sous-verre, qui renvoient la lumière dans toutes les directions.

L'objet de ce cours avancé est de vous aider à tirer parti des éléments importants de l'intérieur mais également de l'extérieur, de les construire astucieusement sur la toile et de traduire avec succès l'illusion de la lumière réfléchie.

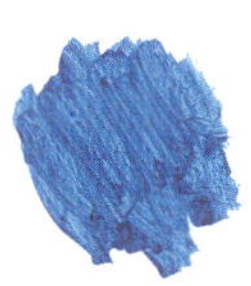

Bleu de Prusse

Bleu de cobalt

Blanc de titane

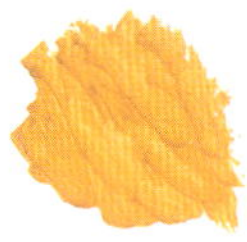

Ocre jaune

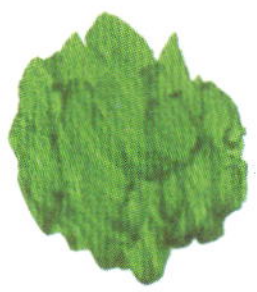

Vert de Hooker

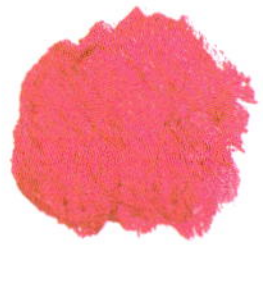

Alizarine cramoisie

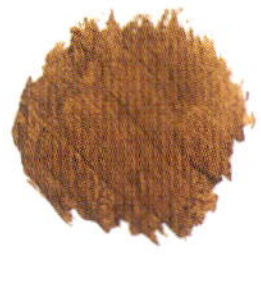

Ombre brûlée

Rouge de cadmium

Jaune de cadmium

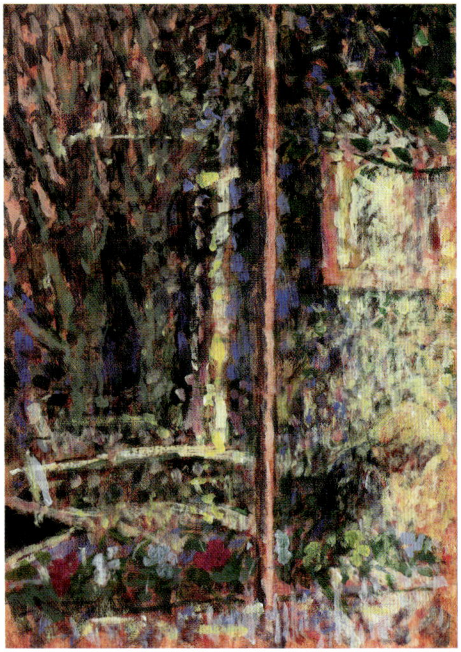

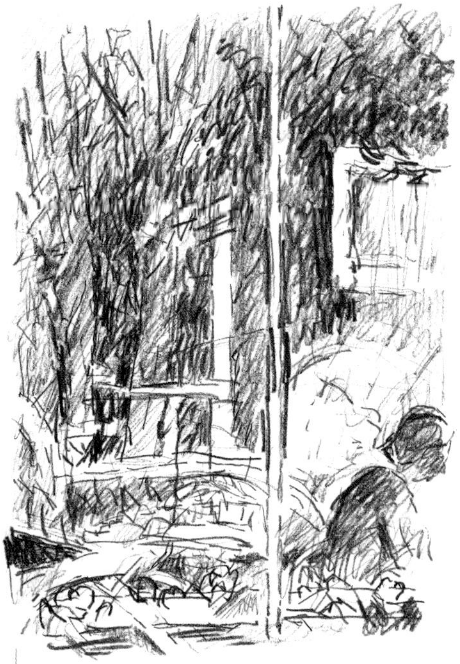

1 ***Esquisse initiale au crayon***
Cette étude vigoureuse a été dessinée à l'aide d'un crayon 6B très tendre, en notant la position des arbres du jardin et des poteaux de la clôture. Une telle esquisse rapide constitue une excellente manière de vous familiariser avec un sujet complexe et de résoudre les éventuels problèmes de composition. J'ai délibérément décalé le montant vertical de la fenêtre par rapport au centre pour créer un déséquilibre intéressant dans la composition.

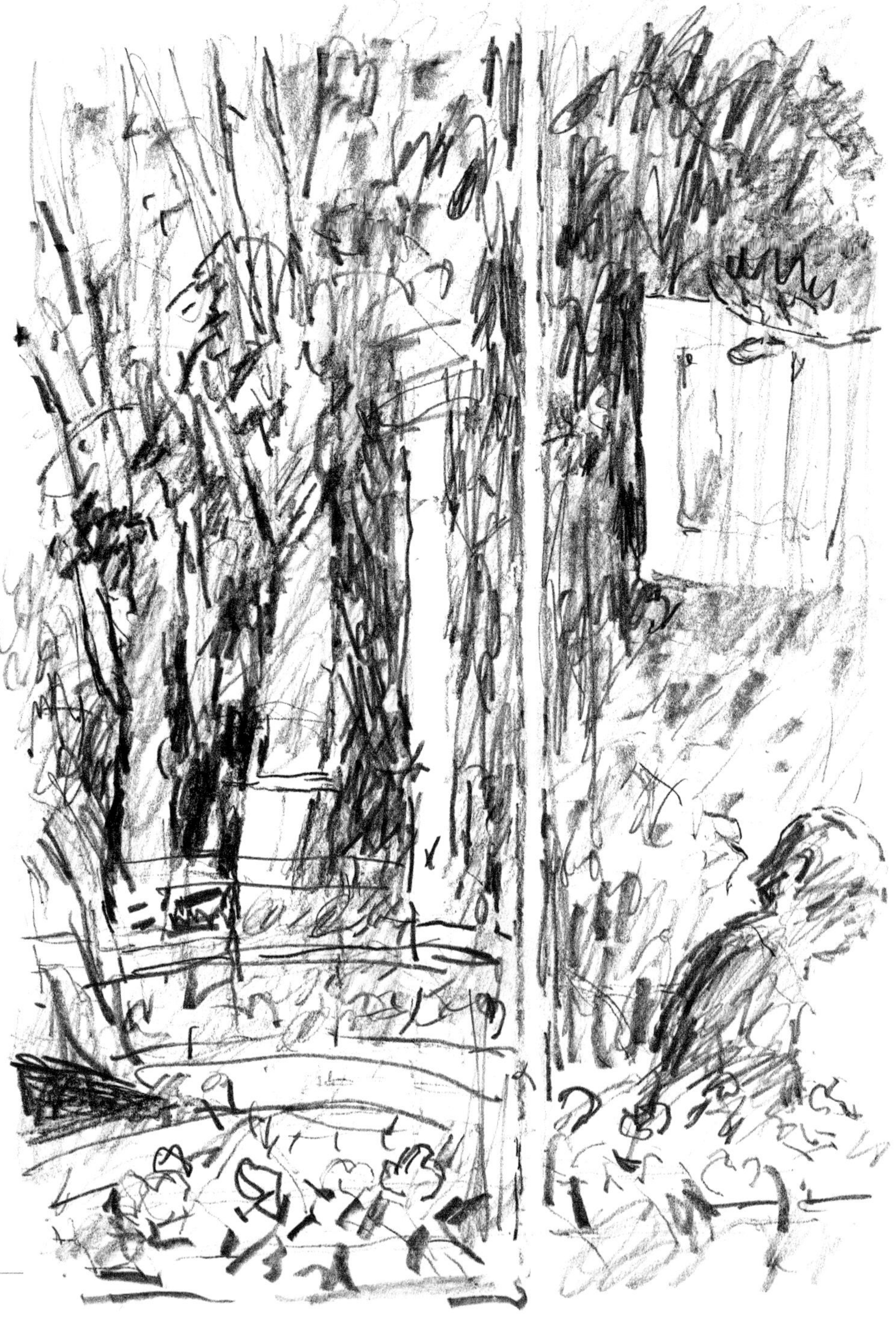

Esquisse tonale au fusain 2
Le fusain est un bon matériau pour reproduire les tons très foncés et moyens, de sorte qu'après avoir établi le positionnement fondamental des éléments de l'image, j'ai réalisé un nouveau croquis de travail au fusain tendre. Cette esquisse était plus raffinée, mais fidèle à l'impression de vie donnée par la première. La lumière, plus forte sur le côté droit, éblouissait la femme occupée à coudre et noyait ses traits, la ramenant à une simple silhouette.

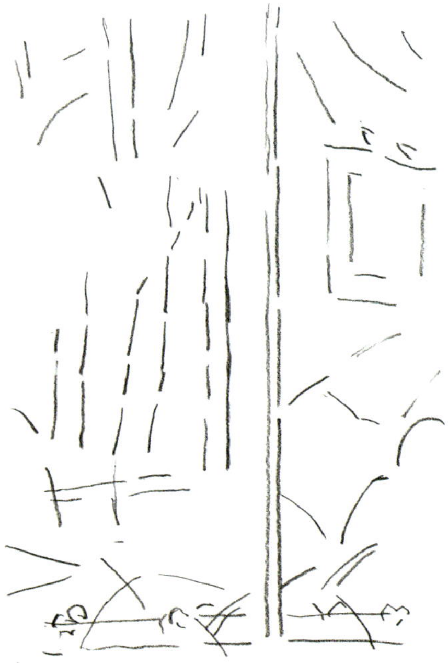

3 ***Contours essentiels sur la toile***
Un panneau toilé au format A3 a été recouvert de deux couches d'apprêt, à l'aide d'un pinceau de décorateur à soies dures, pour lui donner une texture granuleuse. Un strict minimum de lignes a été dessiné sur ce support au crayon HB (un fusain aurait également convenu) pour permettre un placement précis des premiers coups de pinceau.

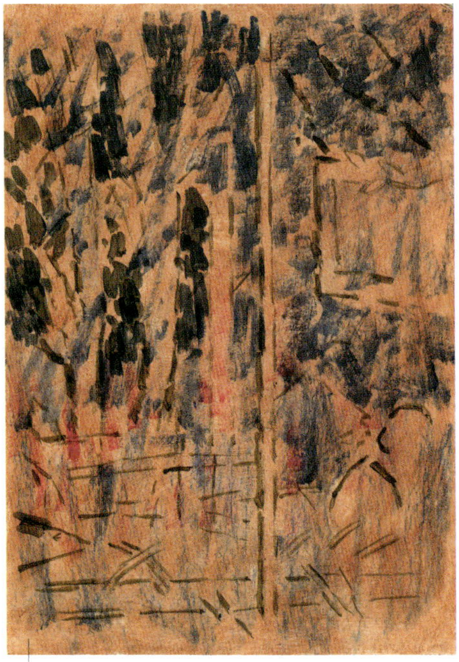

4 ***Ébauche sur frottis coloré***
Avec un grand pinceau plat en soies de porc (n° 14), j'ai frotté un mélange de rouge de cadmium et d'ombre brûlée sur toute la surface du support pour gommer son blanc cru et produire un rayonnement doux et chaud, suggérant un intérieur nocturne éclairé d'une lumière artificielle. À cette étape du travail, la profondeur spatiale devenait une priorité. L'image a commencé à prendre vie une fois établies les zones tonales les plus foncées, avec un mélange de bleu de Prusse et de violet. D'autres tons ont été créés autour d'objets plus clairs, tels que le tableau au mur, à l'aide de coups de pinceau sec, par touches brisées. Les lignes au crayon ont également été renforcées avec un pinceau rond n° 4 en soies de porc ; flottant par-dessus les nouvelles couches de tons moyens, elles prirent de ce fait un poids tonal significatif.

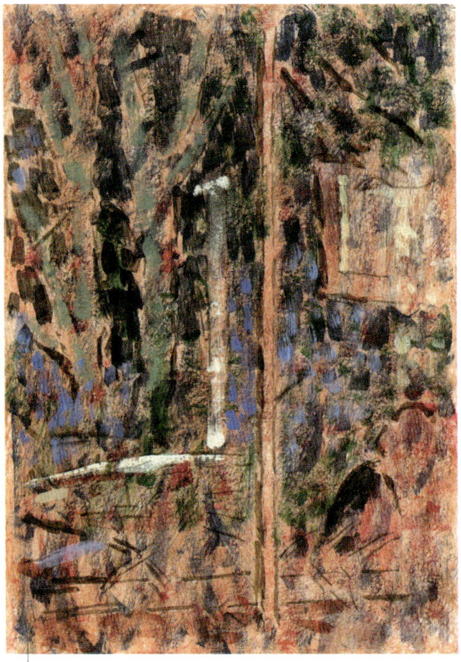

5 ***Glacis de tons***
Des glacis ont été ajoutés pour apporter une luminosité brillante. Les arbres du jardin ont encore été soulignés en fonçant les interstices entre les branches, à l'aide de vert de Hooker. Les contours des meubles accrochant la lumière ont été parallèlement indiqués avec un épais mélange crémeux de jaune de cadmium et de blanc. Le contour intérieur du cadre du tableau, qui captait des reflets de lumière oblique, a été traité de la même façon. Des taches occasionnelles d'épaisse alizarine cramoisie ponctuent le quart inférieur de l'image, créant un contraste avec le vert foncé, et établissant une plus grande profondeur spatiale grâce à la perspective aérienne. Un mélange de violet et de bleu de cobalt accentue le dos du personnage assis.

CONSEIL

Quand vous délimitez votre composition sur la toile, ne vous laissez pas obséder par les détails. Ils émergeront au fil du travail, tandis que vous progresserez dans la peinture du tableau.

***Couches finales de texture* 6**

À la dernière étape intervient une transformation scintillante. L'ébauche sur fond rouge, qui était à présent la zone la plus fine et la plus claire, contrastait vivement avec les touches plus denses de violet, de bleu de Prusse et de vert de Hooker. D'autres détails ont été ajoutés au feuillage des arbres, par touches impressionnistes, à l'aide d'un pinceau plat à tête ronde n° 4, en soies de porc. La sensation de lumière étincelante autour du personnage résulte d'une accumulation de voiles translucides de jaune de cadmium et de blanc. Flottant par-dessus les teintes brisées, plus fortes, de bleu de Prusse et de violet, ces volutes vaporeuses de couleur transparente produisent l'illusion d'une lumière réfléchie. Sur la vitre principale, des traînées de violet et de blanc, ou de bleu de cobalt et de blanc pour les zones les plus sombres produisent un scintillement supplémentaire.

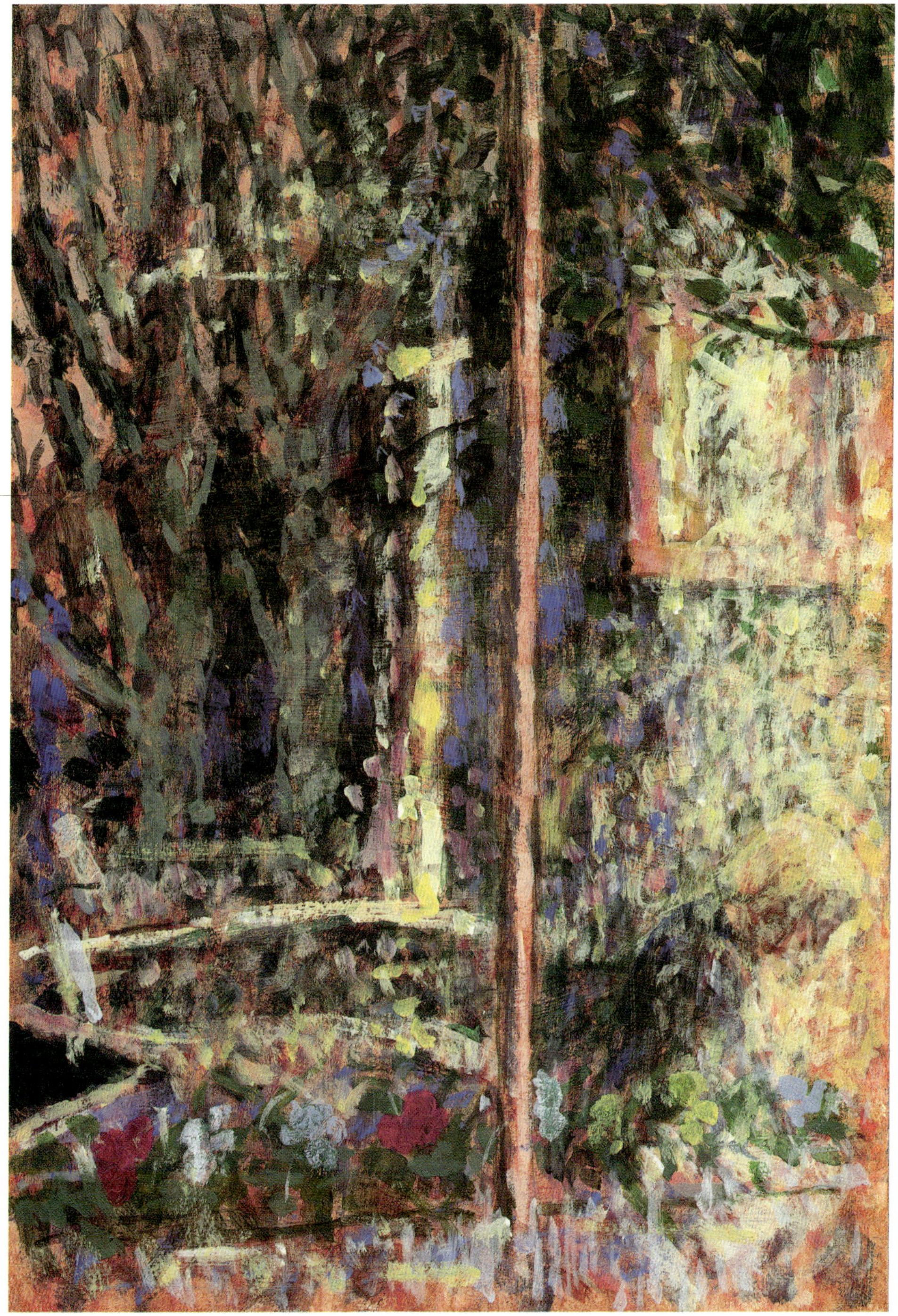

Techniques utilisées

Ébauche *(page 46)*
Frottis *(page 39)*
Pinceau sec *(page 39)*
Lavis *(page 40)*
Glacis *(page 40)*
Couleur brisée *(page 60)*
Travail opaque *(page 42)*
Empâtements *(page 40)*

Paysage 2

Scène de la côte grecque

Utilisez vos couleurs à l'huile pour reproduire la nature changeante d'un paysage. Essayez de choisir un lieu riche en détails topographiques. Installez votre chevalet aussi loin que possible de la circulation et des bruits parasites afin de vous concentrer en paix. Peindre au milieu des champs ou au sommet d'une colline est une expérience très évocatrice. Les sensations de lumière et de couleurs changeant radicalement d'un jour à l'autre enrichissent encore l'expérience.

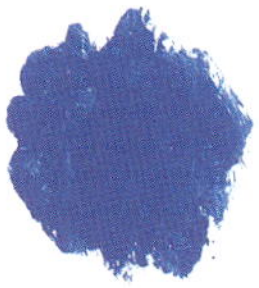

Bleu de cobalt

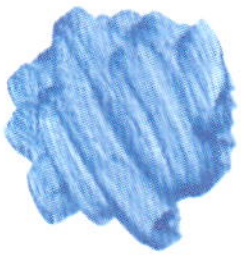

Bleu céruléum

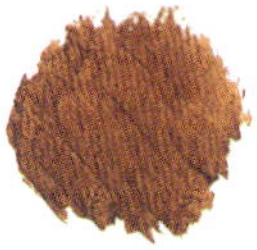

Ombre brûlée

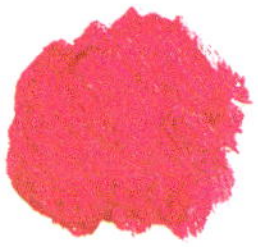

Alizarine cramoisie

Jaune de cadmium

Rouge de cadmium

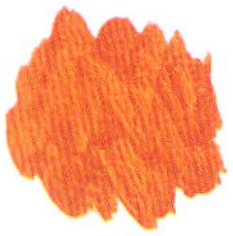

Orange de cadmium

Blanc de titane

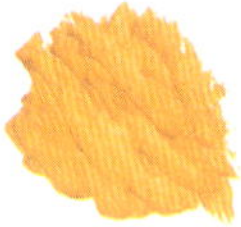

Ocre jaune

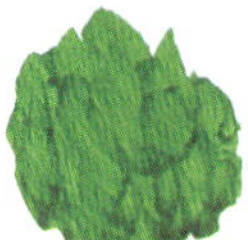

Vert de Hooker

Un voyage d'étude en Grèce m'a révélé une terre aux contrastes marqués : des oliviers chargés de fruits mûrissants et des lopins de terres arables sur fond de collines rocailleuses aux sentiers poussiéreux.

Le vert tendre qui pointait sur la terre aride, brûlée par le soleil, constituait un matériau superbe pour un tableau à l'huile représentant une vue dégagée sous une lumière variable. Deux natures de terrain filaient en douceur vers une mer aux vaguelettes irisées, qui enserrait les baies.

Les bateaux dans le port et les fermes et leurs dépendances donnaient à la scène une échelle humaine, tandis que les ombres profondes indiquaient le moment de la journée.

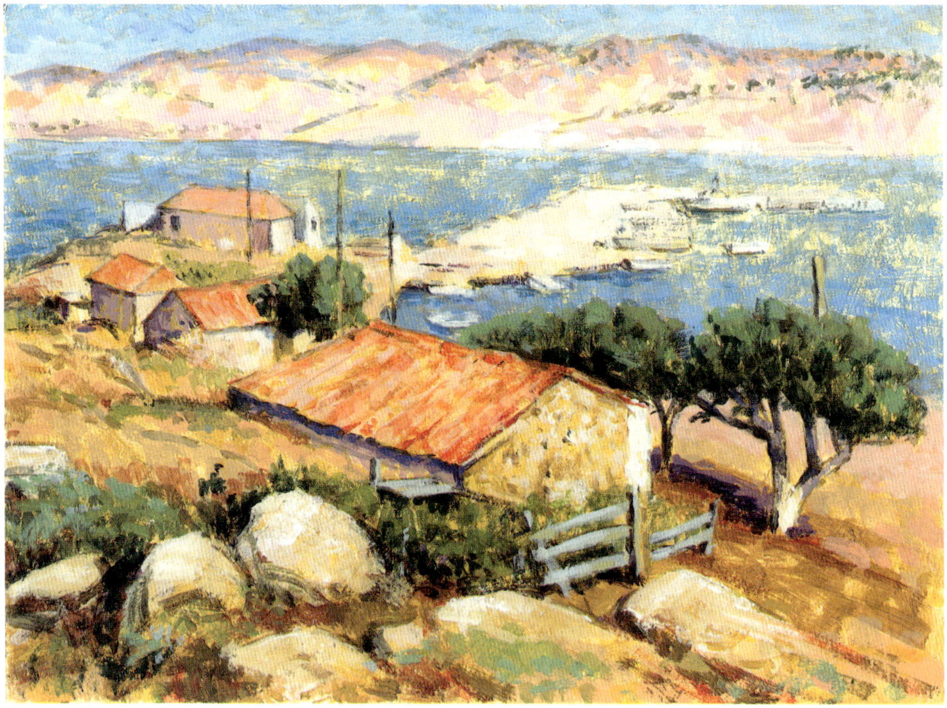

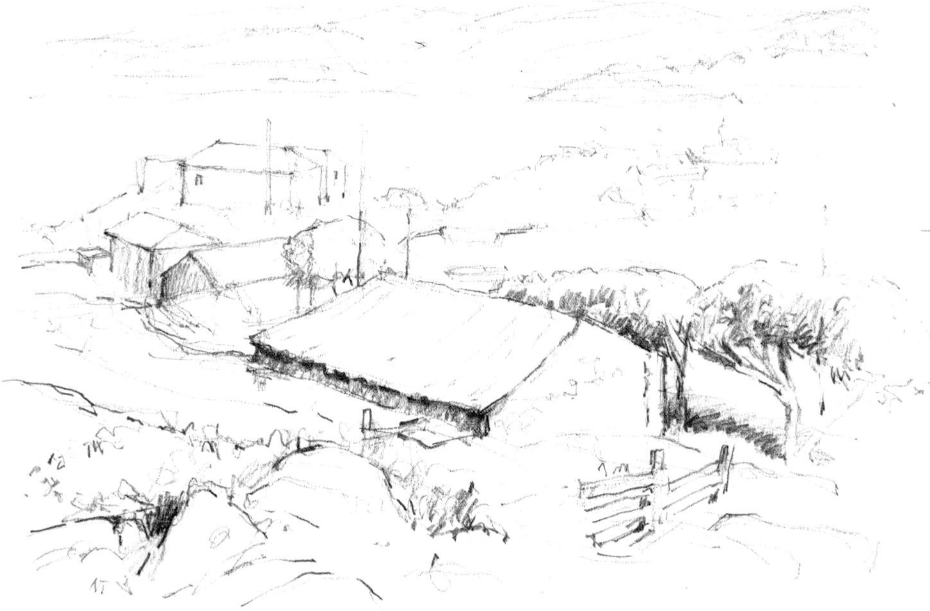

1 Croquis d'étude au crayon

Une évocation aussi sensible que possible du paysage environnant a été réalisée au crayon 2B sur du papier à dessin. L'esquisse initiale est importante car elle permet de se concentrer sur les éléments essentiels, en gommant les détails inutiles.

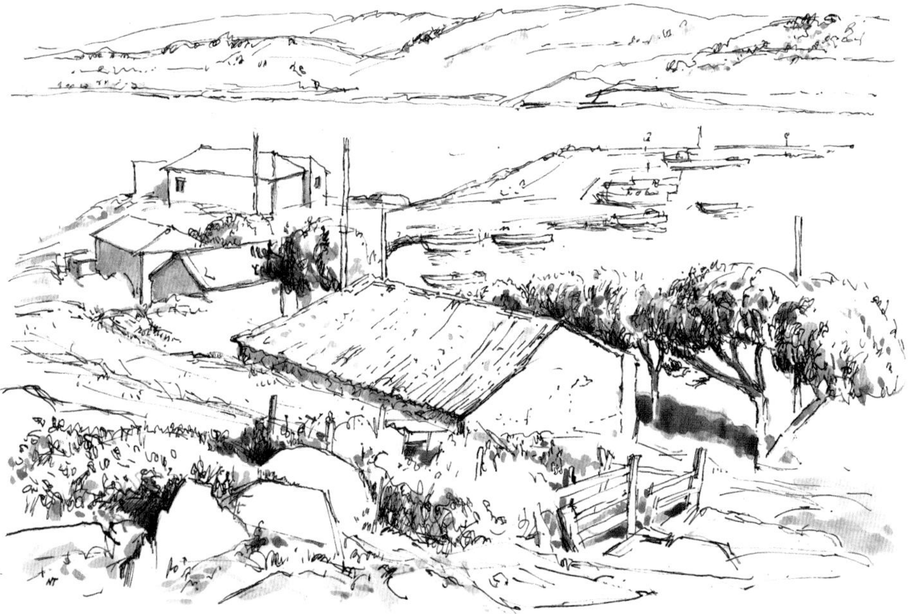

Croquis d'étude au feutre et au lavis 2

J'étais loin d'avoir résolu tous les problèmes visuels dans le dessin initial ; une meilleure observation des échelles tonales était nécessaire avant de passer à la peinture. Un feutre à pointe fine et des touches d'aquarelle sépia m'ont permis de cerner les tons foncés, moyens et clairs ainsi que les détails et les textures.

Couleur, lumière et chaleur

Les couleurs subtiles du soir ou du petit matin sont bien plus intéressantes que l'éclairage cru et aveuglant de midi, leurs longues ombres ajoutant de l'intérêt à la composition.

Pour capturer cette complexité, un glacis d'orange et de rouge de cadmium a été appliqué par-dessus les lavis éclatants d'ocre jaune et de terre de Sienne. La chaleur qui s'en dégage s'oppose aux bleus, aux roses et aux verts plus froids, ainsi qu'aux jaunes crémeux, et établit une perspective aérienne. Ce qui explique l'illusion de profondeur rendue avec succès dans ce petit tableau.

CONSEIL

Considérez l'image comme un tout et développez toujours au même rythme l'arrière-plan, les plans intermédiaires et le premier plan. Cela vous aidera à mieux évaluer la profondeur spatiale.

Techniques utilisées

Apprêt *(page 26)*
Frottis *(page 39)*
Lavis *(page 40)*
Glacis *(page 40)*
Couleur brisée *(page 60)*
Travail opaque (blancs) *(page 42)*

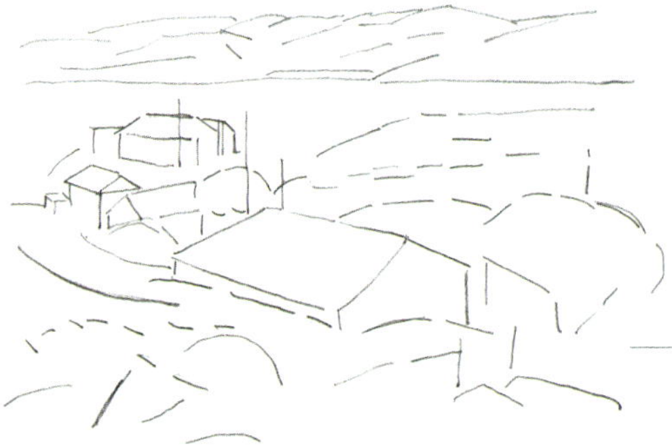

3 ***Contours initiaux***
En utilisant les esquisses comme guide, j'ai dessiné les contours des structures de base sur un panneau toilé apprêté, d'abord au crayon, puis au pinceau rond n° 3 en soies de porc. Le soleil atténué de l'après-midi imprégnait toute la scène d'une atmosphère paisible et ses rayons dorés dictèrent le choix du matériau : l'huile, pour sa pureté et son aspect translucide.

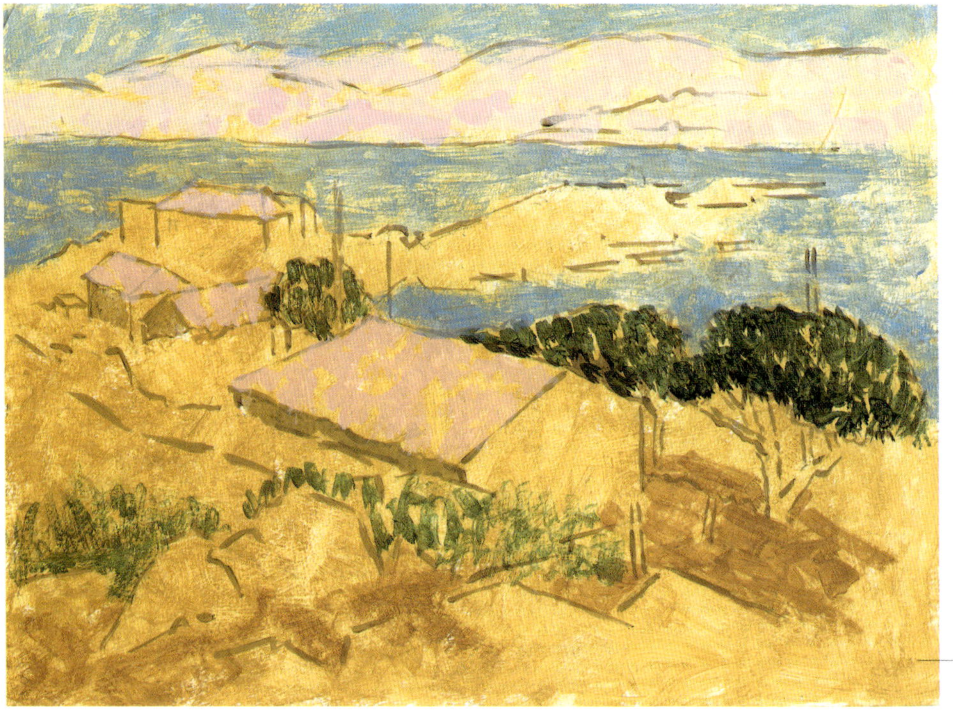

4 ***Couleur brisée et glacis***
Pour permettre à la lumière de rayonner dans le ciel et sur la mer, j'ai étalé dans ces zones du bleu céruléum à l'aide d'un pinceau plat à tête ronde n° 4, sec. Le rythme que j'ai délibérément donné au pinceau en le traînant, imitait le mouvement de la mer et du ciel. Il était essentiel d'établir l'arrière-plan contre le ciel pour donner une belle impression d'espace. Une minuscule touche d'alizarine cramoisie a été mêlée à du blanc, puis réchauffée avec une quantité également réduite d'ocre jaune. Ce mélange a été appliqué par petits points légers sur les montagnes, puis de la même manière sur les toits, pour fournir un lien avec le centre de l'image. L'emploi de la couleur brisée a permis à la lumière ocre jaune d'apparaître à travers, en ajoutant une texture grossière aux montagnes et aux tuiles. Enfin, le point focal et la profondeur de l'avant-plan ont été établis grâce à des empâtements de vert de Hooker pour les feuillages des arbres, des glacis plus épais d'ocre jaune mêlé d'ombre brûlée pour les ombres des rochers et celles des granges.

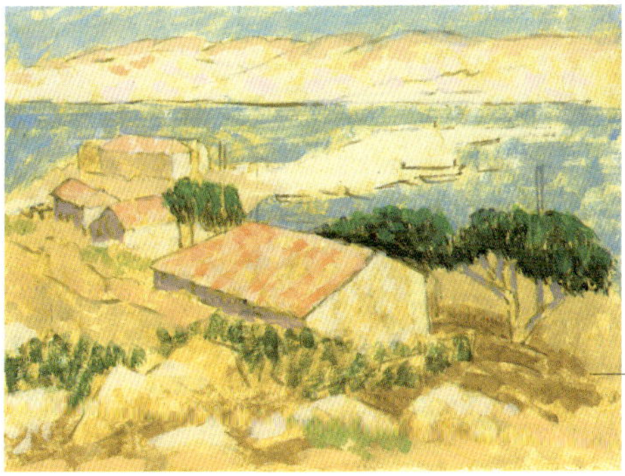

5 ***Subtils ajouts de couleur***
La lumière éclatante tombant sur les montagnes et les toits a été rehaussée d'un léger ton d'orange de cadmium et de blanc. Un premier assombrissement des branches et de l'arrière des bâtiments a été obtenu à l'aide de violet et de blanc. Du vert de Hooker dilué a été frotté sur le champ pour le faire ressortir. Le lointain bras de terre a été éclairci par un glacis blanc rosé, pour simuler le sable blanchi par le soleil.

6 ***Finition détaillée des textures et des tons***
Je devais prendre soin de ne pas trop travailler les détails, et de ne pas perdre leur subtilité. Une pause de deux jours a permis au panneau de sécher. Ajouter des détails ne revient pas à tracer des contours, mais à ajouter des touches de peinture d'une couleur et d'une valeur tonale correctes pour créer l'illusion des formes et de l'espace. Gardant cela à l'esprit, j'ai parcouru la scène en ajoutant ça et là de petites taches pour faire ressortir certaines zones. Par exemple, l'addition de fenêtres sur le bâtiment le plus éloigné a suffi à en compléter la description. Les ombres ont été encore approfondies à l'aide de violet directement issu du tube.

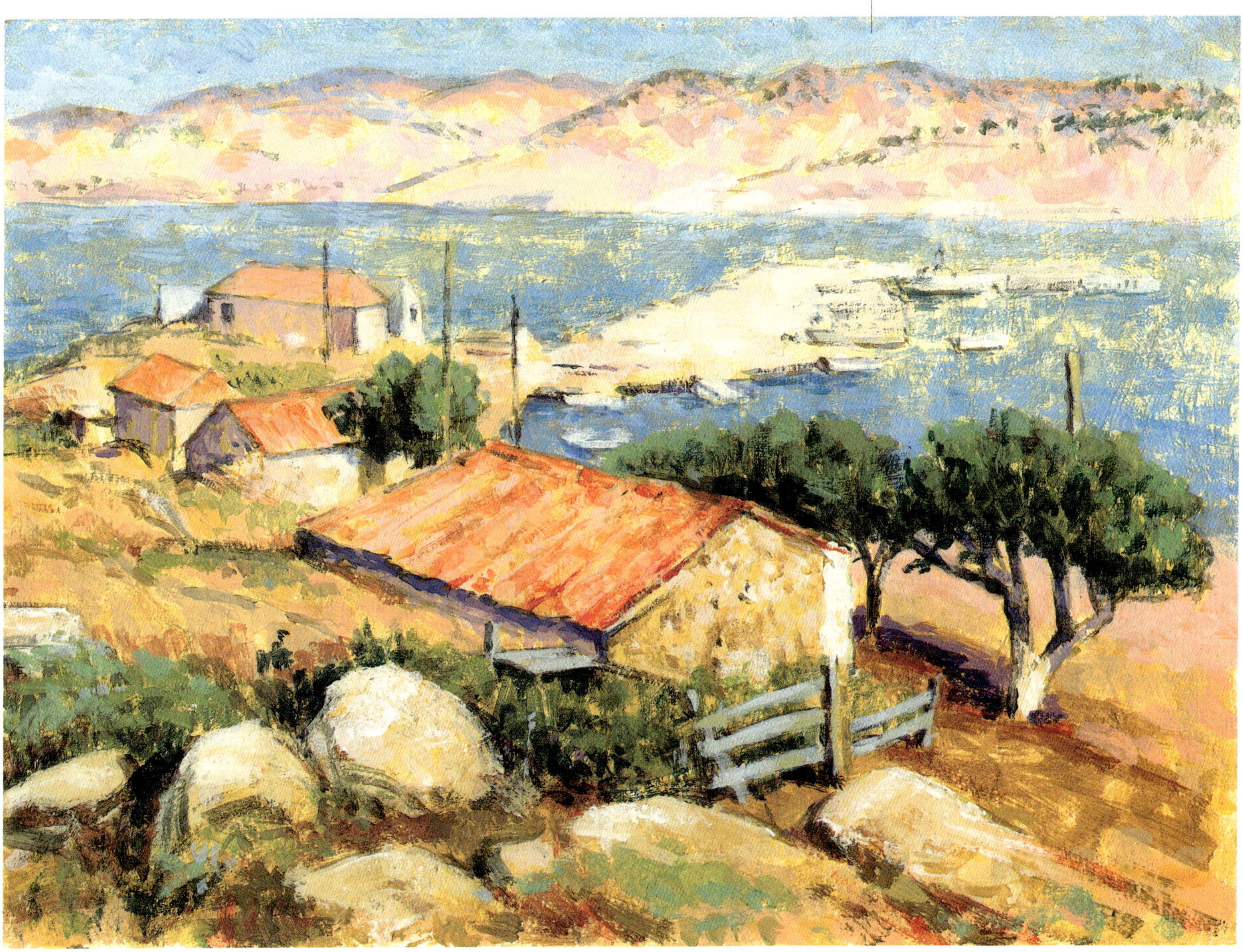

Portrait

Étude de Walter

Aucun sujet n'est aussi complexe ni aussi difficile que la forme humaine, et l'art du portrait requiert une maîtrise toute particulière pour découvrir, derrière le masque de l'apparence l'âme qui affleure. Vous devez considérer non seulement la forme et la structure osseuse sous-jacente, mais aussi la personnalité et les caractéristiques physiques propres à un individu afin de révéler son essence à travers ses traits. La consistance de l'huile et de l'acrylique vous permet, en quelque sorte, de «sculpter» les contours d'un visage.

Maîtriser le portrait prend toute une vie. L'aisance avec laquelle le peintre hollandais Frans Hals (1581-1666) captait magistralement l'essence de ses modèles en quelques coups de pinceau alertes reste aujourd'hui encore inégalée.

Sentir que l'on est parvenu à réaliser un portrait ressemblant est très gratifiant. Un portrait bien peint, comme une photo réussie, touche un large public car il provoque un sentiment d'empathie avec le modèle. La manière dont nous nous voyons, celle dont nous percevons les autres et celle dont les autres nous voient peuvent être très différentes. Bien souvent, des controverses publiques éclatent lorsque apparaît un nouveau portrait d'un personnage célèbre.

La beauté est certes subjective mais elle n'est pas l'apanage d'êtres jeunes aux traits parfaits ; il existe des visages profondément marqués par le temps au charme indéniable. Chaque visage exige une approche sensible et une application subtile de la peinture afin d'en révéler sa part de mystère.

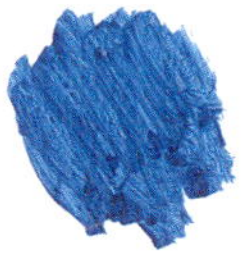

Bleu de Prusse

Blanc de plomb

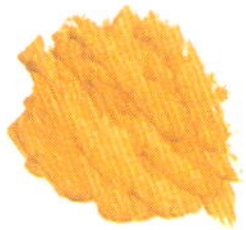

Ocre jaune

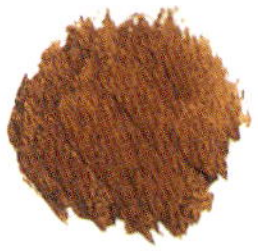

Ombre brûlée

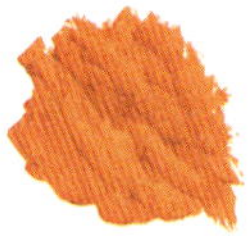

Sienne brûlée

Rouge de cadmium

Jaune de cadmium

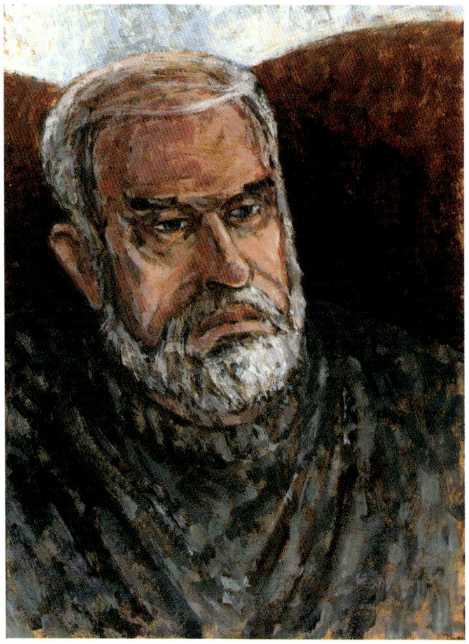

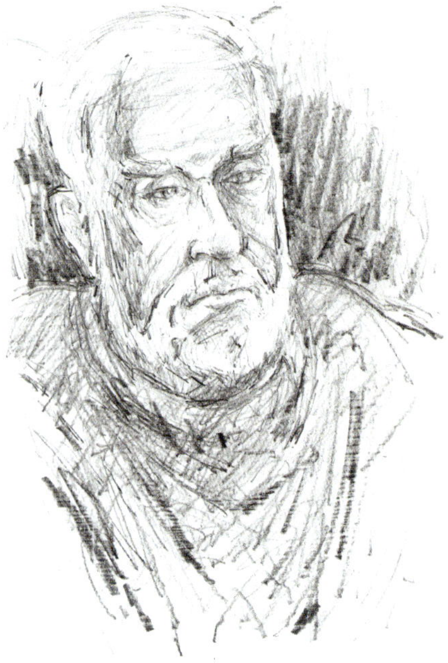

Comprendre le modèle

Familiarisez-vous avec votre modèle – le mieux est sans doute de choisir quelqu'un que vous connaissez bien. Observez ses particularités, ses habitudes, son maintien, ainsi que les détails essentiels tels que la forme de sa tête, sous tous les angles, et les caractéristiques de son visage (forme du nez, contour de la mâchoire, du front, implantation des cheveux...). Dessinez-les avec divers matériaux humides et secs. J'ai organisé un certain nombre de séances de pose rapides de 15-20 minutes afin de réaliser des esquisses à la plume et à l'encre, au feutre à pointe fine, au fusain tendre et aux divers crayons B. J'ai tourné autour du modèle afin d'obtenir une impression générale des trois dimensions de la tête. Vous pouvez utiliser des photos pour enrichir vos études dessinées. Elles vous fourniront des documents utiles lorsque vous en viendrez à tracer la composition sur votre support.

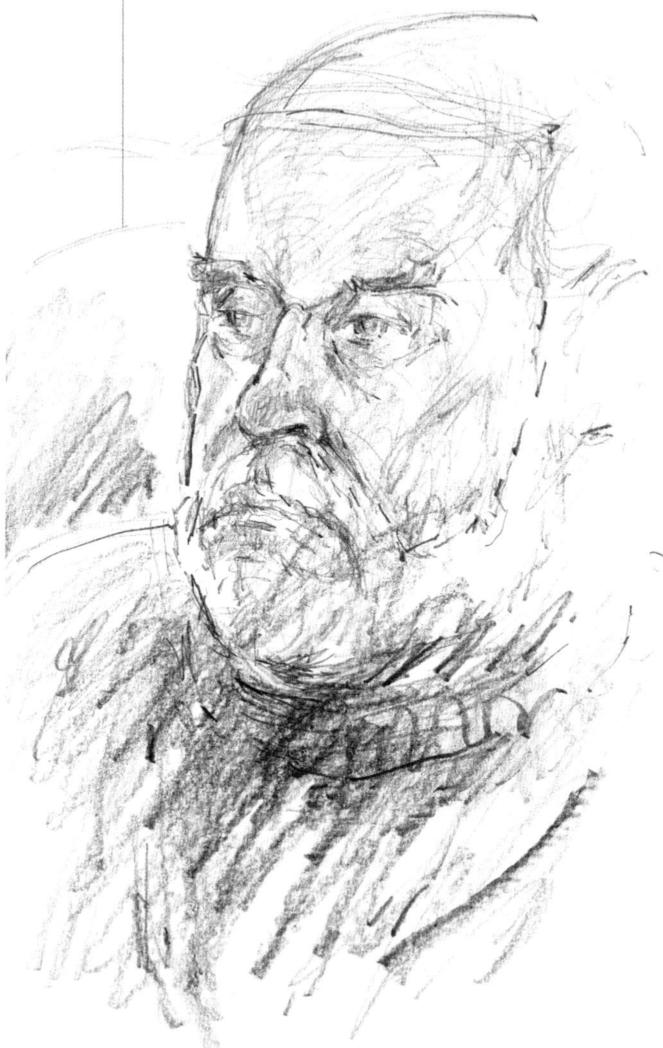

1

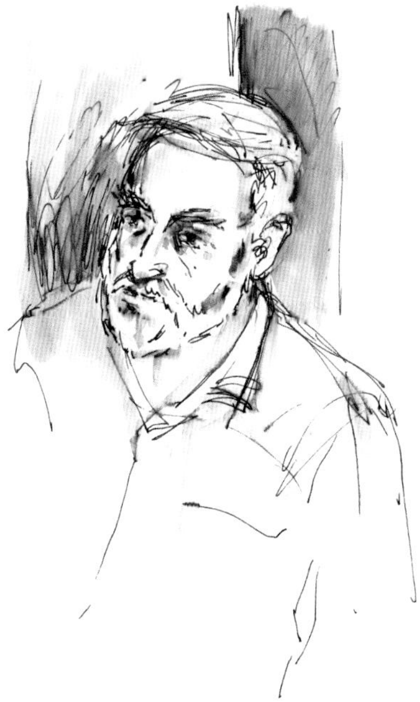

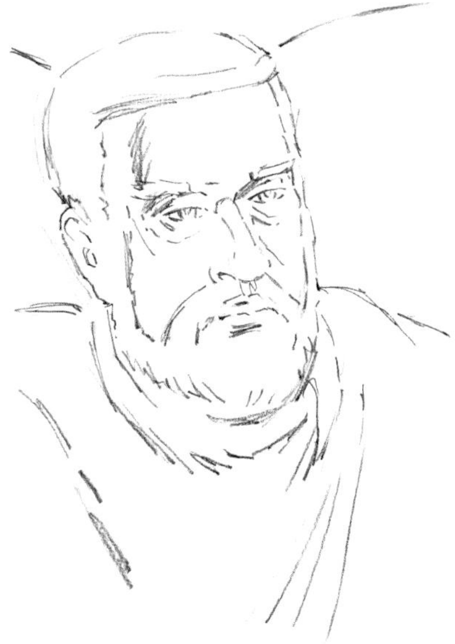

2 ***Esquisse au fusain sur toile***
J'ai mis en place les formes fondamentales des yeux, du nez, de la bouche, de la ligne du front, du menton et de la mâchoire sur un panneau de toile apprêté de format A3, à l'aide d'un fusain pointu. Il est primordial de dessiner les traits aussi fidèlement que possible afin d'obtenir un portrait ressemblant.

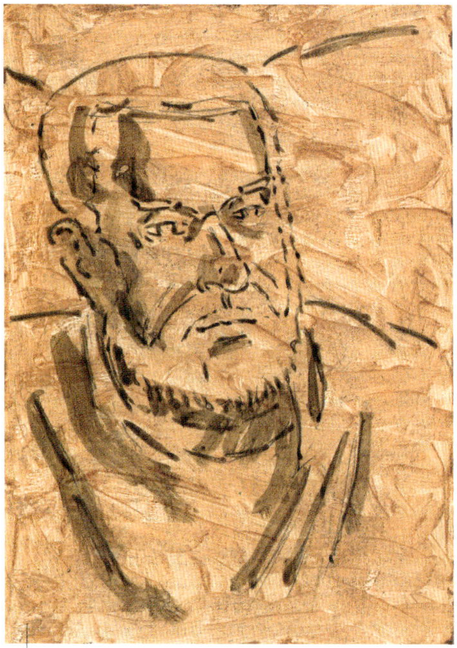

3 ***Ébauche***
Un fond de Sienne brûlée mélangée à de l'ombre brûlée fait disparaître l'aspect plat et nu de la surface du panneau, donnant une base chaude prête à accueillir les tons chair. Résistez à la tentation d'utiliser le pigment appelé « teinte chair » ; il tend à donner à la peau un aspect plat et artificiel. J'ai fait danser un pinceau plat n° 10 en soies de porc sur toute la surface, créant des mouvements animés. Dès le départ, établissez la forme sculpturale du visage à l'aide d'ombre brûlée diluée, en assombrissant les tons dans les zones d'ombre et les creux.

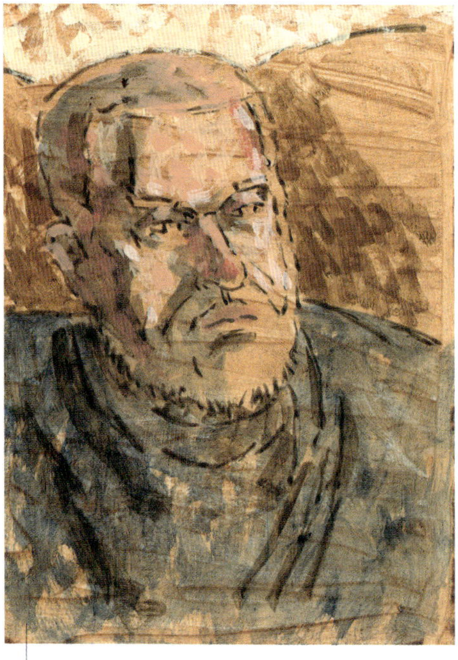

4 ***Glacis***
La forme a été rendue plus concrète par des glacis raffinés de rouge de cadmium mélangé à un soupçon d'ocre jaune et éclairci au blanc de plomb. Les premiers tons clairs ont été placés là où la lumière accroche les traits saillants du visage. Des touches d'ombre brûlée appliquées autour de la tête la poussent visuellement vers l'avant, renforçant l'aspect tridimensionnel. Des glacis de bleu de Prusse ont été ajoutés au pinceau plat à tête ronde n° 8, dans le sens des plis du pull.

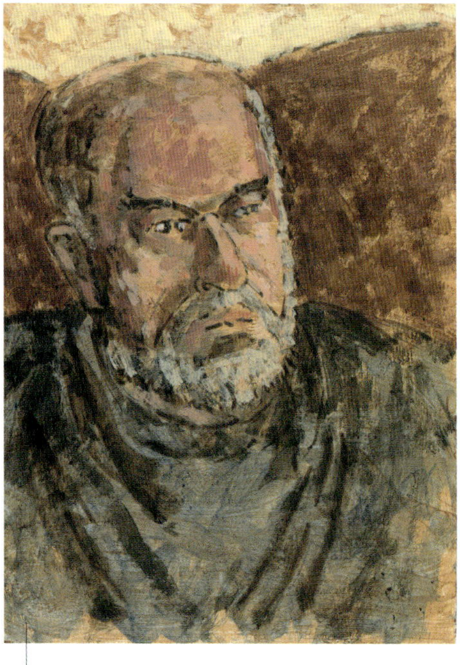

5 ***Construction des formes***
Le même processus a été répété afin que la tête et les épaules du modèle deviennent plus massives, mais sans perdre l'aspect translucide propre à la peinture. La ligne du canapé a été définie par de légères touches d'un pinceau plat à tête ronde n° 6, chargé d'un mélange de jaune et de blanc. Le modelé a été accentué, en particulier sur le côté gauche du visage, autour de la barbe et sous le menton, où la lumière n'est pas reflétée. La peau d'un être âgé peut présenter des taches pigmentées, ce qui fournit l'occasion de jouer avec les textures sans compromettre le réalisme. Un lavis d'acrylique blanc laiteux indique la texture du pull.

CONSEIL

En esquissant la tête du portrait, réfléchissez soigneusement au positionnement des parties du visage et « sentez-les » sur votre propre crâne afin de mieux les comprendre. Rappelez-vous qu'elles ne sont jamais isolées mais font toujours partie d'un tout. Passez le bout des doigts sur vos tempes, descendez sur les bosses des pommettes, et dans le creux des orbites. Visualisez les différentes formes au fur et à mesure, et mettez-les mentalement en relation avec leur position sur une tête dessinée. Notez les changements de texture, entre la peau plus épaisse du cou et du menton et celle, douce et lisse, des lèvres. Évaluez les différences entre l'os dur et le cartilage plus mou qui forment le nez.

Techniques utilisées

Ébauche *(page 46)*
Glacis *(page 40)*
Couleur brisée *(page 60)*
Fondu *(page 54)*
Travail opaque *(page 42)*

Zoom sur les détails 6

J'ai ensuite travaillé la partie supérieure de la toile en ajoutant plus de lumière derrière la tête au jaune de cadmium, en contraste avec les touches plus lourdes d'ombre brûlée du canapé. Les creux naturels du crâne ont été renforcés à l'ombre brûlée, au rouge de cadmium et au bleu de Prusse, toujours appliquée par touches courtes et brisées. J'ai pris du recul pour me livrer à une évaluation finale. Pour plus de raffinement, j'ai ensuite répété ces processus à l'aide d'un pinceau rond n° 2 afin d'introduire les détails par touches duveteuses de couleur opaque. Les touches brisées trop grossières ont été fondues avec un pinceau en éventail et un pinceau plat n° 4.

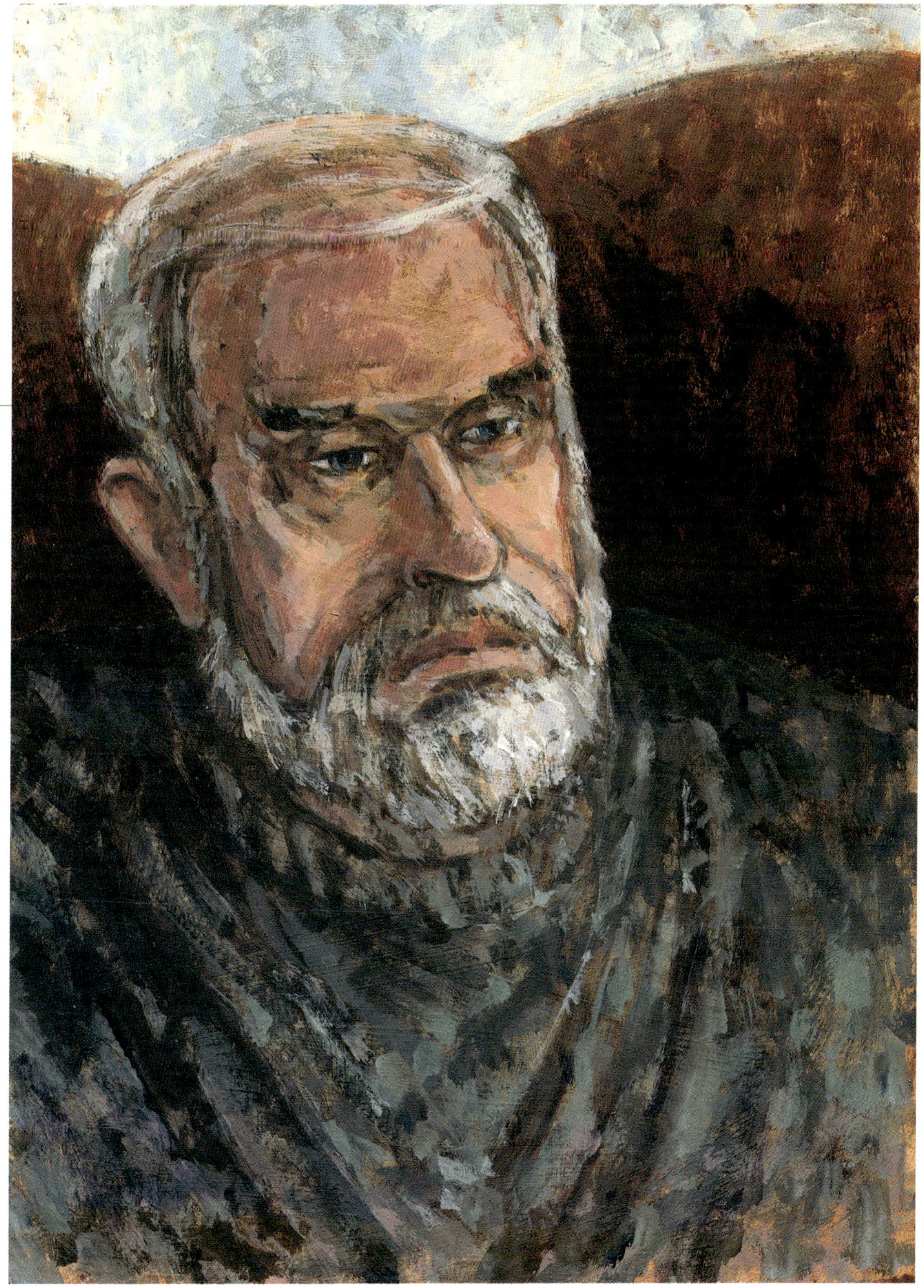

Touches finales

Les formes définies des paupières, des cils, des narines, des lèvres délicatement modelées, de la barbe et des cheveux ont apporté des modifications importantes à l'image finale. L'unité du bleu pâle dans les zones de peau, du pull, des cheveux et de la barbe a été étendue à la couleur de l'arrière-plan, liant entre elles les différentes zones et soulignant la forme rythmée du dossier du canapé. Apporter des détails aux yeux est également essentiel. L'expression et la direction du regard du modèle peuvent constituer la clé de l'interprétation et de l'impression générale donnée par le tableau.

Nature morte

Bouteilles et poires

Couleur et composition occupent un rôle essentiel en peinture, et vous devez vous y exercer régulièrement. La nature morte est un excellent moyen de pratiquer les diverses techniques. Des arrangements de fruits, fleurs, tissus, pots ou pichets aux formes et aux couleurs variées fournissent nombre de compositions potentielles.

La nature morte jouait autrefois un rôle secondaire en tant que décor accessoire d'un tableau. Un personnage prenait une pose devant une table, aux côtés d'une bouteille de vin ou d'une miche de pain. De nombreux peintres hollandais des XVIe et XVIIe siècles passèrent de longues heures à définir ce genre de scène avec un réalisme extraordinairement minutieux. Ils ont si parfaitement immortalisé des reflets complexes sur un pichet ou les subtiles ondulations d'une nappe de soie que l'on a presque envie, de nos jours encore, de tendre la main pour palper ces objets. Aujourd'hui, plus aucune règle ne régit les natures mortes, mais certains choix doivent être faits. Optez d'abord pour des objets familiers au relief intéressant que vous pouvez disposer, sans les déranger, près d'une source de lumière.

Décidez du type de thème que vous voulez suivre : allez-vous insister sur les contrastes de textures ou préférez-vous vous concentrer sur le dessin, le rythme ou la couleur? Quel que soit votre choix, visez la simplicité et l'équilibre de formes, de tons, de couleurs et de contrastes.

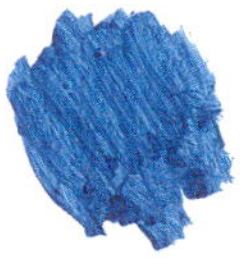
Bleu de Prusse

Blanc de plomb

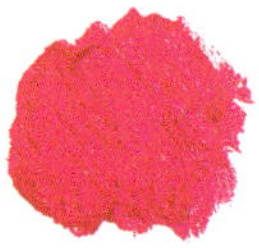
Alizarine cramoisie

Jaune de cadmium

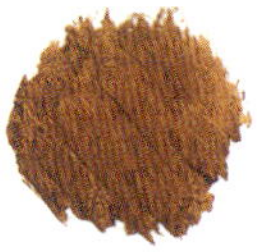
Ombre brûlée

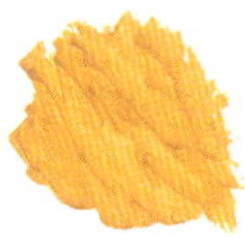
Ocre jaune

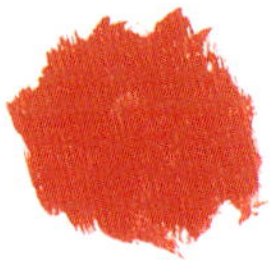
Rouge de cadmium

Noir

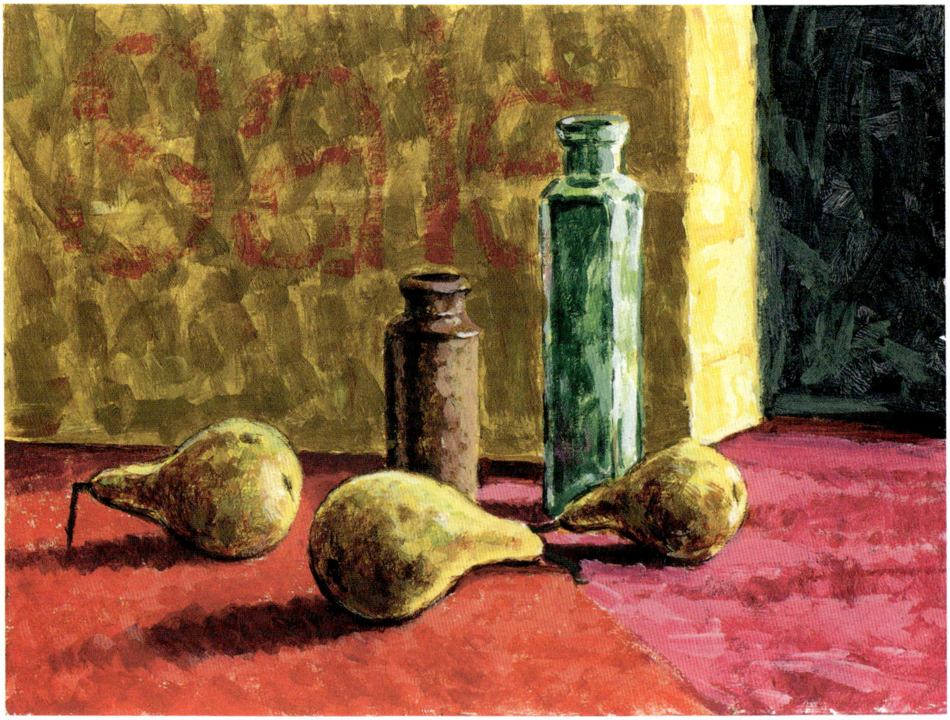

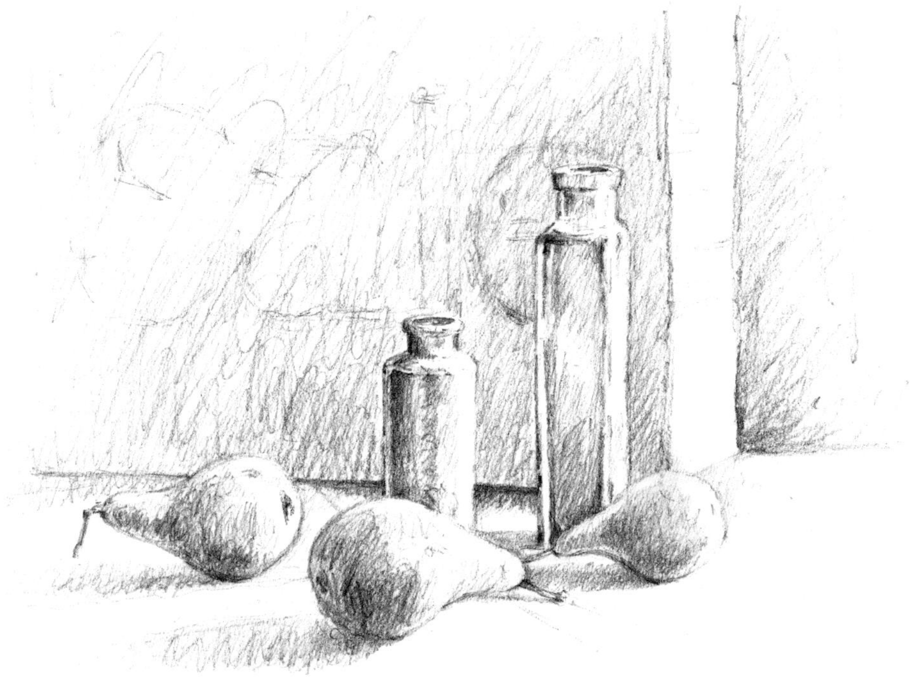

1 ***Exploration de la forme***
J'ai installé ces deux bouteilles, l'une en faïence et l'autre en terre cuite, près de poires en train de mûrir déposées sur une étagère, devant un sac en papier. Ce dernier fournit un arrière-plan intéressant, éclairé de façon irrégulière. Les surfaces environnantes offraient des couleurs unies et éclatantes, et la lumière d'une fenêtre illuminait ces teintes éblouissantes. Je passe toujours du temps à réfléchir à mon approche et je réalise généralement un certain nombre d'esquisses au crayon avant de commencer à peindre. J'ai commencé par explorer les formes en recourant à des hachures légères, et en les ombrant aux crayons HB et 2B.

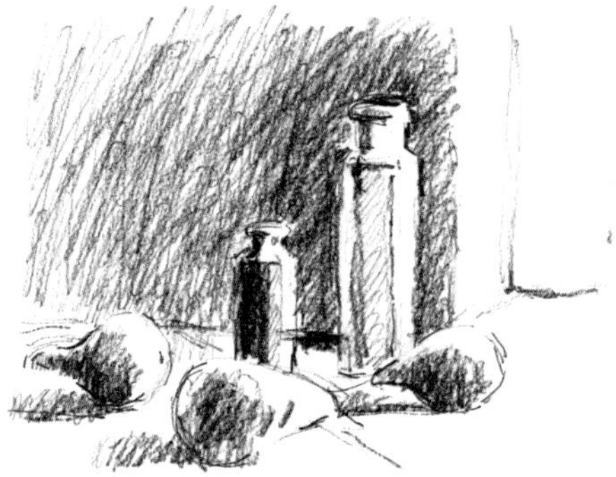

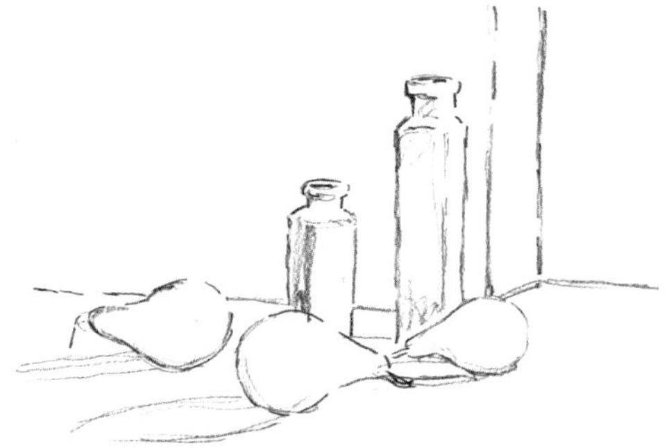

2 ***Esquisse tonale***
Il est important de comprendre l'effet d'une source de lumière sur les objets – la manière dont elle frappe leur surface affecte notre compréhension de leur forme. Pour obtenir un éventail plus complet de tons, j'ai choisi le trait doux et estompé d'un fusain, et j'ai réalisé une nouvelle étude quand la lumière matinale se fit plus forte. Pour décrire les formes le mieux possible, il était nécessaire de laisser le papier blanc nu, en contraste avec le fusain noir.

3 ***Esquisse au fusain des positions***
La dernière esquisse préliminaire, également au fusain, toute simple, m'a permis d'évaluer la composition. Notez comme le sac couvre largement les trois quarts de l'arrière-plan avant que son bord étroit ne coupe l'espace. Le récipient le plus haut fait écho au soulignement vertical créé par le sac, et les gros fruits ronds le contrebalancent horizontalement, avec une symétrie accentuée.

CONSEIL

J'ai créé cette étude à l'acrylique en suivant un rythme modéré. Si vous voulez prolonger le temps de séchage afin que le travail ne soit pas précipité, ajoutez un médium retardateur (voir p. 23).

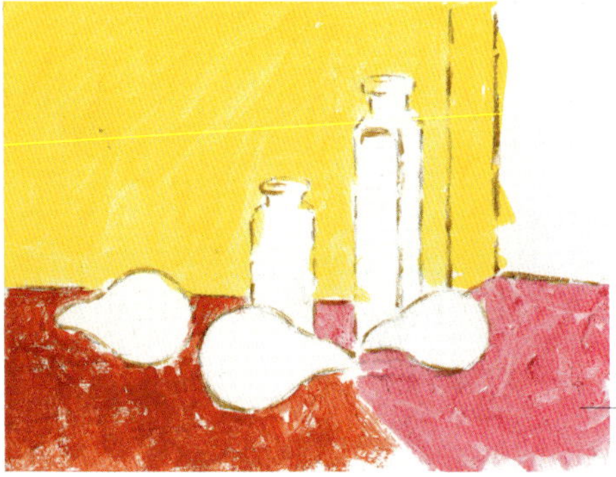

4 Coloration initiale

Une fois les problèmes fondamentaux de tons et de composition résolus, j'ai apprêté un panneau A4 de deux couches de gesso blanc, et j'ai légèrement dessiné les principaux éléments avec un pinceau rond n° 6, chargé d'ombre brûlée relativement sèche. J'ai ensuite largement ébauché les principales zones par lavis dilués de jaune de cadmium (pour le sac) et d'alizarine cramoisie mêlée de rouge de cadmium (pour l'étagère).

Établissement des formes 5

Des glacis de couleur ont été ajoutés avec une sélection de pinceaux plats à tête ronde en soies de porc, en raffinant constamment la forme et la texture de surface des objets. La peinture diluée a adopté le grain de l'apprêt gesso, ce qui donne à l'image une texture discrète. Pour accentuer encore les formes des récipients, j'en ai librement tracé les contours du bout d'un pinceau. Des ombres placées sous les poires renforcent leur rondeur.

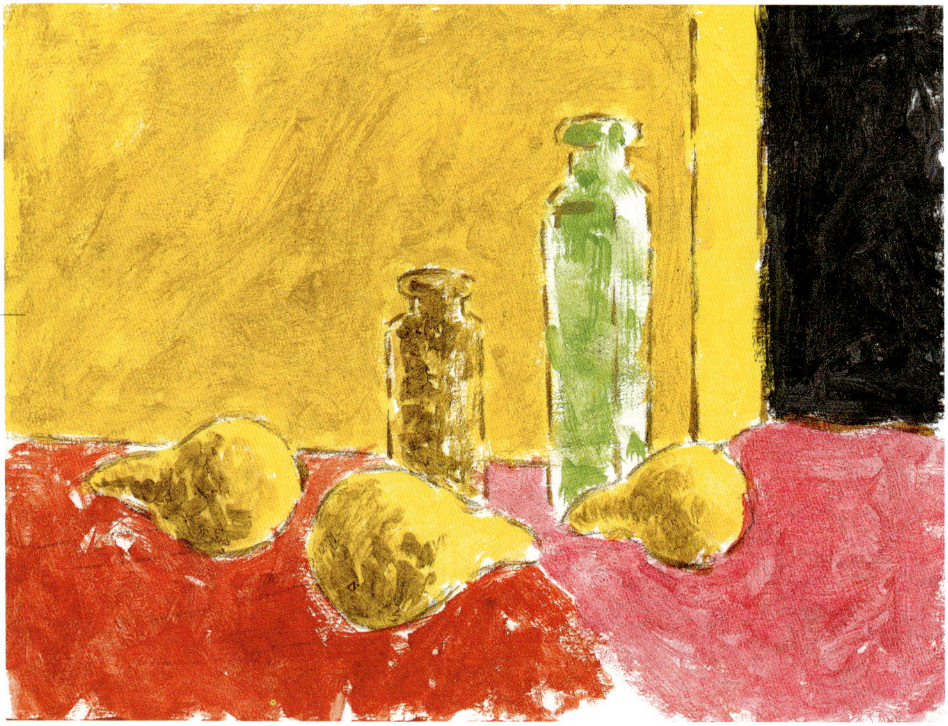

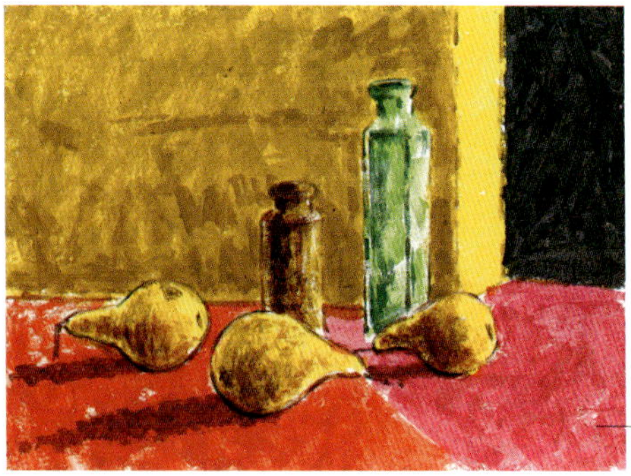

6 Ajout de touches opaques

À l'étape finale du tableau, les glacis sont devenus plus prononcés grâce à des coups de pinceau plus courts et dirigés. De petites quantités de blanc ont été introduites dans le mélange pour donner des reflets opaques et neigeux. L'ombre brûlée, mêlée à du rouge de cadmium et à un peu de blanc, a produit une couleur opaque et crémeuse qui donne au récipient en faïence son apparence solide.

CONSEIL

Il est très tentant de lisser la couleur brisée. Essayez de résister à cette tentation et soyez assuré que vos coups de pinceau ajoutent à l'étude une qualité picturale unique.

Techniques utilisées

Ébauche (gesso) *(page 46)*
Frottis *(page 39)*
Lavis *(page 40)*
Glacis *(page 40)*
Couleur brisée *(page 60)*
Travail opaque (blancs) *(page 42)*

7 ***Ajout des touches finales***
Derniers détails et textures ont été élaborés au pinceau rond n° 6 en soies de porc. Le tableau a été mis de côté pour secher, et je l'ai oublié pendant plus d'une journée. Un regard neuf est nécessaire pour réévaluer son travail. Un éclairage supplémentaire, séparant la scène du fond obscur de la pièce, a été ajouté pour égayer l'image.

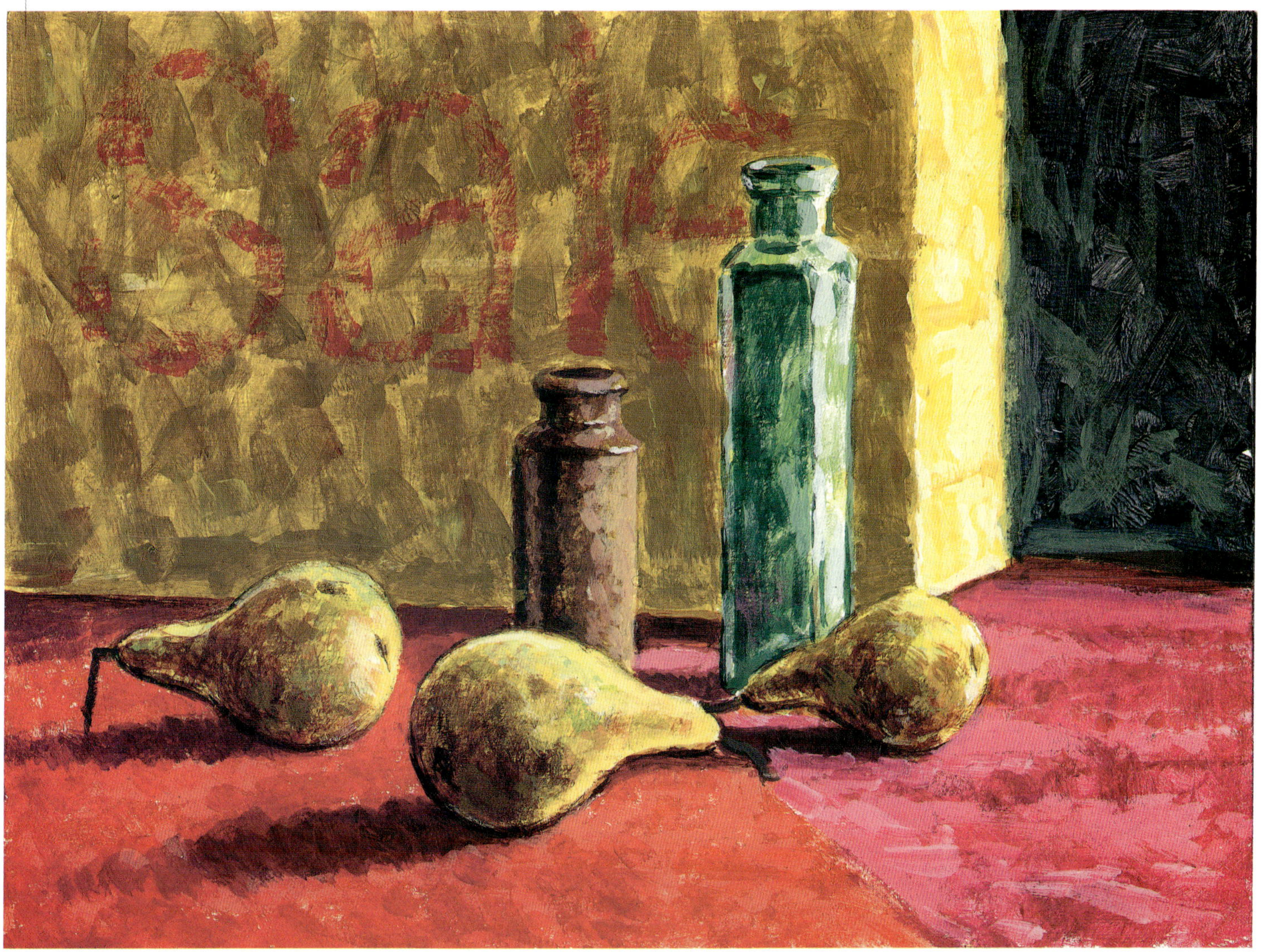

Série de tableaux

Bords de mer

La caresse d'un rayon de soleil, une balade tranquille sur la plage, la vue de l'océan et la collecte de coquillages sur le rivage… Autant de plaisirs vécus et partagés à l'occasion de vacances au bord de la mer.
La morte saison peut également inspirer tout particulièrement l'artiste ; l'atmosphère lui suggérant alors une tout autre palette. Des plages désertes, à peine troublées par la présence d'un pêcheur ou d'un promeneur occasionnel, sont plus évocatrices qu'une nuée de vacanciers.
Ici, nous allons innover en essayant de réaliser une série de « clichés » de vacances, à l'aide de crayons, de stylos et de peinture.

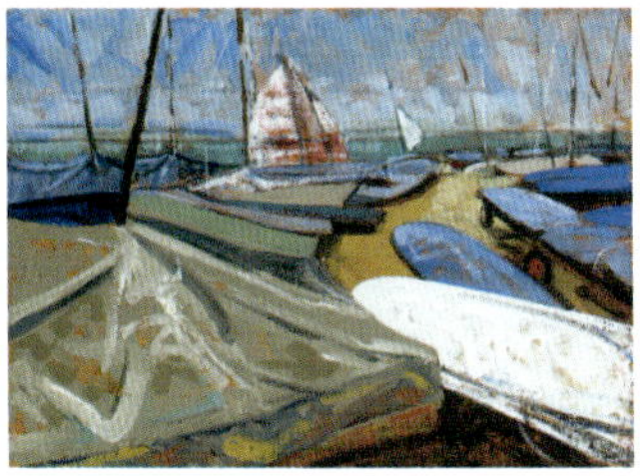

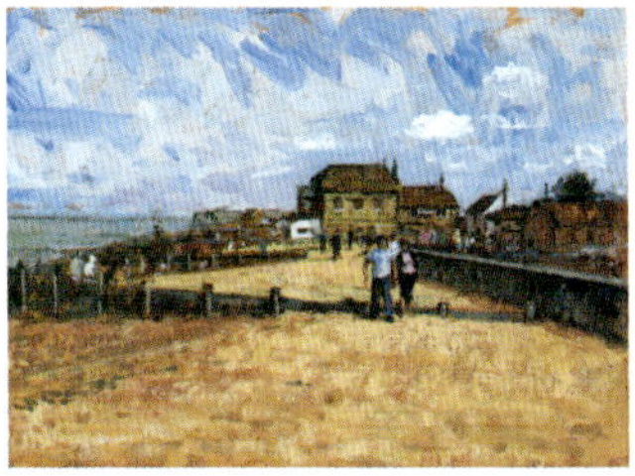

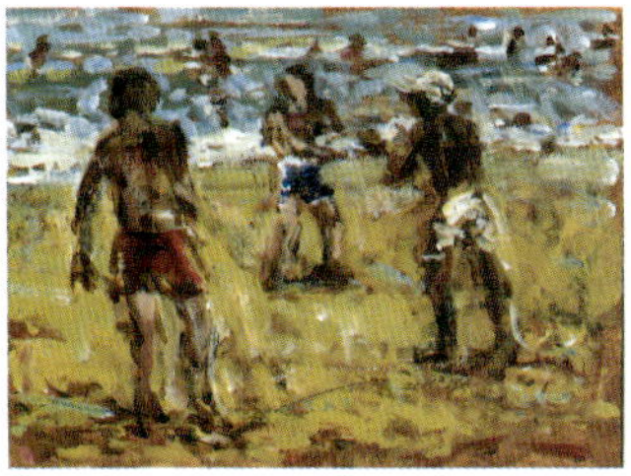

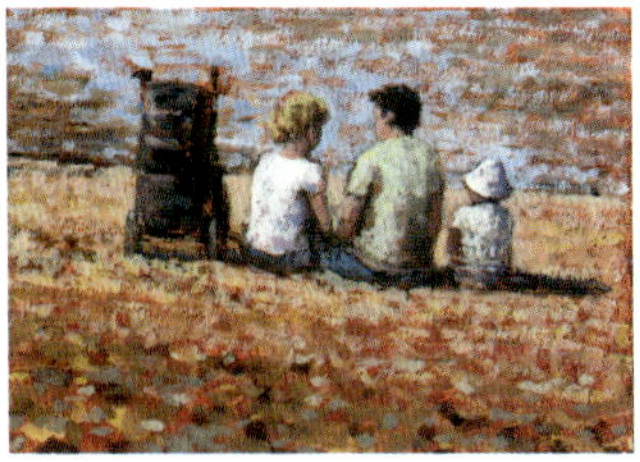

Passez un peu de temps à explorer une plage ou un port ; observez et notez les formes et les couleurs des bateaux aux voiles multicolores. Familiarisez-vous avec le mouvement et les formes des vagues, de l'écume, des brisants et de la houle. Observez la lumière et la couleur, en notant comment elles modifient les tons et la définition des objets. Amusez-vous à constituer un dossier d'esquisses prises à heures régulières depuis le matin jusqu'à la fin d'après-midi. Vous y observerez et noterez des changements qui échappent bien souvent au regard du passant.

Mon intention en venant dans cette station balnéaire était de prendre des notes concernant le décor et le caractère des lieux, mais aussi de ceux qui y vivaient.

Carnet d'esquisses
Ces croquis impromptus contiennent la substance des tableaux que vous produisez. C'est dans le carnet que germent les idées qui s'épanouiront ensuite en œuvres colorées sur toile. Prenez l'habitude de garder sur vous en permanence un carnet d'esquisses, sur lequel vous griffonnerez selon l'inspiration du moment. Si les scènes sont fugaces, prenez des notes rapides ; si vous avez le temps de vous asseoir et d'observer ce qui se passe autour de vous, visez une esquisse tonale plus complète. Essayez d'avoir une idée nette de votre projet de dessin avant de commencer.

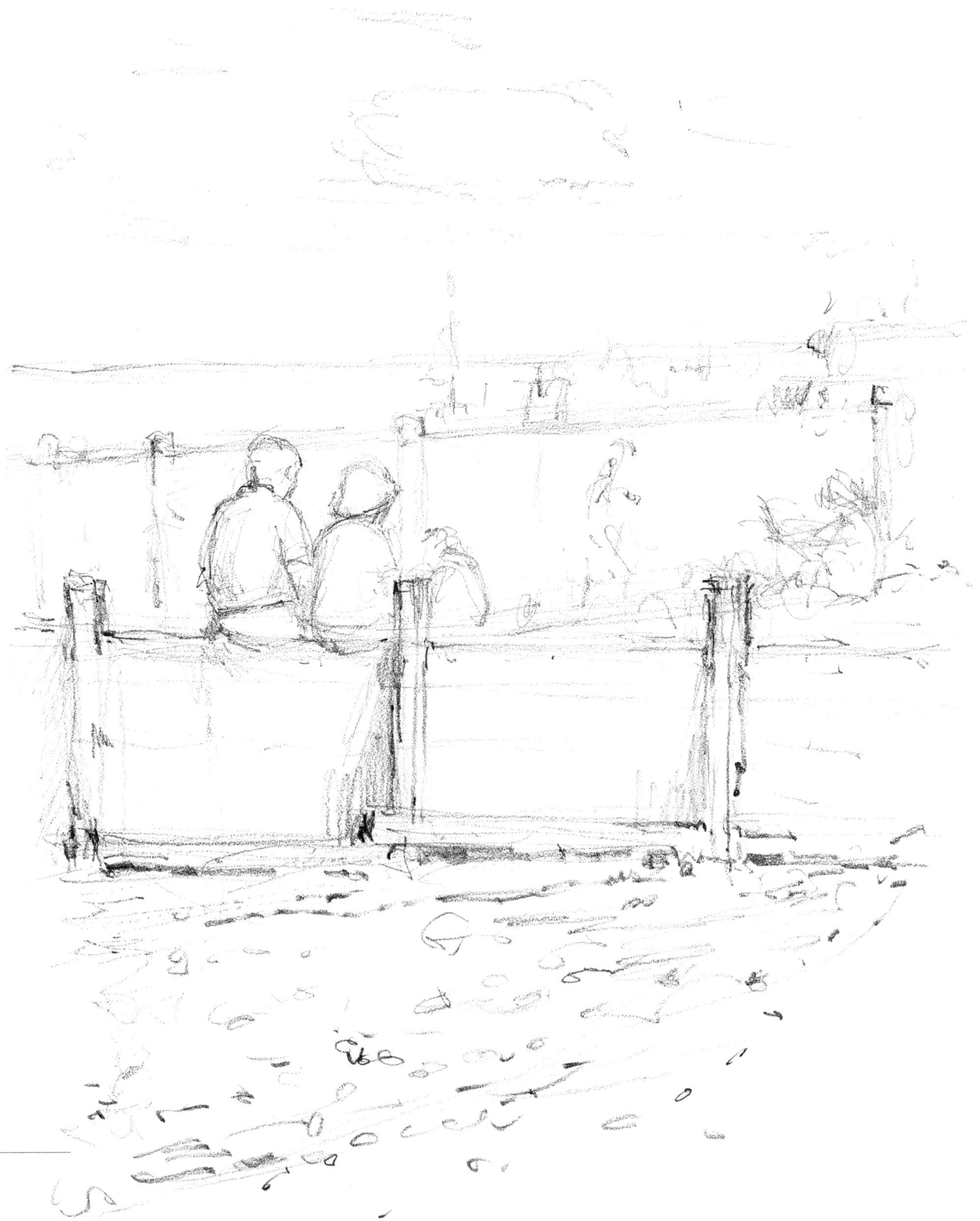

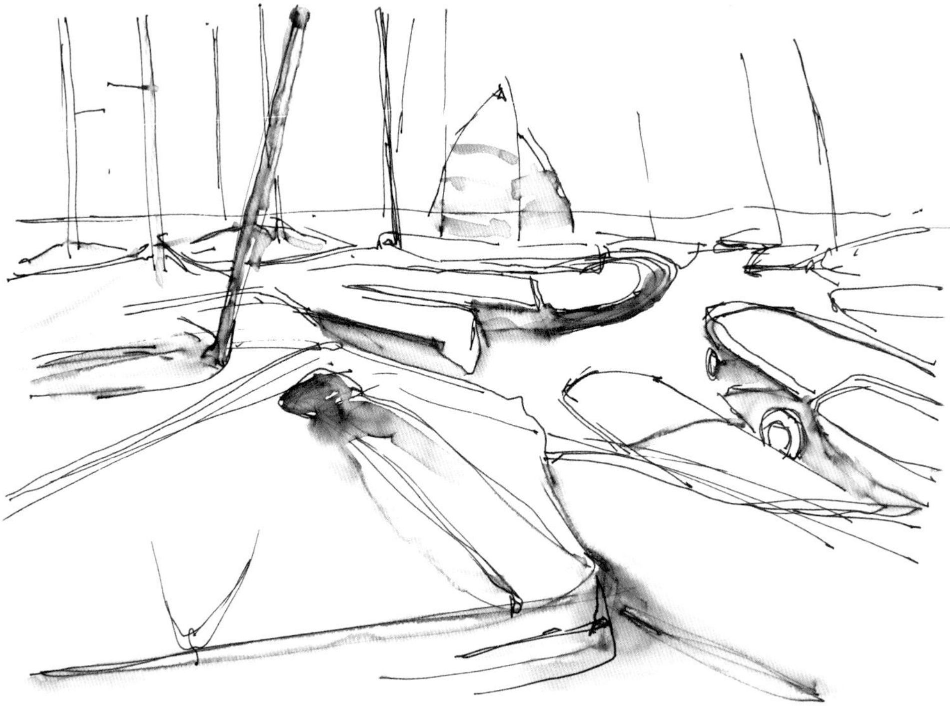

1 ***Étude à la plume, à l'encre et au feutre fin***
L'architecture marine est merveilleusement dynamique avec ses grandes voiles qui se gonflent et créent dans la composition de superbes courbes. Une coque en gros plan ou des formes juxtaposées peuvent vous projeter dans l'image, comme le montre cette étude.

2 ***Rapide esquisse au crayon***
Nos esprits relient inconsciemment des traits apparemment aléatoires et les ordonnent en une scène cohérente. Ces personnages affairés sur les bateaux sont tout juste griffonnés, et les mouettes esquissées, pourtant, ils sont déjà entrés dans le futur tableau.

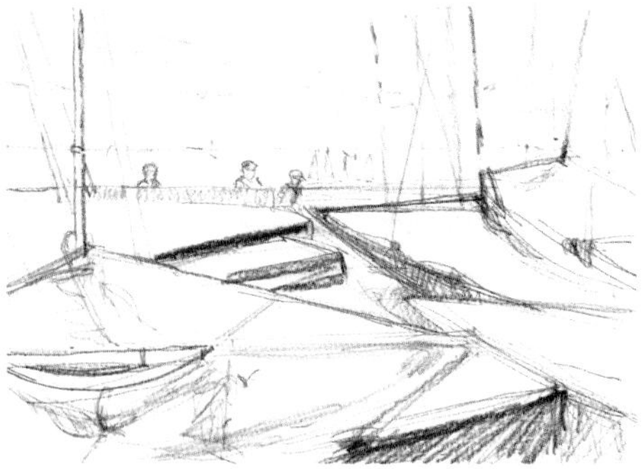

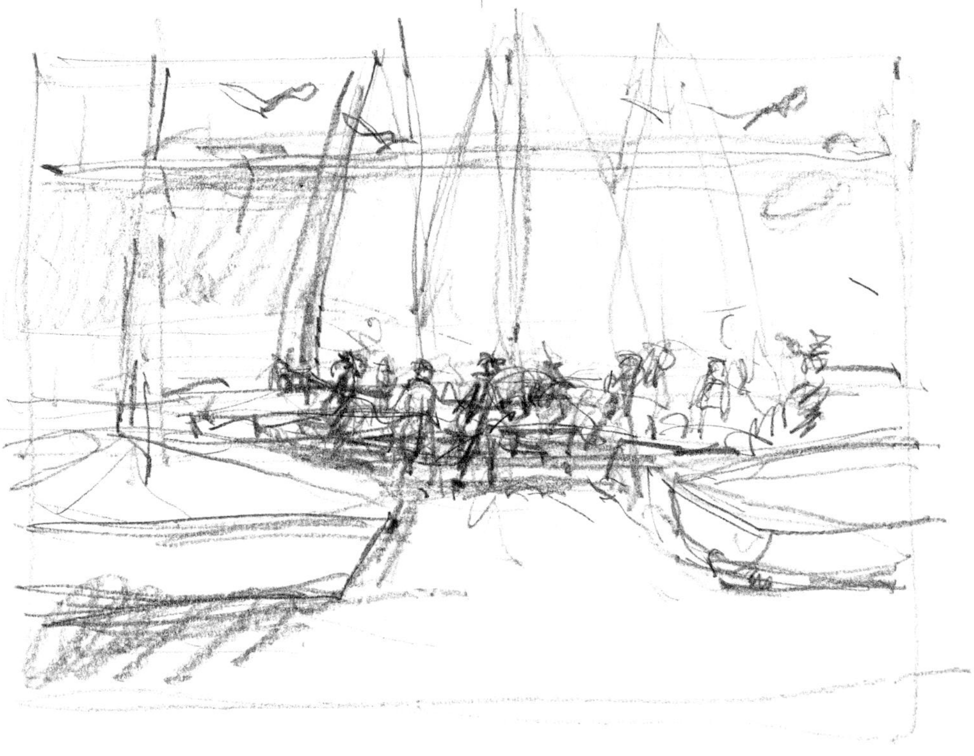

Techniques utilisées

Apprêt *(page 26)*
Ébauche *(page 46)*
Frottis *(page 39)*
Couleur brisée *(page 60)*
Travail opaque (blancs) *(page 42)*
Empâtements *(page 40)*

3 ***Esquisse à l'encre et à la plume***
Les formes ont été esquissées, accompagnées de notes concernant la couleur, pour me permettre d'achever l'étude plus tard. Notez comme les bleus des planches à voile chevauchent le sable ocre jaune. Les deux couleurs réagissent parfaitement l'une sur l'autre, créant une tension optique. Cette étude a été réalisée sur un panneau toilé avec un fond de Sienne brûlée, nettement visible à travers le travail grossier au pinceau sec, des voiles et du ciel. L'harmonie générale des bleus est contrastée par la bande appuyée de rouge de cadmium traversant la voile blanche du bateau, à peine décalée par rapport au centre de la composition. Ce procédé est couramment utilisé pour attirer l'attention vers le thème principal d'un tableau.

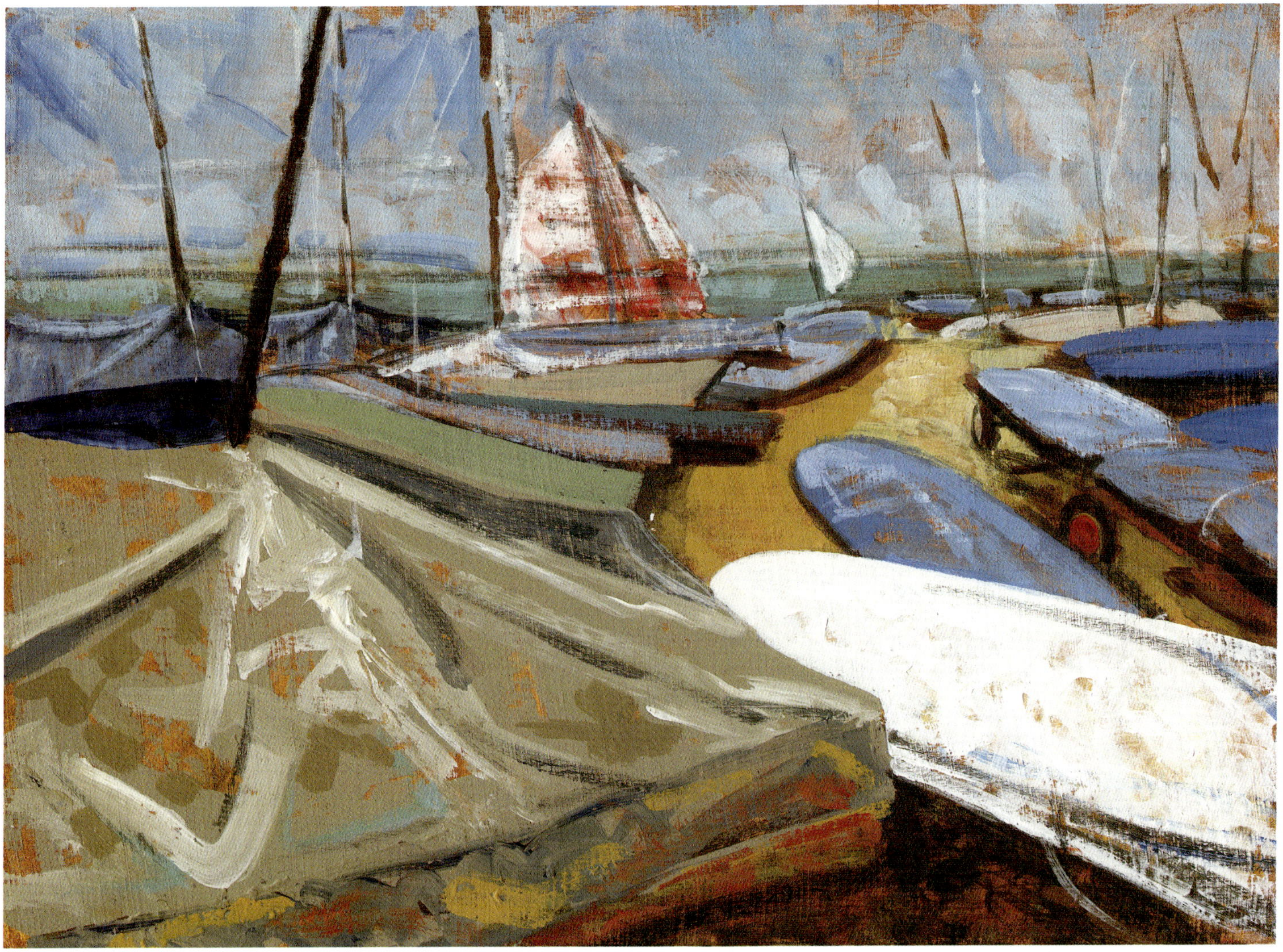

Composition colorée 4

Par une journée chaude et lumineuse, pourquoi ne pas reproduire une scène d'ensemble ? Ici, les bâtisses sur le rivage et les personnages sont portés par la ligne très accentuée de la digue. Les brisants qui ponctuent la plage donnent à la composition un aspect fortement construit et établissent des limites dans lesquelles évoluent les formes animées des personnages. Le fait que le couple le plus proche franchisse une ligne crée l'illusion d'un mouvement supplémentaire dans notre direction, car ils sortent de la zone qui leur était impartie. La couche de fond Sienne brûlée de la toile apparaît par endroits pour donner vie au ciel.

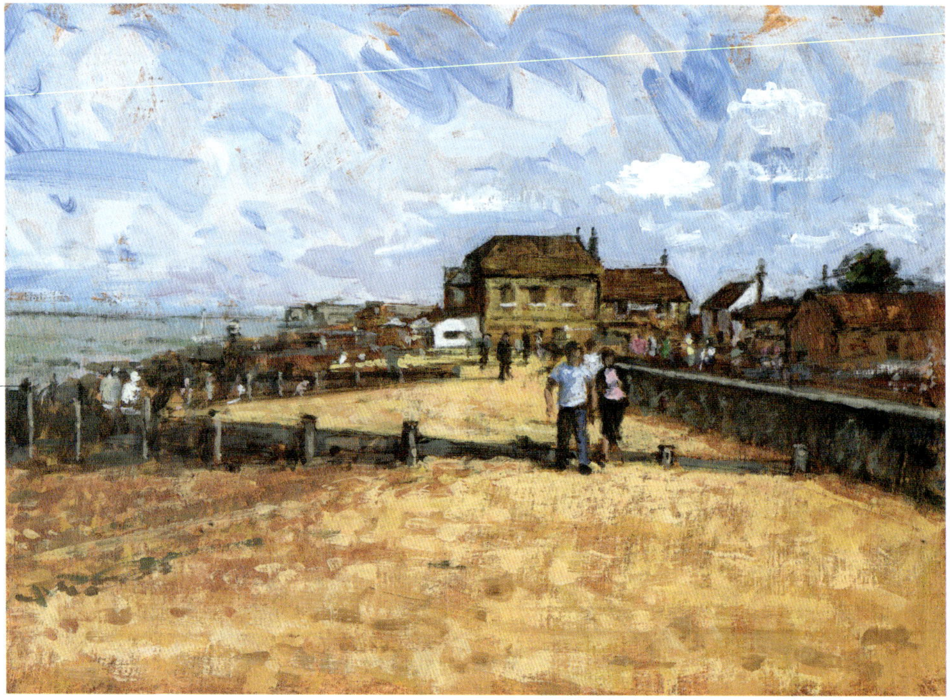

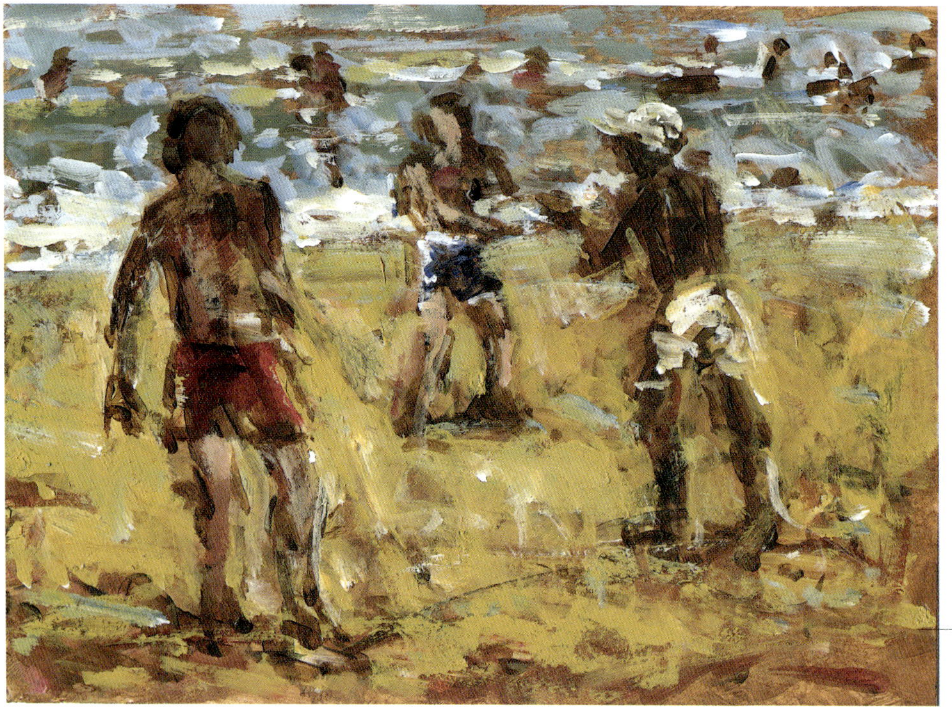

5 ***Énergique étude* in situ**

Cette esquisse a été peinte lors d'une partie décontractée de football sur la plage. Comme les personnages bougent, ils peuvent être croqués dans diverses positions. Une compréhension élémentaire de l'anatomie est utile pour transcrire correctement la pose des personnages. Des touches rapides ajoutent à l'impression de mouvement et l'on voit bien ici qu'il suffit de très peu de détails pour cerner la scène. Ce type d'esquisse peinte ne doit surtout pas être trop travaillée. Elle doit rester fraîche et, quand vous pensez l'avoir pratiquement terminée, n'insistez pas, car elle l'est sans doute déjà.

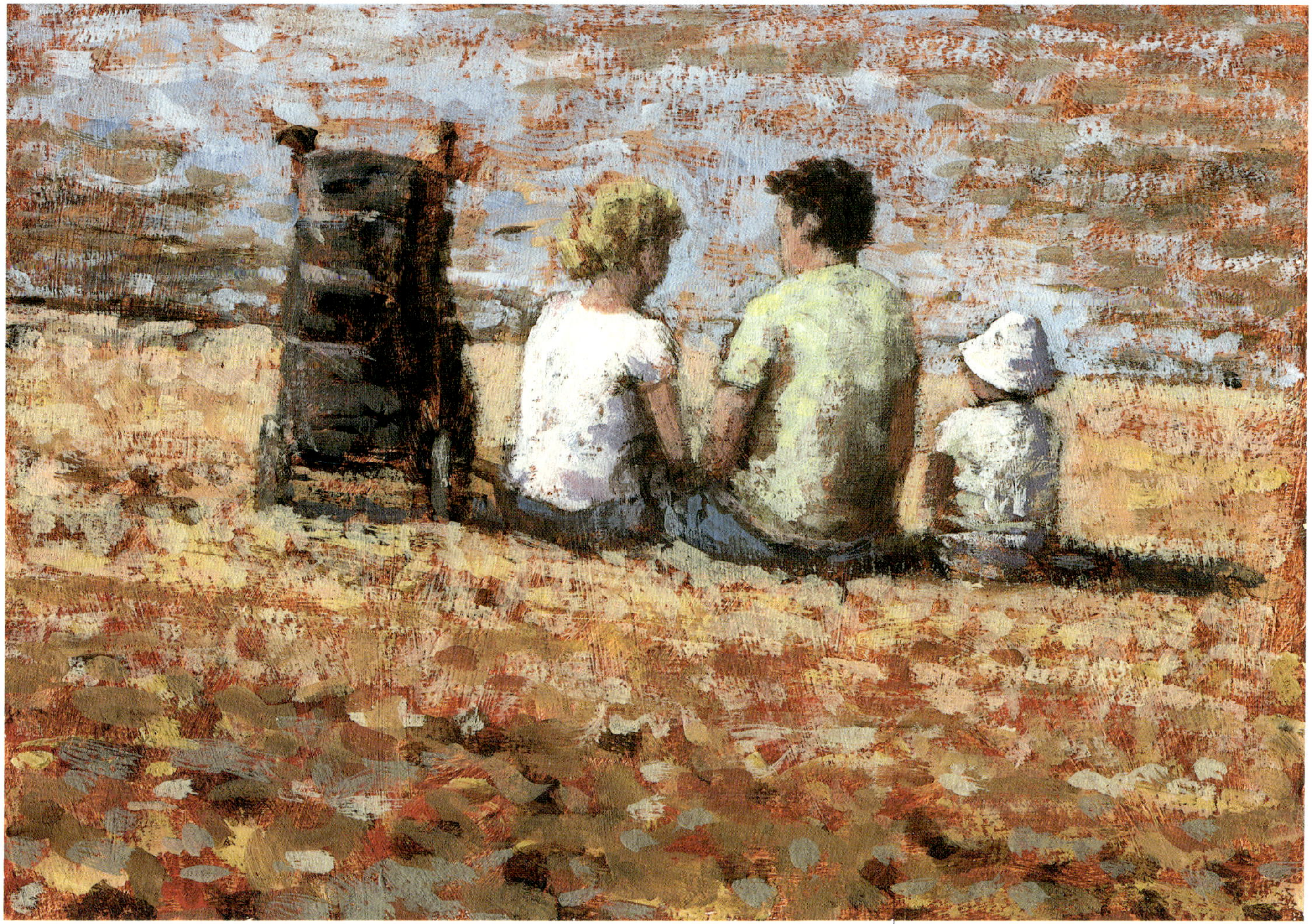

7 ***Étude détaillée***

L'étude au pinceau et à l'encre du groupe familial a inspiré cette toile intime, concentrée principalement sur la lumière scintillante qui se reflète à la surface de l'eau, et la plage de galets. De petites touches de couleurs franches s'entremêlent avec une palette tertiaire et secondaire atténuée. La sensation de lumière provient des contrastes optiques de ces couleurs opposées. Il n'est pas toujours nécessaire de peindre exactement ce que vous voyez : en comprenant la théorie des couleurs, vous pouvez prendre la liberté d'exprimer votre sensibilité, en peignant par exemple la mer en rouge. L'emploi d'une épaisse peinture blanche sur les vêtements de la mère et de l'enfant suffit largement à indiquer la puissance d'une lumière d'après-midi.

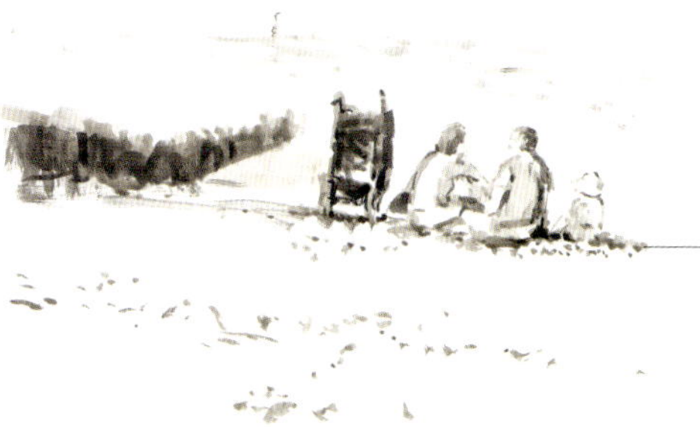

6 ***Esquisse au crayon, à l'encre sépia et au pinceau***

Une famille qui se détend au bord de l'eau est reproduite ici avec douceur, par un dessin et un ombrage délicats. Le travail au pinceau oblige à économiser ses traits – les lignes sophistiquées ne sont pas ici de mise.

Glossaire

Alla prima

Ce terme signifie littéralement « du premier coup » et désigne un tableau terminé en une seule séance, pendant que les couleurs sont encore humides. Ce procédé n'impliquant qu'une seule couche peinte exige un maniement habile du pinceau pour obtenir spontanément un aspect fini.

Apprêt

Couche de base appliquée à un support avant de le peindre, pour imperméabiliser la surface et empêcher qu'elle ne soit trop absorbante.

Appuie-main

Baguette de bambou d'environ 1,25 m munie à son extrémité d'une boule de chiffon servant d'appui à l'artiste pour stabiliser son pinceau.

Brut

Papier à la surface texturée, souvent fabriqué à la main.

Châssis

Cadre de bois sur lequel la toile est tendue comme une peau de tambour.

Chevalet

Cadre stable servant à supporter un tableau en position debout ou inclinée. Les chevalets d'atelier sont de lourdes structures en bois, les chevalets portables, généralement pliants, sont en métal ou en bois léger.

Chromatique

Appartenant à une gamme de couleurs.

Clair-obscur

Terme issu de l'italien chiaroscuro, décrivant des contrastes de tons accusés dans la peinture à l'huile.

Colle d'apprêt

Nom de la substance gélatineuse appliquée au papier et à la toile pour les protéger des dommages causés par l'huile et contrôler leur pouvoir absorbant. Également utilisée comme liant pour le gesso.

Coloration

Application de larges zones de peinture formant la base d'un tableau.

Composition

Disposition d'éléments tels que couleurs, ombres et lumière, formes, lignes et rythmes dans une image.

Couleur brisée

Couleurs placées les unes à côté des autres pour produire l'effet optique d'une autre couleur. On les applique souvent de façon irrégulière (par frottis ou au pinceau sec) pour permettre à la lumière de s'y refléter.

Couleur locale

Couleur intrinsèque d'un objet, non affectée par les conditions extérieures d'éclairage et d'atmosphère.

Couleur neutre

Effet ternissant ou neutralisant dû au mélange de deux couleurs complémentaires.

Couleur non saturée

Mélanger une couleur pure et saturée avec une autre couleur donne une nuance différente, qui est non saturée.

Couleur qui recule

Couleurs qui semblent reculer aux yeux du spectateur, créant l'illusion de la distance dans un tableau. C'est par exemple le cas du bleu pâle.

Couleur sobre

Contraire d'une couleur vive ; couleur dont la teinte est atténuée ou non saturée.

Couleur unie

Couleur peinte au ton et à la teinte uniformes.

Couleur vive

Couleur éclatante et saturée, généralement peinte sur fond blanc.

Couleurs adjacentes

Couleurs mitoyennes sur le cercle chromatique.

Couleurs chaudes

Orange, rouge et jaune, décrits comme des couleurs chaudes, semblent avancer vers le premier plan d'une image.

Couleurs complémentaires

Couleurs situées en vis-à-vis sur le cercle chromatique, qui présentent un contraste maximal. La complémentaire d'une couleur primaire est constituée des deux autres primaires.

Couleurs froides

Bleu et vert sont généralement décrits comme froids. Les couleurs froides ont tendance à paraître plus lointaines, et semblent reculer.

Couleurs permanentes

Pigments résistant à la lumière, qui ne se fanent pas.

Couleurs primaires

Les trois couleurs (rouge, jaune et bleu) qui ne peuvent être créées par le mélange d'autres couleurs. Par diverses combinaisons, elles forment la base de toutes les autres couleurs.

Couleurs secondaires

Résultat du mélange de deux couleurs primaires : le jaune et le bleu donnent la couleur secondaire verte, le rouge et le jaune donnent l'orange, et le rouge et le bleu forment le violet.

Couleurs tertiaires

Couleurs contenant les trois primaires, créées par le mélange d'une primaire avec sa couleur secondaire adjacente.

Couleurs terre

Couleurs composées d'argiles naturelles, d'oxydes de fer et d'autres minéraux. On les trouve dans les gammes d'ocres, de terre de Sienne et d'ombre.

Demi-tons

Tons moyens situés entre les tons lumineux et les tons foncés.

Diluant

Liquide utilisé pour diluer la peinture à l'huile ou acrylique, tel que l'eau ou l'essence de térébenthine.

Empâtements

Applications épaisses de peinture, souvent directement tirée du tube, créant un effet texturé.

Émulsion

Terme désignant une résine acrylique liquide, en suspension dans l'eau.

Espace négatif

Espace séparant les objets dans une composition.

Foncés

Zones d'un tableau représentant généralement les ombres.

Fond

Toute surface apprêtée ou couverte d'une couche, sur laquelle la peinture est appliquée. Un fond coloré est un demi-ton dilué qui unifie les couleurs appliquées par la suite. C'est aussi une teinte translucide appliquée en lavis sur un apprêt blanc.

Fond tonal

Couche de couleur opaque d'un ton uniforme appliquée sur une surface apprêtée.

Fondu

La transition douce et progressive d'un ton ou d'une couleur vers un(e) autre.

Frottis

Couleur brossée librement sur un fond peint, qui laisse apparaître la couleur sous-jacente.

Fugace

Couleur qui ne résiste pas à la lumière et se fane avec le temps.

Gesso

Apprêt traditionnel pour peinture à l'huile, fait de colle de peau de lapin et de plâtre.

Gesso acrylique

Apprêt synthétique utilisé pour préparer les supports destinés à la peinture à l'acrylique ou à l'huile ; différent du gesso traditionnel.

Glacis

Terme surtout associé à la peinture à l'huile, mais utilisé occasionnellement pour l'acrylique, et décrivant un lavis général d'une seule couleur.

Grain

Texture de la surface d'un papier ou d'un support, et par conséquent sa capacité à retenir la peinture. Les papiers lisses, qui ont un grain plus fin, retiennent moins de peinture.

Gras sur maigre

Application de peinture à l'huile par couches, chaque couche supplémentaire étant progressivement plus riche en huile et plus épaisse que la précédente. Ce procédé évite les craquelures en permettant à chaque couche de sécher sous forme d'une pellicule plus flexible que la précédente.

Grattage

Action d'ôter le pigment de la surface à l'aide d'une fine lame pour révéler une couche sous-jacente ou le papier. C'est aussi un moyen efficace de créer des petites zones claires ou des reflets.

Hachures

Ombres dessinées au crayon ou au pinceau pour créer un ton.

Huile de lin

Liant à séchage rapide à base de graines de lin. L'huile durcit lorsqu'elle est sèche.

Lavis superposés

Technique consistant à peindre un lavis par-dessus un autre pour donner progressivement de la profondeur aux tons ou aux couleurs.

Liant

Substance qui retient les particules de pigments pour former la peinture. Dans l'acrylique, le liant est une émulsion de polymères solubles, tandis que dans la peinture à l'huile, il s'agit d'huile de lin ou d'une huile végétale. L'huile sèche en absorbant de l'oxygène, et le pigment reste collé à la surface.

Martre

Animal dont la queue fournit des poils de pinceaux doux et fins, adaptés au travail des détails.

Masque

Procédé consistant à empêcher le contact entre la peinture à base d'eau et le support (papier ou toile) à l'aide d'une pellicule huileuse ou cireuse. Il utilise des matériaux tels que bougie, craie grasse et pastel à l'huile qui adhèrent à la surface du papier et repoussent l'eau. Les zones non couvertes acceptent en revanche la peinture, ce qui produit d'intéressants effets de couleur brisée.

Masque fluide

Solution de latex liquide, utilisée pour masquer des zones particulières d'un tableau. Elle forme en séchant une pellicule de caoutchouc qui s'ôte par frottement.

Médium

Tout matériau ajouté à l'huile ou à l'acrylique pour en modifier le comportement.

Mélange optique

Illusion d'une nouvelle couleur créée par la juxtaposition de deux couleurs. Le mélange optique se révèle surtout à une certaine distance, l'œil faisant lui-même l'amalgame des couleurs (voir Couleur brisée).

Monochrome

Peinture ou dessin réalisé dans divers tons d'une seule couleur.

Nuance

Toute couleur mélangée à du blanc.

Nuance sombre

Couleur qui a été assombrie.

Opaque

Matériau de peinture non transparent, que la lumière ne peut refléter ou traverser.

Palette

Planchette de bois ou de plastique servant à mélanger les couleurs, traditionnellement munie d'un trou pour glisser le pouce. Il existe aussi des palettes en plastique à multiples godets. Par extension, la « palette d'un artiste » désigne également son choix personnel de couleurs.

Papier « Not »

Papier pressé à froid, à grain fin ou semi-fin. Littéralement, papier qui n'est « pas (not) pressé à chaud ».

Peinture extra-fine

Peinture de grande qualité contenant des pigments très purs, donnant une couleur intense.

Peinture grasse

Peinture contenant un pourcentage d'huile important.

Peinture maigre

Peinture diluée contenant peu d'huile.

Perspective

Représenter un objet en trois dimensions sur une surface en deux dimensions requiert l'emploi de la perspective, car les objets paraissent plus petits lorsqu'ils sont éloignés. La perspective est obtenue en traçant des lignes qui convergent vers une ligne d'horizon ou un point de fuite, se trouvant au niveau de l'œil de l'artiste (ou là où l'artiste considère que ce dernier se trouve). Les lignes au-dessus du niveau de l'œil descendent vers le point de fuite, et celles situées en dessous remontent vers lui.

Perspective aérienne

Les conditions atmosphériques font paraître les objets lointains plus clairs et plus bleutés. La perspective aérienne est utilisée dans un tableau pour créer l'illusion de la profondeur et de la distance en recourant à des couleurs plus pâles et plus froides pour l'arrière-plan, et plus chaudes et vives au premier plan.

Phtalo (cyanine)

Pigment organique moderne à base de cuivre d'un bleu ou vert transparent, résistant extrêmement bien à la lumière.

Pigment

Particules colorées, généralement réduites en fine poudre, qui forment le composant élémentaire de tous types de peinture et de matériaux de dessin.

Pinceau sec

Technique consistant à charger un pinceau presque sec de pigment, et à le traîner superficiellement sur le grain du papier, pour donner une texture interrompue et duveteuse.

Pinceaux en soies animales

Pinceaux aux poils raides et épais, utiles pour appliquer des tons sur une grande zone.

Point focal

Zone principale d'intérêt visuel dans une image.

Pouvoir absorbant

Degré auquel un papier ou une toile absorbe la peinture. Il est contrôlé par une substance gélatineuse appelée « colle d'apprêt ».

Pressé à chaud

Terme technique désignant un papier très lisse qui a été pressé entre des rouleaux chauds.

Pressé à froid

Terme technique désignant un papier qui a été pressé entre des rouleaux à basse température. Sa surface n'est pas aussi lisse que celle du « pressé à chaud », ni aussi texturée que celle du « brut ». Ces papiers sont également appelés « Not », car ils ne sont « pas pressés à chaud ».

Résistance à la lumière

Permanence d'une couleur lorsqu'elle est exposée à la lumière.

Retardateur

Médium ajouté à l'acrylique pour en ralentir le séchage, et susceptible d'en modifier la couleur.

Ruban adhésif

Bande de papier à faible adhérence utilisée pour masquer ou fixer temporairement une feuille de papier sur une planche à dessin. Elle se détache sans abîmer la surface du papier.

Saturation

Intensité d'une couleur : les couleurs saturées sont vives et fortes, les couleurs non saturées pâles et ternes.

Sgraffite

Technique consistant à griffer de la peinture sèche à l'aide d'un couteau pour produire un effet de texture.

Sous-couche (ou ébauche)

Peinture préliminaire sur laquelle on peut ensuite accumuler des couches de couleur.

Support

Surface sur laquelle on peint, généralement du papier, de la toile ou un panneau de bois pour les peintures à l'huile et à l'acrylique.

Surface

Texture de la toile ou du papier, telle que brut, « Not », semi-brut ou pressé à chaud (finition lisse).

Sur fond humide

Deux couleurs humides travaillées l'une sur l'autre sur le support.

Sur fond sec

Application de couleur humide sur une surface sèche.

Teinte

Synonyme d'une couleur du spectre, telle que rouge ou bleu.

Ton

Aspect clair ou foncé d'une couleur, particulièrement quand la lumière éclaire intensément un objet.

Tons lumineux

Tons les plus clairs d'un tableau. Cela peut désigner la blancheur du papier ou de la toile non peinte, ou du blanc ajouté à une couleur pour l'éclaircir de plusieurs tons.

Traînées

Coups de pinceau texturés obtenus lorsque le pinceau a été traîné sur un support.

Vernis

Matériau utilisé pour protéger la surface d'un tableau terminé. Existe en mat ou en brillant.

Virole

Collier de métal cylindrique fuselé, ajusté autour de la hampe d'un pinceau pour maintenir les poils en place.

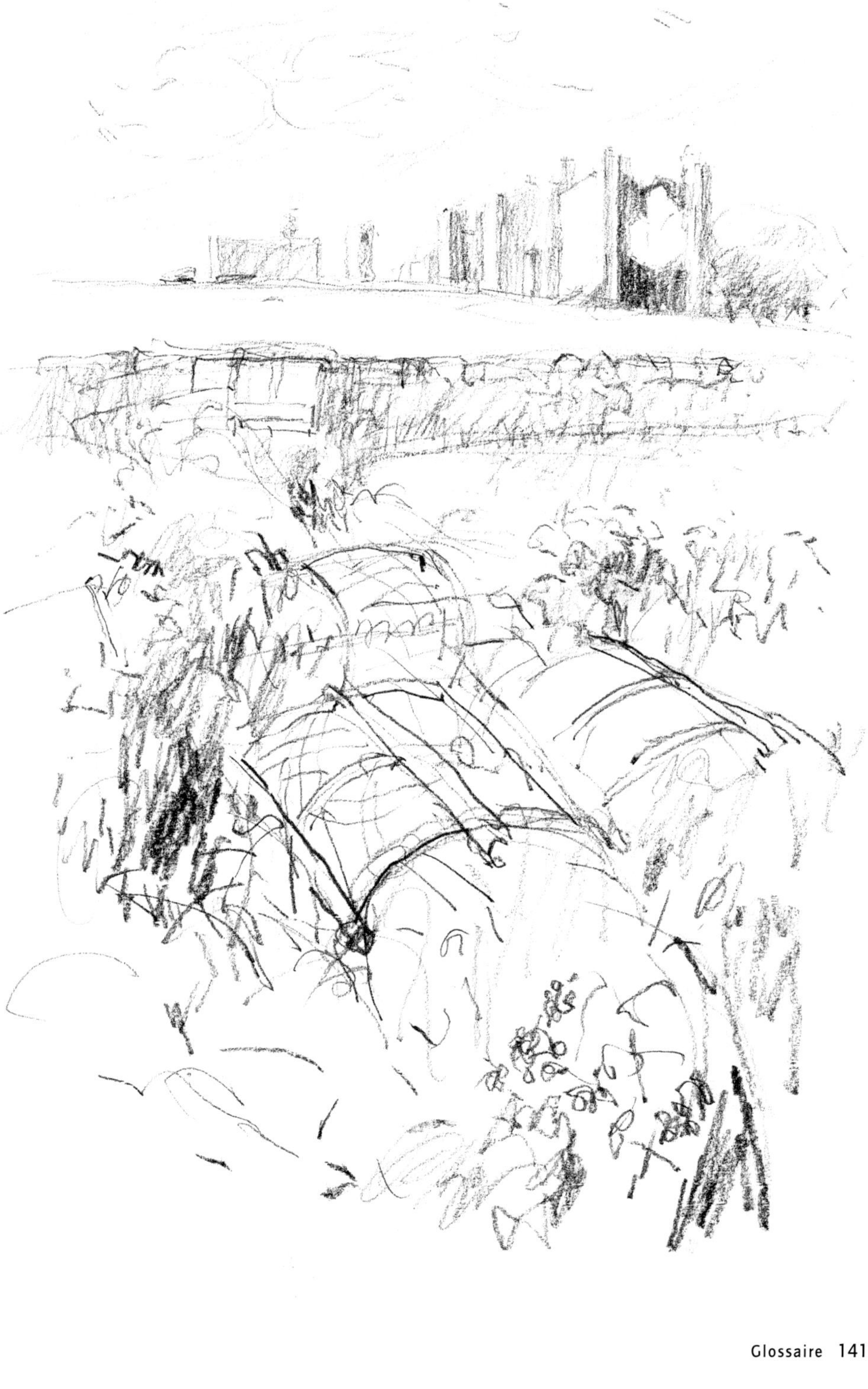

Index

Remerciements des auteurs

Cet ouvrage est dédié à la mémoire de l'écrivain et peintre Olive Cook (1912–2002). Ses encouragements et sa joie de vivre faisaient d'elle une amie merveilleuse – elle aurait adoré ce livre.

Les auteurs aimeraient remercier l'équipe de Cassell Illustrated, Katie chez Essential Works pour son excellente gestion, Kate pour sa conception graphique si équilibrée, et la responsable du projet, Laurence, pour avoir si bien assemblé le tout.

Nick Tidnam souhaite remercier Ruth, son épouse, pour son soutien pendant l'élaboration de ce projet, et Curtis pour son amitié et sa collaboration dans l'écriture du texte.

Curtis Tappenden souhaite remercier Susanne, son épouse et manager, pour son amour et ses encouragements, ses enfants, Tilly et Noah, et ses parents, Ken et Pauline, pour leur emploi fréquent de la table de la cuisine ! Et enfin, merci à Nick pour ses illustrations si évocatrices et son amitié dévouée.

Crédits photographiques

Toutes les images figurant dans l'introduction apparaissent avec l'aimable autorisation de *The Art Archive* : p. 7 National Gallery, Londres/Eileen Tweedy, p. 8 Galleria Brera, Milan/Album/Joseph Martin, p. 9 (en haut) Collection privée/Eileen Tweedy, (en bas) Tate Gallery, Londres/Eileen Tweedy et p. 10 Nicolas Sapieha.

Responsable éditoriale	Laurence Henderson
Correctrice	Angela Gair
Conception graphique	Kate Ward
Index	Dorothy Frame

Pour l'édition française :

Traduction	Pascal Aubin
Adaptation et réalisation	Atelier Gérard Finel, Paris
Révision	Dominique Lesbros, Florent Founès, Martine Pfeiffer
Mise en pages	Hélène Ladégaillerie